MOUNT EVEREST 8848,12 m
Südgipfel 8760 m
Mallory und Irvine
1924 verschollen
LHOTSE 8511 m
Lager V 8500 m
SÜDSATTEL
Lager IV 7986 m
NUPTSE 7879 m
GENFER SPORN
GELBES BAND
SÜDWESTWAND
LHOTSE-FLANKE
Lager III 7200 m
TAL DES SCHWEIGENS
Lager II 6400 m
Lager I 6100 m
KHUMBU-EISBRUCH
Basislager 5340 m

◁ *Die klassische Route auf den Gipfel des Mount Everest führt über den Khumbu-Eisbruch, das Tal des Schweigens, die Lhotse-Flanke, den Südsattel und den Südostgrat. Mehr als 60 Bergsteiger hatten vor Peter Habeler und uns den Gipfel erreicht. Alle mit Sauerstoffgeräten.*

Vorderes Vorsatzbild:
Das Stück, um das der Everest die anderen Achttausender überragt, war die psychische Barriere bei der Besteigung. Auf allen vieren schleppte ich mich zusammen mit Peter Habeler (im Bild) am Gipfelgrat in Fünf-Meter-Etappen durch den Schneesturm. Immer wieder mußten wir uns in den Schnee legen, um fünf Minuten lang Luft zu schnappen. Nur so ließ sich das Sauerstoffdefizit ausgleichen, konnten wir neue Kräfte sammeln. Für die letzten 100 Höhenmeter brauchten wir über eine Stunde.

Hinteres Vorsatzbild:
Der Gipfelaufbau des Everest über der Lhotse-Mauer.

Ich wollte einmal hoch hinaufsteigen,
um tief in mich hineinsehen zu können.

Reinhold Messner

Everest

Expedition zum Endpunkt

BLV Verlagsgesellschaft München

CIP-Kurztitelaufnahme der Deutschen Bibliothek

Messner, Reinhold:
Everest: Expedition zum Endpunkt / Reinhold
Messner. – 2., durchges. Aufl. – München:
BLV Verlagsgesellschaft, 1978.
ISBN 3-405-12088-8

Zweite, durchgesehene Auflage

Gesamtherstellung: Welsermühl, Wels

Printed in Austria · ISBN 3-405-12088-8

Inhaltsverzeichnis

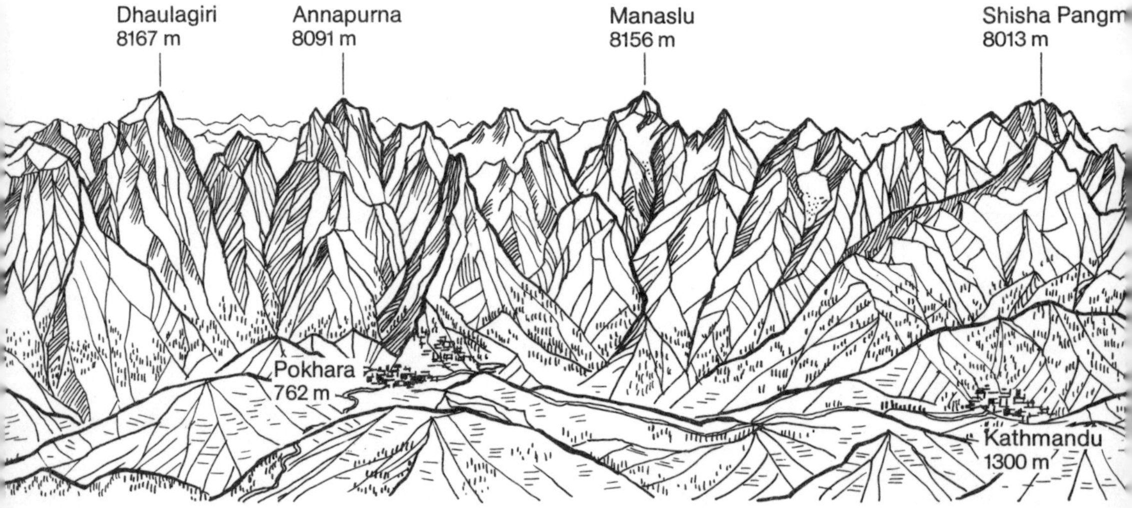
Dhaulagiri
8167 m
Annapurna
8091 m
Manaslu
8156 m
Shisha Pangm
8013 m
Pokhara
762 m
Kathmandu
1300 m

Die Idee

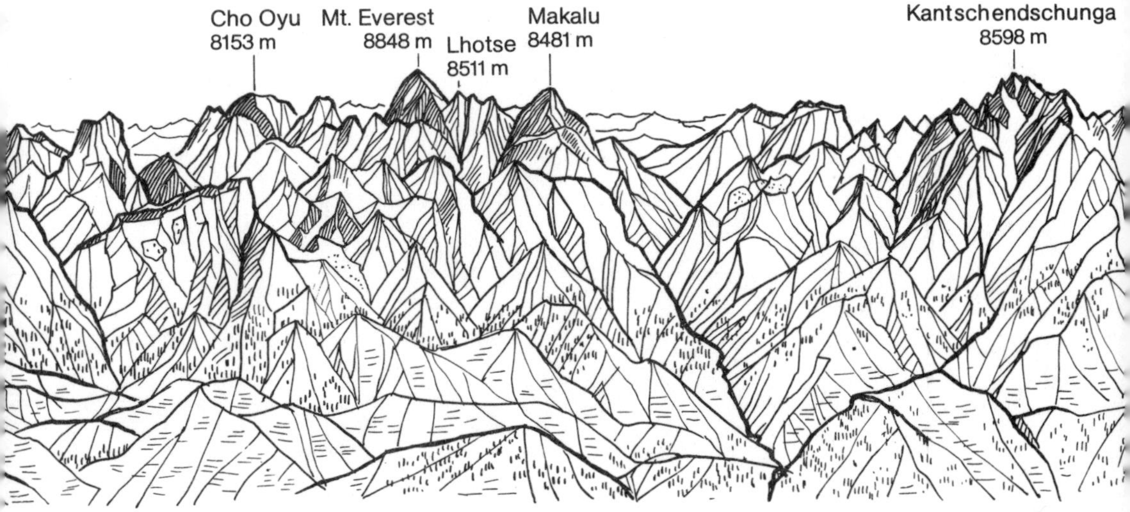

Cho Oyu
8153 m
Mt. Everest
8848 m
Lhotse
8511 m
Makalu
8481 m
Kantschendschunga
8598 m

Die Texte zu diesem Buch habe ich an Ort und Stelle auf Band gesprochen. Während der gesamten Mount-Everest-Expedition hatte ich vom Anmarsch bis zum Gipfel und auch bei der Rückkehr ein kleines Tonbandgerät dabei, auf das ich beim Rasten, nachts im Zelt, sogar auf der Spitze meine Gedanken und Empfindungen sprach. Oft schaltete ich das Gerät ein, wenn wir im Basislager oder in den Hochlagern diskutierten. Die Kameraden haben es toleriert, wußten aber nicht, wann es lief.

So ist während des Everest-Unternehmens ein Mitschnitt von Beschreibungen, Gesprächen und Gefühlsäußerungen entstanden, der im Verlag laufend abgeschrieben und nach Rückkehr in meinem Beisein gekürzt wurde. Überall dort, wo Gespräche oder Aussagen kritisch und von dokumentarischem Wert sind, habe ich sie unverändert belassen.

Alle Widersprüche einer solchen Expedition, Unstimmigkeiten in der Mannschaft, Zweifel und Ängste während des Aufstiegs habe ich auf diese Art aus der Höhe ins Tal gerettet. Dialoge, die in diesem Buch vorkommen, oder Gedanken, die mich knapp unterm Gipfel bewegten, sind also nicht nachempfunden oder wie üblich aus der Erinnerung geschrieben, sondern in der gegebenen Situation aufgezeichnet worden. Um die Authentizität zu wahren, habe ich dort, wo es mir um die direkteste Brücke vom Mount Everest zum Leser ging, in diesem Buch mit Absicht auf sprachliche Korrekturen verzichtet.

Reinhold Messner

Eine Idee wird zur Utopie

Zunächst war es eine schöne Illusion, den höchsten Berg der Welt *nicht* als Maschinenmensch zu besteigen. Aus der Illusion wurde eine fixe Idee und zuletzt eine Philosophie: Ist der Mensch in der Lage, diesen Punkt aus eigener Kraft zu erreichen? Ist die Welt so geschaffen, daß der Mensch ohne technische Hilfen auf ihre höchste Spitze klettern kann?
Ich steige nicht auf Berge, um ihre Gipfel zu erobern. Für wen auch? Ich begebe mich in Grenzsituationen, um meine Ängste, Zweifel und Hochgefühle zu erfahren.
Dieses Abenteuer verflacht, sobald sich der Mensch in seinem Ehrgeiz der Technik bedient. Selbst das höchste Gebirge schrumpft, sobald man mit Hunderten von Trägern, Haken und Sauerstoffgeräten in ihm »herumsteigt«. Wer zur Flasche greift, degradiert den Everest zu einem Sechstausender.
Die Himalaya-Pioniere hatten sich vorsichtig in die höchsten Höhen vorgewagt, ja hinaufgetastet, in kleinen Gruppen oder sogar einzeln. Sie erzählten fasziniert von den einsamsten Regionen dieser Erde und lockten damit andere Abenteurer an. Sie alle aber lebten in Harmonie mit dem »Mysterium Berg«. Erst die nationalistischen Expeditionen der Zwischen- und Nachkriegszeit – angestachelt vom Auftrag, zu siegen – zerstörten das harmonische Verhältnis des Abenteurers zum Unbekannten.
Das Geheimnisvolle schrumpfte mit jeder Expedition. Ein Gebirge erschöpft sich schnell, wenn sich der Mensch in der Anwendung seiner technischen Möglichkeiten nicht bescheidet, wenn es ihm mehr um den Gipfeltriumph als um Selbsterkenntnis geht. Wer sich beim Bergsteigen nicht auf seine eigenen Kräfte verläßt, sondern Apparate und Drogen benützt, betrügt sich selber, ja sein Selbst.
Die Atemmaske ist wie eine Mauer zwischen Mensch und Natur, sie ist ein Filter, der visionäre Erlebnisse verhindert. Eine Everest-Besteigung ohne Maske ist die Alternative zu den bisherigen Aufstiegen mit Hilfe eines Atemgerätes.
»Everest by fair means« – es ist die humane Dimension, die mich interessiert.
Die Gebirge sind so elementar, daß der Mensch weder die Pflicht noch das Recht hat, sie mit den Mitteln der Technik zu unterwerfen. Nur wer sich ih-

nen in Demut und bescheiden in der Wahl seiner Hilfsmittel nähert, kann die Harmonie der Welt erfahren.
Plötzlich fange ich an, diese Idee wieder zu hegen. Ich will so hoch steigen, bis der Berg endet oder ich liegenbleibe. Ich bin bereit, in dieser Passion alles zu ertragen und vieles zu wagen. Ich bin bereit, weiter zu gehen als jemals zuvor. Ich bin entschlossen, diesmal alles auf eine Karte zu setzen.

Mit oder ohne Maske

Die Idee, den Mount Everest ohne Sauerstoffgerät zu versuchen, ist so alt wie die Besteigungsgeschichte dieses höchsten aller Gipfel.
Schon 1922, bei der zweiten britischen Expedition, wurde das »mit oder ohne« heiß diskutiert:* »Alle waren sich einig über das Ziel: den Gipfel der Welt! Aber nicht so ganz einig war man sich über die technischen Hilfsmittel. Das größte Hindernis war, wie man wußte, neben dem Wind die Verdünnung der Luft, damit der Mangel an Sauerstoff, der die Leistungsfähigkeit der Menschen stark herabmindert. Man hatte in diesen Jahren noch nicht die Erfahrung gemacht, in welchem Maße der menschliche Körper sich anzupassen vermag. Was lag näher als der Gedanke, den dort oben fehlenden Sauerstoff mitzunehmen? Die Flieger taten es doch auch! Der auf der Fahrt 1921 verstorbene Dr. Kellas hatte die ersten Versuche mit Sauerstoff gemacht, ohne aber zu einem abschließenden Urteil kommen zu können; die großen Stahlflaschen, die er mitgenommen hatte, waren viel zu schwer und unhandlich. Außerdem bestand in Bergsteigerkreisen ein gewisses Vorurteil gegen die Mitnahme des Sauerstoffs; man hielt dieses Hilfsmittel für nicht ganz fair im Kampf des Menschen gegen den Berg, ein Vorurteil, das auch der Mount-Everest-Ausschuß, der sich aus Mitgliedern der *Königlich Geographischen Gesellschaft* und des *Alpine Clubs* zusammensetzte, teilte. Aber Hauptmann Finch und Somervell verwandten sich so intensiv für die Mitnahme

* Rudolf Skuhra: »Sturm auf die Throne der Götter«, Büchergilde Gutenberg, Frankfurt, 1950.

Norton und Mallory bei ihrem Anstieg im Jahre 1922. Sie nähern sich dem höchsten Punkt (8220 m).

von Luft, daß man sich überreden ließ. Finch machte sich an die Arbeit, ein für die Bergsteiger brauchbares Gerät zu schaffen, was ihm auch einigermaßen gelang. Er konstruierte ein Rahmengestell, das der Bergsteiger auf dem Rücken trug und das vier Sauerstoffflaschen enthielt. In jeder Flasche war ein Druck von 120 Atmosphären, und jede reichte für ungefähr zwei Stunden aus. Durch Kupferröhren wurde der Sauerstoff von den Flaschen aus zur Vorderseite geleitet, wo ein Druckmesser und Ventile zum Regeln des Zuflusses angebracht waren. Gummischläuche leiteten dann den kostbaren Stoff zur Maske, die fast das ganze Gesicht bedeckte. Leider erwies sich später diese Maske im Gebrauch als völlig untauglich, und Finch konstruierte selbst eine neue Art, die bedeutend einfacher war und sich auch gut bewährte. Obwohl man alles tat, um das Gewicht möglichst gering zu halten, hatte doch jeder Bergsteiger etwas über 16 Kilo zu schleppen.«

Zwei Jahre später, 1924, kam Oberstleutnant E. F. Norton ohne Maske bis auf etwa 8600 Meter Meereshöhe, ein Rekord, der bis 1978 gelten sollte. Denn auch die Chinesen, die 1975 über den von Engländern erkundeten Nordgrat den Gipfel ihres Chomolongma (Qomolangma), wie der Mount Everest in Tibet genannt wird, erreichten, nahmen sogenannte Sauerstoffduschen, das heißt, sie atmeten in den Rastpausen Sauerstoff aus mitgeführten Flaschen. *

* »Nine who climbed Qomolangma Feng«, offiz. chinesischer Report, »Mountain« 46/1975.

»Ohne Pause und ohne Sauerstoff zu inhalieren, stiegen sie eineinhalb Stunden mühsam in einer Höhe von 8000 Meter über dem Meeresspiegel am Qomolangma Feng, obwohl die Luft hier nur ein Drittel des Sauerstoffgehaltes hat, wie er normalerweise auf Meereshöhe herrscht. Ungefähr um 9.30 Uhr, nach einer Pause von zehn Minuten auf der ›Zweiten Stufe‹ bzw. dem zweiten großen Hindernis auf dem Weg nach oben, inhalierten sie zwei oder drei Minuten lang Sauerstoff bei einer Durchflußmenge von zwei bis drei Litern pro Minute. Dann setzten sie ihren mühsamen Aufstieg fort.« Auch aus dem Film, der damals gedreht wurde, geht eindeutig hervor, daß die Chinesen alle und öfter Sauerstoffduschen genommen haben.

Die Versuche von Norton und Mallory

Wenige Tage vor meiner Abreise nach Nepal erhalte ich einen Brief von Richard Norton, dem Sohn des Everest-Pioniers, der mich in meiner These bestärkt.

Sehr geehrter Herr Messner,
mit großem Interesse las ich kürzlich in der Times *über Ihren und Herrn Habelers bevorstehenden Versuch, den Mount Everest ohne Sauerstoffgeräte zu besteigen. Ich sollte wohl erklären, daß ich der Sohn von Colonel (den Rang hatte er damals) E. F. Norton bin, dessen Versuch von 1924 am Everest Sie zitieren. Er erreichte damals ohne Sauerstoff die Höhe von 8550 Meter.*
Mein Vater glaubte ganz fest, daß unter den richtigen Bedingungen der Everest ohne Sauerstoffmasken bestiegen werden könnte.
Meine Mutter, meine zwei Brüder und ich wünschen Herrn Habeler und Ihnen recht viel Glück. Wir werden die Berichte über Ihre Expedition mit größtem Interesse verfolgen.

Hochachtungsvoll!
Lieutenant Colonel Richard P. Norton

E. F. Norton hatte seinerzeit bereits an einen Erfolg ohne Maske geglaubt und dazu geschrieben: »Ich wüßte nicht, was einen gut trainierten, voll akklimatisierten Mann davon abhalten sollte, den Mount Everest ohne Sauerstoffgerät zu besteigen.«

Während der Packarbeiten vergesse ich alles rings um mich her, ich interessiere mich für keine Zeitung mehr und antworte am Telefon unkonzentriert. Wann immer ich Zeit finde, lese ich noch einmal Nortons Bericht über seinen und Somervells Versuch.*
Meine Seele ist schon unterwegs – hoch oben am Mount Everest.

»Am 1. Juni 1924 verließen Somervell und ich das Lager III, um Mallorys Spuren zu folgen. Sechs Träger sollten Somervell und mich bis zum Lager in 7800 Meter begleiten. Drei von ihnen hofften wir bis 8200 Meter zu behalten ...
Um 3 Uhr nachmittags erreichten Somervell und ich mit den drei Trägern das Lager auf dem Nordsattel, wo Odell und Irvine uns empfingen. Sie wiesen uns Zelte an, kochten und erfüllten in jeder Hinsicht ihre Stützpflichten ...
Der 2. Juni brach strahlend an. Um 6.30 Uhr waren Somervell und ich mit den sechs Trägern auf den Beinen. Mallory und Bruce waren jetzt oben auf dem Nordgrat (nach Übernachtung im V) und sollten heute dem Lager VI zustreben. Da sie nur eine Lagereinrichtung hatten, mußten wir ein zehnpfündiges Zelt, zwei Schlafsäcke, Eßvorräte und Meta mitnehmen. Für uns mußten wir mit drei Nächten, für die Träger mit einer Nacht rechnen. Oberhalb des Nordsattels beschränkten wir die Lasten auf höchstens 9 Kilo, was wir noch nach Möglichkeit zu ermäßigen trachteten. Diesmal waren die Leute so nahe an der Höchstgrenze beladen, daß Somervell und ich Rucksäcke trugen, in denen wir unsere Kleinigkeiten verstauten.
Als wir aus dem Firnbruch auf die Jochhöhe hinaustraten, waren wir plötzlich der Vollkraft des Westwindes preisgegeben. Noch denke ich mit Grauen

* OL E. F. Norton, D. S. O.: »Der Versuch von Norton und Somervell« in: »Bis zur Spitze des Mount Everest – Die Besteigung 1924«, Verlag Schwabe & Co, Basel, 1926.

an diesen Empfang zurück. Es war wie ein Sturz in eiskaltes Wasser, wobei einem der Atem stockt. Als wir uns an den Felsen festhielten, verloren wir nach wenigen Minuten alles Gefühl in den Händen, obwohl wir sie gut eingepackt hatten.

Etwas oberhalb des Passes kamen wir in die Sonne, wo es nicht mehr so schlimm war wie im Schatten, der uns bisher umfangen hatte. Aber niemals ließ uns der Wind zur Ruhe kommen; immer bildete er ein ernstes Hindernis. Er schien die dicken Kleider wie ein Spinngewebe zu durchdringen und übte zugleich so starken Druck aus, daß die Menschen ins Schwanken gerieten ... Wir folgten dem alten Wege längs der Nordrippe. Während der ersten 500 Meter besteht die Schneide aus dem umgebogenen Rand jener Firnmassen, die sich ostwärts hinabsenken. Im Aufstiege hält man sich an den Schuttsaum der über den Grat hängenden Schneelappen; im Abstiege kann man bis zum Nordsattel abfahren. Die Felsen sind leicht, aber so steil, daß sie bei der dünnen Luft viel Kraft beanspruchen.

Vor zwei Jahren hatte ich hier den Rucksack in die Tiefe gestoßen, als ich beim Rasten eine ungeschickte Bewegung machte. Er sauste bis zum Rongbuk-Gletscher hinab, was einen Begriff vom Neigungswinkel dieser Hänge geben möge. In dieser Gegend hörten wir heute ein Geräusch über uns und waren nicht wenig bestürzt, einen Träger namens Dordschay Pasang absteigen zu sehen. Er gehörte zu Mallorys ausgesuchten Leuten. Kaum hatten wir seinen Bericht angehört, als auch schon Mallory und Bruce mit den übrigen Trägern auftauchten.

Der Wind gestattete keine lange Unterhaltung. Bruce wäre trotz seines kleinen Herzklapses weitergegangen, wenn er die Träger hätte überreden können. Man sieht wieder einmal, daß der Everest die feinsten Berechnungen zuschanden macht. Das Wetter war, was man prachtvoll zu nennen pflegt; aber der grausame Wind hatte die stolzesten Tiger kampfunfähig gemacht. Nicht einmal Bruce, der beste Sherpa-Führer, vermochte sie über 7700 Meter hinauszulocken.

Da im Lager V alles vorhanden war, wurden zwei Träger entbehrlich, die wir mit den anderen absteigen ließen. Wir behielten nur vier, nämlich die drei schon früher genannten und einen gewissen Lobsang Taschi, einen gut-

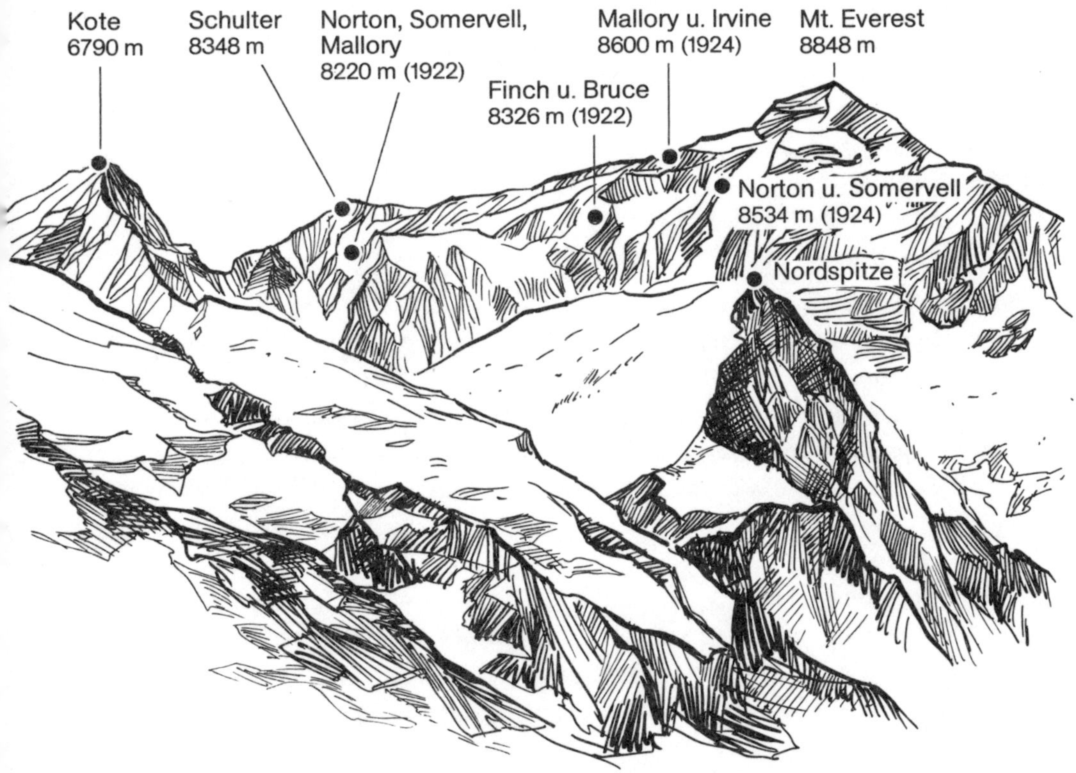

Die Angriffe der beiden britischen Expeditionen von 1922 und 1924 über die Nordseite und die dabei erreichten Höhen.

mütigen Riesen aus den Ostmarken Tibets. Um 1 Uhr erreichten wir das Lager V ohne Zwischenfall. Bunte Wegzeichen erleichterten das Auffinden; sie lagen dort, wo man seitwärts vom Grate absteigen muß. Die beiden Zelte standen auf wackligen Altanen, die man in den Hang gebaut hatte, um ebene Unterlagen zu schaffen.

Wir verbrachten den Nachmittag wie gewöhnlich. Zunächst kriecht man erschöpft in den Schlafsack und bleibt ein Stündchen liegen. Dann ruft die Pflicht. Einer der Gefährten erhebt sich keuchend und grunzend. Oft ausruhend schleppt er sich zum nächsten Schneeflecken, wo er die Aluminiumtöpfe füllt. Der andere hat sich mittlerweile ebenfalls stöhnend aufgerichtet und den Meta-Ofen aufgebaut. Dann entnimmt er Blechdosen oder Säcken verschiedene Nahrungsmittel, sage Pemmikan, Tee, Zucker, Milch, Sardinen und Hartbrot.

Nun warten beide im Schlafsack liegend, daß der Meta-Kocher den Schnee in lauwarmes Wasser verwandle. Das klingt überaus einfach; das Ächzen und Stöhnen scheint eine dichterische Übertreibung zu sein. Aber ich habe die

Sache viermal durchgemacht und kann dem Leser versichern, daß nicht einmal das Klettern auf diesen Höhen so unsagbar anstrengend ist wie die Küchenwirtschaft. Der Vorgang wiederholte sich zudem zwei- bis dreimal, weil man Trinkwasser für den morgigen Tag bereiten und das Geschirr waschen muß. Das allerschlimmste ist aber, daß man das aus diesen Tätigkeiten hervorgehende Zeug essen soll, was nur unter Aufbietung größter Willenskraft gelingt. Die feste Nahrung widert einen an, wohingegen man nie genug zu trinken kriegt ...

Ohne besondere Hoffnungsfreudigkeit legten wir uns schlafen. Es erschien zweifelhaft, ob wir mehr aus den Trägern herausholen würden als Mallory und Bruce. Die Nacht senkte sich auf diese Welt aus Stein und Eis; tief unter uns sah man das Lager III im kalten Schatten des Nordgipfels.

Am 3. Juni standen wir um 5 Uhr auf. Während sich Somervell ums Frühstück kümmerte, besuchte ich die Träger. Wie üblich dauerte es sehr lange, ehe ich sie so weit hatte, daß sie wenigstens Tee kochten und etwas aßen. Nachher brachte ich sie langsam auf die Beine ...

Ich hielt einen langen Vortrag über ehrenvolles Heldentum. Noch 600 Meter, und sie würden ihre Lasten 500 Meter höher getragen haben als irgendein Mensch auf dem Erdenrund. Ich schloß mit den Worten: ›Wenn ihr das Lager bis 8200 Meter schafft, werden eure Namen mit goldenen Buchstaben ins Buch der Geschichte geschrieben werden.‹ Endlich erklärten sich drei bereit: Narbu Jischee, Lhakpa Tschedi und Semtschumbi. Um 9 Uhr brachen wir auf, vier Stunden nach dem Wecken. In der Tat, es ist nicht leicht, dem Everest die frühe Stunde abzuringen.

Vom weiteren Aufstiege ist nicht viel zu sagen; das Gelände bleibt dasselbe. Wir kannten es noch vom Jahre 1922 her ...

Gegen Mittag kamen wir am höchsten Punkt vorbei, den Mallory, Somervell und ich 1922 erreicht hatten. Trotz der durch die dünne Luft gedämpften Empfindungen, spürten wir ein erhebendes Gefühl. Morgen lag ein ganzer Tag vor uns; wer weiß, was uns beschieden war, wenn die Bedingungen einigermaßen günstig blieben ...

Um 2.30 Uhr schickten wir die Träger nach Hause. Sie mußten 1200 Meter absteigen, so daß ihnen nicht viel Zeit blieb, um den Nordsattel bei Tages-

licht zu erreichen. Für unser Lager IV haben wir eine Höhe von 8150 Meter errechnet. Ich gab den Leuten einen Zettel mit, auf dem die Herren eines jeden Lagers gebeten wurden, die Helden des Tages gut zu füttern und zum Standlager abzuschieben, wo sie wohlverdiente Ruhe genießen sollten.
Später erfuhren wir, daß Odell und Hazard am heutigen Tage einen Ausflug zum Lager V gemacht hatten. Odell suchte Versteinerungen (er fand auch das erste Everest-Fossil); Hazard wollte sich nur Bewegung machen und frische Luft schnappen. Er weilte auf Besuch bei Odell und Irvine im Lager IV. Dieser Spaziergang wirft ein eigentümliches Licht auf die vor zwei Jahren erörterte Gelehrtenfrage, ob man ohne Sauerstoff in 7600 Meter leben könne.
Der Nachmittag verging wie immer, nur daß wir keine Träger aufzupulvern brauchten, was angesichts des geringen Kraftüberschusses freudig begrüßt wurde. Das Tagebuch schließt mit den unglaublichen Worten: Schönste Nacht seit Lager I. Somervell schlief zwar etwas weniger, war aber auch ganz zufrieden.
Daß man in 8200 Meter Höhe noch gut schlafen kann, ist eine merkwürdige und erwähnenswerte Tatsache. Außer meinen Stiefeln hatte ich zwei Flaschen mit warmem Tee in den Schlafsack genommen. In der Frühe entdeckte ich, daß einer von den Korken aufgegangen war und daß sich der nun nicht mehr warme Tee ins Bett ergossen hatte. Das bedeutete nun wieder einen ärgerlichen Zeitverlust, weil wir Schnee zum Frühstück schmelzen mußten. Trotzdem gelang es uns, um 6.40 Uhr aufzubrechen.
Eine Stunde oberhalb des Lagers stießen wir auf die etwa 300 Meter mächtige Sandsteinschicht, die quer durch die Nordflanke des Mount Everest zieht. Hier wird das Gehen durch die langen Bänder oder Leisten des Gesteins erleichtert.
Der Tag war sonnig und fast windstill; man konnte sich keinen besseren wünschen. Trotzdem zitterte ich vor Kälte, wenn ich in der Sonne rastete. Ich argwöhnte sogar Malaria und fühlte den Puls, der merkwürdigerweise 64 Schläge zeigte, was eine Beschleunigung um 20 Schläge gegen meinen gewöhnlichen Puls bedeutete. Die Schneebrille legte ich nur auf Schnee an, der selten vorkam. Die Brillenränder beschränkten mein Gesichtsfeld, wenn ich nach Tritten suchte. Bei 8400 Meter fingen die Augen an, mir Sorge zu

machen. Ich sah alles doppelt und war oft im Ungewissen, wohin ich meinen Fuß stellen sollte. Ich glaubte zunächst an Vorboten der Schneeblindheit, aber Somervell meinte, das sei ausgeschlossen. Diese richtige Ansicht Somervells ist mir später von andern bestätigt worden. Es handelte sich in diesem Falle um geschwächte Sinnesbeherrschung infolge des Sauerstoffmangels.

Wir schlichen dahin wie die Schnecken. Es war mein höchster Ehrgeiz, zwanzig Schritte zu tun, ohne anzuhalten und nach Luft zu schnappen. Ich habe es nur auf dreizehn gebracht. Die kalte, trockene Luft reizte Somervells Kehle, so daß er oft stillstehen und husten mußte. In kurzen Zwischenräumen setzten wir uns hin, um einige Minuten zu rasten. Fürwahr, ein trauriges Paar.

Die Aussicht enttäuschte. Bei 7600 Meter war sie noch sehr eindrucksvoll gewesen, wenn man auf das Gewirr der Gipfel und die langen Gletscher mit den Moränenzeilen hinabblickte. Nun aber standen wir hoch über allen Bergspitzen, und die Landschaft unter uns verflachte sich. Gen Norden reihten sich die zahllosen Hügelketten Tibets hintereinander auf. Man verlor jedes Gefühl für Entfernung, bis man ganz hinten ein paar Eiszähne auftauchen sah. Wie reizten sie doch die Einbildungskraft, diese fernen Eisberge in Tibet, die eben noch über den Himmelsrand guckten.

Um Mittag näherten wir uns dem oberen Rande der gelben Sandsteinschichten und der großen Rinne, die den Berg in der Mitte durchfurcht, die Nordschulter von der Gipfelpyramide trennend. Wir befanden uns 150 bis 180 Meter unter dem Nordostgrate, dem wir ungefähr gleichlaufend folgten. Das war die Richtung, die wir immer einschlugen; Mallory bevorzugte die luftige Gratschneide.

Gegen Mittag konnte Somervell nicht mehr gegen seinen schlimmen Hals ankämpfen. Er bat mich, zum Gipfel vorzudringen, da er mich nur aufhalte. Ich ließ ihn unter einem Felsblock am oberen Rande der Sandsteine sitzen. Ich folgte der höchsten Leiste dieser Schicht, die quer durch die große Rinne läuft. Um diese Rinne zu erreichen, mußte ich zwei Strebepfeiler umgehen. Einer davon läuft in einen Gratabsatz aus, den wir die erste Stufe nannten. Dieser Absatz schien uns so hinderlich, daß wir den Weg durch die Flanke wählten. In der Gegend dieser Strebepfeiler oder Rippen wurde das Gelände bedeutend schwieriger. Der Steilhang wies nur schmale Trittleisten auf, die zudem noch mit Pulverschnee bedeckt waren. Die Bergflanke besteht hier aus Platten, die wie Dachziegel übereinander liegen und auch ungefähr so steil sind wie ein Dach.

Zweimal mußte ich umkehren und ein anderes Band suchen. In der Rinne lag tiefer Pulverschnee, in den ich bis zum Knie und manchmal bis zur Hüfte einsank. Infolge seiner lockeren Beschaffenheit hätte er mich bei einem Sturze nicht aufgehalten. Nach der Rinne ging es noch schlechter. Von einem Dachziegel auf den anderen tretend hatte ich das Gefühl, nur durch die Reibung der Schuhnägel auf den Gesteinsflächen zu haften. Obgleich nicht gerade schwierig, war diese Kletterei für den Einzelgänger doch recht unangenehm, denn bei einem Fehltritte gab es kein Halten. Dieses vorsichtige Klettern mit angespannter Aufmerksamkeit äußerte sich bald in zunehmender Erschöpfung. Außerdem störte mich das Augenleiden mehr denn je.

Von hier hätte ich nur noch 60 Meter zum Nordhang der Gipfelpyramide gehabt, wo das Gelände bedeutend leichter zu werden schien und einen bequemen Weg zur Spitze versprach. Es war jetzt 1 Uhr, und die oberflächliche Rechnung sagte mir, daß ich die fehlenden 250 bis 300 Meter nicht überwinden konnte, ohne von der Nacht überrascht zu werden.

Ich kehrte an einer Stelle um, die später mit dem Theodoliten gemessen wurde. Sie liegt 8572 Meter hoch. Seit der Trennung von Somervell hatte ich in einer Stunde 270 Meter waagrechte und 30 Meter senkrechte Entfernung zurückgelegt. Hazard hat topographisch nachgewiesen, daß wir nur etwa sieben Meter unter der Höhe des Kantschendschunga geblieben sind, welcher der dritthöchste Berg der Welt ist.

Soll ich hier berichten, daß ich ob dieser Umkehr vor dem Ziele große Bitterkeit empfand? Ich bekenne, daß mein Inneres nicht stürmisch erregt war. Zweimal habe ich an einem günstigen Tage umkehren müssen; keinmal krampfte sich meine Seele zusammen. In der Höhe verlaufen die geistigen Erregungen sehr sanft. Sobald man den Fuß talwärts richtet, überwiegt das Gefühl der Erleichterung nach der gewaltigen Anspannung, die jeder Schritt aufwärts erfordert.

Ich war nahezu am Ende meiner Kräfte und ging viel zu langsam, um den Gipfel zu erreichen. Es ist natürlich schwer zu sagen, ob ich mich an jener Grenze befand, von wo man ohne Sauerstoff nicht weiter kommt, oder ob mich die Kämpfe mit dem schlechten Wetter auf dem Rongbuk-Gletscher zu sehr geschwächt hatten. Ich halte die zweite Möglichkeit für wahrscheinlicher und glaube, daß ungeschwächte Bergsteiger unter günstigen Bedingungen auch ohne Sauerstoff auf den Gipfel kommen. Für die letzten 300 Meter braucht man keinen großen Unterschied im Luftdrucke anzunehmen.
Eine Kleinigkeit zeigt, daß ich nicht ganz in meiner gewöhnlichen Verfassung gewesen sein kann. Meine Nerven müssen schon gelitten haben. Als ich mich Somervell wieder näherte, kam ich über eine mit Schnee angezuckerte Platte, die nur mäßig steil war und sich gar nicht mit dem Gelände vergleichen ließ, das hinter mir lag. Trotzdem glaubte ich, nicht ohne Hilfe hinübergelangen zu können. Ich rief Somervell an, er möge mir das Seil zuwerfen, wobei ich wieder bemerkte, daß meine Stimme knapp zu ihm hinreichte, obgleich er nur 30 Meter entfernt war. Somervell leistete die gewünschte Hilfe. Ich sah ihm aber deutlich an, daß er sich wunderte.
Nun ging es an den Abstieg. Bald nachher verlor Somervell den Eispickel aus den klammen Fingern. Radschlagend eilte der Pickel zu Tal. Ganz in der Nähe hatte Somervell vorhin sein höchstes Lichtbild aufgenommen, auf dem der Hang lange nicht so steil aussieht. Man denkt, daß ein Stock bald zur Ruhe kommen müßte. Aber der Pickel sprang unentwegt weiter und entschwand unsern Blicken.
Wir gingen denselben Weg zurück, sehr langsam absteigend. Im Lager VI holten wir einige Sachen nebst einer Zeltstange als Pickelersatz. Dann legten wir das Zelt nieder und beschwerten es mit Steinen. Endlos dehnt sich der Nordgrat. Bei Sonnenuntergang kamen wir am Lager V vorbei, das rechts liegenblieb. Da das Gelände ganz leicht und sicher ist, gingen wir unangeseilt. Auf dem Schneehange abfahrend, bemerkte ich erst ziemlich weit unten, daß Somervell nicht mehr bei mir war. Ich mußte eine halbe Stunde warten und vermutete, daß er fotografiert oder gemalt habe. In Wirklichkeit war er beinahe an einem Hustenanfall erstickt. Glücklicherweise bewältigten die Lungen den blutigen Schleimpfropf. Er stieg langsam über die Felsen ab, weil

er nicht wagen durfte, stehend abzufahren. Es wurde dunkel, und ich ließ die Taschenlampe aufflammen.

Als wir uns dem Fuße des Grates näherten, rief ich zum Lager hinüber, den Firnbruch-Lotsen unsere Ankunft meldend. Man antwortete, daß der Sauerstoff unterwegs sei. Wir sehnten uns aber nach etwas anderem als Sauerstoff, denn wir waren ausgedörrt. Wiederholt schrie ich hinüber: ›Wir wollen keinen verdammten Sauerstoff; wir wollen trinken!‹ Aber meine Stimme war schwach und verlor sich in die nebelhafte Weiße, die unterm Sternenzelt schimmerte.

Mallory und Odell kamen uns mit der Meldung entgegen, daß Irvine schon über den Kochtöpfen säße. Weder Somervell noch ich verspürten vom Sauerstoff viel Gewinn. Man beglückwünschte uns, obgleich wir mehr Enttäuschung als Freude empfanden. Um 9.30 Uhr nahm uns das Lager auf. Dieser Empfang war doch ganz anders als damals vor zwei Jahren, wo wir um 11 Uhr nachts in leere Zelte krochen. Irvine labte uns mit Tee und Suppe. Zu festen Speisen hatten wir wenig Lust. Das gehört eben mit zu den Schwierigkeiten der Hochbergsteigerei, daß man den Gewebeschwund nicht ordentlich ersetzt.

Mallory, der nun wieder an der Reihe war, erzählte mir, daß er noch einen Versuch machen werde, und zwar mit Sauerstoff, weil man inzwischen genügend Träger aufgeboten habe. Infolge des schönen Wetters hatten die Leute nämlich wieder Mut gefaßt und sich freiwillig gemeldet. Außerdem standen ja die Zelte auf V und VI, so daß man fast alle verfügbaren Träger mit Stahlflaschen beladen konnte. Daß es nun doch zu einem Versuche mit Sauerstoff kam, verdankten wir in erster Linie Bruce, der die Verfrachtung trotz seiner Herzbeschwerden leitete.

Ich stimmte Mallory bei und freute mich über diesen Menschen mit der unbezähmbaren Entschlußkraft. Allen vorangegangenen Anstrengungen zum Trotze, wollte er keine Gelegenheit ungenutzt verstreichen lassen. Nur mit Irvine als Begleiter war ich nicht einverstanden, wofür ich zwei Gründe hatte. Erstens litt er an Halsweh, zweitens konnte er sich an Erfahrung nicht mit Odell messen, der zudem in bester Verfassung war. Mallory meinte dagegen, daß Irvines außergewöhnliche technische Kunstfertigkeit sehr viel zu sagen

habe. Dazu käme, daß er großes Vertrauen in die Wirksamkeit des Sauerstoffes setze, wohingegen Bruce und Odell auf dem Wege zum Nordsattel nicht die geringste Erleichterung verspürt hatten. Vertrauen sei aber die grundlegende Bedingung.
Ich machte von meinem Einspruchsrechte keinen Gebrauch, weil ich Mallorys Anordnungen nicht in letzter Stunde umwerfen wollte.
Gegen 11 Uhr wachte ich mit Augenschmerzen auf, die einen schweren Anfall von Schneeblindheit verkündeten. In der Frühe war ich vollkommen blind und blieb es drei Tage lang, dabei von ziemlichen Schmerzen geplagt. Am 5. Juni trafen Mallory und Irvine die üblichen Vorbereitungen. Ich mußte mich darauf beschränken, von Zeit zu Zeit vor die Zelttüre zu treten und Ansprachen an die Träger zu halten. War ich doch der einzige, der wenigstens nepalisch sprach. Mallory verfügte nur über etwas Hindustanisch, was vielleicht nicht genügte, um die Träger von V bis VI zu treiben.
Immerhin hofften wir, daß das Beispiel der Vorgänger ihren Ehrgeiz aufstacheln werde. Ich tat daher mein Bestes, um sozusagen Mut auf Vorrat in sie hineinzupumpen. Nachmittags stieg Somervell zu Lager III ab, denn er sollte ins Standlager zurück. Hazard kam von III herauf, um Irvines Platz als Stütze neben Odell einzunehmen. Am 6. Juni um 7.30 Uhr verabschiedeten wir uns von Mallory und Irvine – für immer.«

Über diesen Versuch von Mallory und Irvine schrieb N. E. Odell: *
»Am Abend des 4. Juni kamen Mallory und Irvine herauf. Sie hatten unterwegs Sauerstoff geatmet und den Weg vom Lager III in der Rekordzeit von zweieinhalb Stunden zurückgelegt. Diese Leistung verdankten sie vielleicht weniger dem Sauerstoffe als dem unterbewußten Wunsche, dessen Wirksamkeit zu beweisen. Ich hielt mit meinem Urteil noch zurück. Jedenfalls war Irvines Hals durch den Sauerstoff schlimmer geworden. Durch die trokkene Höhenluft wird die Luftröhre ohnehin schon zu einem holzigen Schlauche. Auch bei Mallory merkte man eine leichte Reizung der Kehle.

* N. E. Odell: »Der Versuch von Mallory und Irvine« in: »Bis zur Spitze des Mount Everest – Die Besteigung 1924«, Verlag Schwabe & Co, Basel, 1926.

Mallorys Kampfnatur war aufs höchste angespannt.
Vor Ungeduld brennend strebte er nach dem Ziel, das Geschlechter von Bergsteigern mit Sehnsucht erfüllt hat. Irvine war trotz seiner Jugend vom gleichen Eifer beseelt. Auf der Schlittenreise quer durch Spitzbergen habe ich ihn gut kennengelernt. Obgleich ihn die Höhe zurückhaltender machte als gewöhnlich, verriet er mir doch oft genug den Wunsch, einen Gipfelsturm auf den Everest mitzumachen. Obgleich er einen gewissen Stolz in die von ihm betreuten Sauerstoffgeräte setzte, gestand er doch, daß er lieber ohne Gas an den Fuß des Gipfelbaues als mit Sauerstoffhilfe auf die Spitze gelangen möchte. Er schwärmte für den Sieg ohne künstliche Mittel. Aber dieses Vorurteil hinderte ihn nicht, Mallorys Angebot mit ehrlicher Begeisterung anzunehmen.
Am Abend dieses 4. Juni ging ich mit Mallory zum Nordgrat hinüber, um Norton und Somervell zu empfangen, die vom höchsterreichten Punkte zurückkamen. Der 5. Juni verlief ereignislos. Wir empfanden nur die Ohnmacht, mit der wir Nortons Schneeblindheit gegenüberstanden. Somervell stieg trotz seines Halsleidens zum Lager III ab, während Hazard durch Zeichen heraufgebeten wurde. Irvine und ich prüften die Sauerstoffausrüstung ...
Am 6. Juni standen Hazard und ich sehr früh auf, um gebackene Sardinen mit Tee zu bereiten. Mallory und Irvine wurden in ihrem Zelte bedient. Die Ankündigung des Frühstücks schien sie zu erfreuen, aber ihre Aufregung hinderte sie daran, den Köchen zu schmeicheln und der Mahlzeit tapfer zuzusprechen. Um 8.40 Uhr standen sie marschbereit; ich knipste sie noch beim Aufladen der Sauerstoffausrüstung. Außer den beiden Stahlflaschen nebst Zubehör trug jeder etwa 11 Kilo. Diese Last erscheint reichlich groß, ist aber nichts im Vergleich mit den 18 Kilo der alten Vorrichtung. Ihre acht Träger waren mit Schlafsäcken, Vorräten und Stahlflaschen beladen, kriegten aber keinen Sauerstoff zu atmen. Sogar auf dieser Höhe schien die Last unseren Leuten wenig auszumachen. Die 9 bis 11 Kilo drückten sie ebensowenig wie das Doppelte und Dreifache weiter unten. Bald verloren wir die Schar im Irrgarten des Firnbruches aus den Augen.
Mein Tagebuch sagt, daß der Vormittag klar war, daß sich der Himmel aber

nachmittags umwölkte und daß es gegen Abend sogar etwas schneite. Um 9.45 Uhr traf Hingston ein und stieg später mit dem blinden Norton zum Lager III ab. Hazard ging bis zum Eiskamin mit. Ich brachte alles in Ordnung und machte Beobachtungen. Bald nach 5 Uhr kamen vier von Mallorys Trägern planmäßig zurück. Auf einem vom Lager V mitgebrachten Zettel war zu lesen: Kein Wind hier oben; die Sache sieht hoffnungsvoll aus.

Am 7. Juni, am Tage wo Mallory und Irvine von V nach VI gingen, begab ich mich mit dem Träger Nema nach V. Ich hoffte, oben ein drittes Sauerstoffgerät vorzufinden. Indessen hatte Irvine den Atmer als Ersatzstück mitgenommen. Es ging ganz gut ohne Sauerstoff, und ich freute mich, daß ich keine schweren Flaschen zu tragen brauchte. Bald nach meiner Ankunft in V kamen die vier letzten Träger von VI herunter. Sie meldeten sich mit abgetretenen Steinen, die ums Zelt prasselten. Infolge der ausgesetzten Lage am Steilhange kam das hier häufiger vor.

Von Mallory traf folgender Bericht ein:

> Lieber Odell!
> Tut uns leid, daß wir solche Unordnung hinterlassen haben. Unnakocher im letzten Augenblick den Berg hinuntergerollt. Gehen Sie morgen nur rechtzeitig nach Lager IV zurück, um vor Dunkelwerden zu räumen, was auch ich zu tun hoffe. Ich muß einen Kompaß liegengelassen haben; retten Sie ihn um des Himmels willen; denn wir haben keinen. Bis hier mit 90 Atmosphären während der zwei Tage. Werden dann wohl mit zwei Flaschen auskommen. Ist aber doch eine verfluchte Last beim Klettern. Großartiges Wetter zum Gehen.
>
> Immer Ihr
> G. Mallory

Die 90 Atmosphären beziehen sich natürlich auf den Sauerstoffverbrauch. Der Hochdruck beträgt 120 Atmosphären ...

Abends vor dem Schlafengehen freute ich mich über das schöne Wetter. Sicherlich gingen zur selben Zeit Mallory und Irvine mit großen Hoffnungen ins Bett. Ich genoß eine wundervolle Aussicht auf die Gletscher und Bergrie-

sen; die Firnwelt war gelb und rötlich angehaucht. Genau gegenüber erhoben sich die düsteren Wände des Nordgipfels, in denen mein Auge die Streifenschrift der Erdgeschichte zu enträtseln suchte. Die schwere, dunkle Masse bildete einen wirkungsvollen Gegensatz zu den schimmernden Fernen der tibetischen Hochfläche mit ihren zackigen Kämmen. Weit draußen im Osten schien der Kantschendschunga in der Luft zu schweben. Von allen Ausblikken, die ich je genoß, wird dieser die Krone der Erinnerung bleiben ...
In der Frühe packte ich den Rucksack und fügte einige Nahrungsmittel für die Everest-Besteiger hinzu. Um 8 Uhr erstieg ich den Hang hinterm Lager V und gelangte bald auf die Kammhöhe des Nordgrates. Bisher war es klar und nicht übermäßig kalt gewesen; jetzt aber bildeten sich Nebelbänke im Westen und zogen über die Bergflanke dahin. Glücklicherweise wurde der Wind nicht stärker. Auch schloß ich aus der Helligkeit über mir, daß die oberen Teile des Berges nebelfrei blieben. Infolgedessen fühlte ich keine Beunruhigung. Im Geiste sah ich Mallory und Irvine schon den Gipfelhang emporsteigen. Da der Wind sie nicht behinderte, stand glattem Vordringen auf der Grathöhe der Nordostschulter nichts im Wege ...
Bei 7800 Meter packte ich einen kleinen Vorsprung an, der sich wohl ebensogut hätte umgehen lassen. Es kam mir mehr darauf an, zu sehen, wie mein Körper in dieser Höhe mit der Kletterei fertig wurde. Als ich die 30 Meter überwunden hatte, lichtete sich der Nebel über mir, und der Gipfel wurde klar. Auf einem Schneefelde unter der vorletzten Stufe zur Gipfelpyramide erspähte ich einen schwarzen Punkt, der sich der Felsenstufe näherte. Ein zweiter folgte, während der erste den Vorsprung erkletterte. Leider zog sich der Vorhang wieder zu, so daß ich nicht mehr feststellen konnte, ob der zweite Bergsteiger seinen Gefährten eingeholt hatte.
Ich wunderte mich, Mallory und Irvine erst jetzt, um 12.50 Uhr, an dieser Stelle zu erblicken. Ich wußte nicht genau, ob ich die erste Stufe oder die zweite Stufe vor mir hatte. Jedenfalls wollte Mallory planmäßig spätestens um 8 Uhr bei der zweiten Stufe sein. Auf Lichtbildern der Nordflanke vom Standlager aus sieht man die zweite Felsstufe sehr gut. Sie liegt nicht weit vom Fuße der Gipfelpyramide und bezeichnet den Anfang des kurzen, firnbedeckten Schlußteils des Nordostgrates. Um dieselbe Strecke weiter nach

links liegt die erste Stufe. Wegen der Verkürzung von meinem Standpunkt aus konnte ich die Lage des Ortes nicht deutlich ausmachen, doch glaubte ich, die zweite Stufe vor mir zu haben. Jedenfalls hatte ich den Eindruck, daß die beiden sich beeilten, wie um verlorene Zeit einzuholen.
Zwar bewegte sich nur einer zur Zeit über das anscheinend leichte Gelände, aber das genügte nicht, um daraus den Schluß zu ziehen, daß sie angeseilt gingen. Dieser Umstand wird wichtig, wenn man Vermutungen über ihr Schicksal anstellt. Vielleicht sind sie durch den Neuschnee aufgehalten worden, den ich auf den oberen Felsen bemerkte. Für Leute mit dem schweren Sauerstoffgerät bedeuten schneebedeckte Geröllplatten sehr langsames Vordringen. Obgleich nicht sehr wahrscheinlich, so ist es doch möglich, daß die Nebelschicht, in der ich stak, den Aufstieg behinderte.
Als ich gegen 2 Uhr das Lager VI erreichte, begann es zu schneien; der Wind wurde stärker. Ich legte die Vorräte ins Zelt und beschloß, für ein Weilchen Unterschlupf zu suchen. Innen befand sich ein gemischtes Warenlager aus Kleidern, Nahrungsmitteln, Sauerstoffflaschen, Teilen von Apparaten. Draußen lagen noch mehr Sauerstoffgeräte und die Duraluminiumträger. Es sah ganz nach Umbauarbeiten aus, als ob es Schwierigkeiten mit den Geräten gegeben hätte. Indes kannte ich Irvine zu gut, um mir Sorgen zu machen. Er machte sich gar nichts daraus, die halbe Nacht mit Basteln zu verbringen und Aufgaben zu lösen, die nachher vielleicht gar nicht an ihn herantraten ...
Ich fand keinen Zettel mit Nachrichten vor, so daß wir niemals wissen werden, ob die beiden aufgehalten wurden und wann sie aufbrachen. Es schneite weiter, und ich fragte mich, ob das Wetter die beiden wohl zur Umkehr nötigen werde. Infolge seiner Lage zwischen Felsen ist das Zelt nicht leicht zu finden. Daher stieg ich etwa 60 Meter gegen den Gipfel hin und pfiff und juchzte für den Fall, daß sie in Hörweite waren. Dann suchte ich hinter einem Block Schutz gegen das Schneetreiben. Da man nur einige Meter weit sehen konnte, wandte ich mich der unmittelbaren Umgebung zu und betrachtete das Gestein. Aber Schnee und Wind ließen meinen geologischen Eifer bald erkalten. Nach einer Stunde machte ich mich auf den Rückweg. Sollten Mallory und Irvine umgekehrt sein, so konnten sie noch lange nicht in Rufnähe sein, erst recht nicht bei diesem Wetter.

Als ich wieder ins Lager VI kam, hatte sich das Unwetter gelegt, und die Sonne schien auf die Nordflanke. Der Neuschnee verdunstete, ohne zu schmelzen. Die Gipfelregion wurde sichtbar, aber nach den beiden Bergsteigern spähte ich vergeblich aus. Dann erinnerte ich mich daran, daß Mallory mich ausdrücklich gebeten hatte, rechtzeitig zum Nordsattel abzusteigen und die Räumung vorzubereiten. Wenn irgend möglich, wollten wir alle schon heute, gleich nach seiner Rückkehr, zum Lager III absteigen. Der Monsun konnte jeden Augenblick ausbrechen.
Sollten die beiden gezwungen sein, hier oben zu übernachten, so durften sie mich nicht antreffen, denn im Zelt konnten nur zwei Menschen liegen. Ich legte Mallorys Kompaß an eine auffällige Stelle bei der Tür, aß etwas, legte die übrigen Vorräte bereit und verschloß das Zelt. Um 4.30 Uhr verließ ich das Lager VI, mich unterwegs häufig umschauend. Jedoch war niemand zu sehen. Es bestand auch wenig Aussicht, Menschen in den dunklen Schrofen zu entdecken, es sei denn, daß sie gerade einen der seltenen Schneeflecken überschritten oder sich auf dem Kamme gegen den Himmel abzeichneten. Ich stellte bei dieser Gelegenheit fest, daß man den Abstieg kaum beschwerlicher findet als auf mäßigen Bergeshöhen. Mit den Anstrengungen des Aufstieges läßt sich der Abstieg überhaupt nicht vergleichen. Bergsteiger, die nicht zu Tode erschöpft sind, können daher sehr schnell abwärts gelangen und vor Anbruch der Nacht in den sicheren Hafen einlaufen. Gerade die Fähigkeit zum schnellen Absteigen scheint mir zu beweisen, daß der an die Höhe gewöhnte Bergsteiger des Sauerstoffes nicht bedarf. Der Schneestreifen auf der Luvseite des Nordgrates zwischen 7560 Meter und 7160 Meter war hart und steil genug für eine flotte Abfahrt, so daß ich schon um 6.45 Uhr auf dem Nordsattel stand. So vermag man den drei- bis vierstündigen Weg zum Lager V in umgekehrter Richtung in 35 Minuten zurückzulegen ...
Daß man Mallory und Irvine nicht zu früh erwarten durfte, war ja klar, denn sie hatten sich beim Aufbruche verspätet. Vielleicht erreichten sie VI oder V erst beim Einbruche der Dunkelheit. In der hellen Nacht schauten wir lange nach Zeichen aus. Später schimmerte schwaches, von den Firngipfeln zurückgeworfenes Mondlicht auf der Flanke des großen Berges. Vielleicht beleuchtete es die heimwärts gewandten Schritte der beiden Einsamen da droben.

Am nächsten Morgen richteten wir die Feldstecher auf die Hochzelte; nichts rührte sich. Gegen Mittag beschloß ich, auf die Suche zu gehen und verabredete mit Hazard einen einfachen Zeichenschlüssel. Bei Tage sollte ich Schlafsäcke auf den Schnee legen, so daß sie bestimmte Figuren bildeten. Nachts wollten wir uns durch Lichtblitze verständigen. Selbstverständlich kannten wir auch das alpine Notsignal. Von den drei auf dem Nordsattel befindlichen Trägern vermochte ich zwei zum Mitgehen zu bewegen. Wir brachen um 12.15 Uhr auf und mußten wieder mit dem bitterkalten Westwinde kämpfen, der hier fast immer bläst und auch Mallorys und Bruces Versuch vereitelt hatte.

Die Sherpas waren kleinmütig; der eine ließ sich nur mit großer Mühe aufmuntern. Trotzdem erreichten wir das Lager V in der recht guten Zeit von 3¾ Stunden. Ich erwartete die Gesuchten hier nicht anzutreffen, weil ich von unten aus kein Lebenszeichen bemerkt hatte. Alle Hoffnungen verdichteten sich somit aufs Lager VI. Aber auch diese Aussichten waren sehr trübe, denn dort oben war tagsüber alles still geblieben. Ich konnte heute nicht mehr weiter vordringen, auch wenn die Träger bereit gewesen wären. Es war schon zu spät. Heftige Windstöße drohten die Zelte zu entwurzeln. Durch die fliegenden Wolkenfetzen erhaschte man flüchtige Blicke in die Gluten des Sonnenunterganges. Mit der Nacht steigerte sich der Wind, und die Kälte nahm zu. Die Träger hatten keine große Lust zum Essen und wickelten sich bald in die Schlafsäcke. Ich überzeugte mich noch von der Festigkeit ihrer Zeltstricke. Nachdem ich auch meine Behausung geprüft hatte, legte ich das Sauerstoffgerät zurecht und schraubte das mitgebrachte Mundstück an. Die Nacht war außerordentlich kalt; der Wind drang durch alle Ritzen. Obwohl ich mit den Kleidern in zwei Schlafsäcken lag, wollte mir nie recht warm werden.

In der Frühe blies der Wind noch immer sein grausames Lied. Die Träger waren halb erstarrt und rührten sich nicht. Beide schienen bergkrank zu sein. Ich forderte sie zum Mitgehen auf. Aber sie machten Zeichen, daß sie krank seien und absteigen wollten. Da ich ihnen nicht zuviel zumuten durfte, begleitete ich sie ein Stückchen abwärts und bat sie, so schnell wie möglich zum Nordsattel zu eilen. Ich wandte mich dem Lager VI zu und hoffte, mit Hilfe des Sauerstoffes gut vorwärts zu kommen. Aber der ungestüme Gratwind verdammte mich zum Schleichen. Von Zeit zu Zeit mußte ich hinter einem Felsen Schutz suchen, um wieder warm zu werden. Noch etwa eine Stunde vom Lager VI entfernt, kam ich zur Einsicht, daß mir der Sauerstoff wenig nütze. Ich trug eine einzige Flasche, der ich bisher nur kleine Mengen entnommen hatte. Um nichts unversucht zu lassen, erhöhte ich die Zufuhr und tat längere Atemzüge. Außer einer kaum bemerkbaren Abnahme der Beinmüdigkeit verspürte ich nicht das geringste. In Anbetracht der Erfahrungen anderer wunderte ich mich sehr darüber. Vielleicht war mir die Anpassung an die sauerstoffarme Höhenluft besonders gut gelungen. Ich drehte das Gas ab, ohne an den bösen Folgen zu leiden, die von der Theorie verlangt werden. Die Flasche einstweilen auf dem Rücken behaltend, ließ ich das lästige Mundstück hängen und kam ebensogut voran. Wie man hier oben keuchen muß, das würde allerdings auch für geübte Schnelläufer eine neue Offenbarung sein.

Mit Ausnahme einer vom Winde umgerissenen Stütze lag im Zelt VI noch alles so, wie ich es vor zwei Tagen verlassen hatte. Ich warf die Gasrüstung ab und stieg weiter. In der kurzen Zeit, die mir übrigblieb, wollte ich der vermutlichen Anstiegslinie von Mallory und Irvine folgen. Der Gipfelbau des Mount Everest gehört wohl zu den unwirtlichsten Teilen der Erdoberfläche, zumal wenn der Sturm die düsteren Flanken des Berges peitscht. Und wie grausam ist dieser Wind, wenn er jeden Schritt hemmt, der verlorenen Freunden gilt.

Nachdem ich mich zwei Stunden abgemüht hatte, erkannte ich die Aussichtslosigkeit, in dieser riesigen Steinwüste eine Spur der Vermißten zu entdecken. Nur eine größere Rettungsmannschaft konnte hier planmäßig suchen. In der Gegend, wo ich die beiden zuletzt gesehen hatte, mußte man auf ihre Fährten stoßen; aber allein vermochte ich nicht bis zu dieser Stelle des Nordostgrates vorzustoßen, vor allem nicht, weil es schon viel zu spät war.

Mit Widerstreben ging ich ins Lager VI zurück und flüchtete mich für einen Augenblick ins Zelt. Als der Wind etwas nachließ, benutzte ich die Gelegenheit, um die zwei Schlafsäcke auf einen steilen Schneefleck zu schleppen. Ich mußte alle Kräfte aufbieten, denn der Wind war immer noch stark genug und drohte mir meine Bürde zu entreißen. Die in T-Form ausgelegten Säcke meldeten Hazard, daß ich niemanden gefunden hatte. Das Zeichen wurde auf dem Nordsattel richtig gelesen; jedoch hinderte mich die schlechte Beleuchtung daran, Hazards Antwort auszumachen.

Als einzig wertvolle Stücke rettete ich Mallorys Kompaß und den von Irvine gebauten Sauerstoffatmer. Dann verschloß ich das Zelt und warf einen letzten Blick auf den Gipfel, der durch die fliehenden Wolken lugte. Ernst und kalt erschien mir sein Antlitz; auf meine Frage nach den Freunden antwortete des Sturms gellender Spott.

Hatten wir das Heiligtum geschändet? Aber dann schaute ich wieder auf die hehre Gestalt und ward eines versöhnenden Hauches bewußt. Wer sich ihr anbetend nähert, den packt es mit unwiderstehlicher Gewalt; er muß die höchste und heiligste Opferstelle erreichen ...

Nach Hazards Messungen (mit dem Theodoliten vom Standlager aus) ist die zweite Stufe 8604 Meter hoch und die erste Stufe 8534 Meter. Sind Mallory und Irvine, dort wo ich sie sah, nur bei der ersten Stufe gewesen, so gebührt E. F. Norton die Ehre, den bisher höchsten Punkt erreicht zu haben (8564 Meter).

Warum sind Mallory und Irvine nicht zurückgekehrt? Von der zweiten Stufe aus fehlten noch 240 Meter senkrechter und 500 Meter waagrechter Entfernung zum Gipfel. Wenn sie auf keine besonderen Hindernisse stießen, konnten sie um 3 oder 3.30 Uhr auf der Spitze sein. Vor dem Abmarsch aus dem Lager VI hatte Mallory an Noel geschrieben, daß er um 8 Uhr früh am Fuße der Gipfelpyramide zu sein hoffe (8625 m). Die beiden Bergsteiger hatten sich somit um fünf bis sechs Stunden verspätet. Da man für den Abstieg vom Gipfel zum Lager VI fünf bis sechs Stunden rechnen mußte, war es fast unmöglich, dieses vor Einbruch der Dunkelheit zu erreichen. Aber die Nacht war klar und mondhell, wenn auch der Mond erst später aufging. Trotzdem ist nicht ausgeschlossen, daß sie das Zelt verfehlten und ein Freilager beziehen mußten, was in ihrem erschöpften Zustand natürlich besonders gefährlich war. Selbstverständlich kannte Mallory diese Gefahr, vermochte aber nichts dagegen zu tun. Das Einschlafen in dieser Höhe und bei dieser Kälte ist nahezu mit dem sicheren Tode gleichbedeutend.

Norton verwirft obige Annahme, weil keine Lichtzeichen gesehen worden sind. Obgleich ich das Gewicht dieses Einwandes anerkenne, halte ich ihn doch nicht für durchaus entscheidend, weil Laterne oder Magnesiumfackel versagt haben können. Da ich im Zelte VI zwei Fackeln vorfand, bleibt die Möglichkeit, daß man in der Eile des Aufbruches überhaupt vergessen hat, eine mitzunehmen.

Der Bergsteigertod durch Absturz liegt ebenfalls nahe. Dann mußten sie durch das Seil verbunden sein, worüber die von mir beobachteten Bewegungen keinen deutlichen Aufschluß gaben. Natürlich kann ein Abstürzender den unter ihm Nachfolgenden mitreißen, auch wenn man nicht angeseilt ist. Aber wer mag bei Mallorys Geschicklichkeit und Erfahrung an einen Absturz glauben. Für ihn war das Gelände ja kinderleicht. Auch Irvine ging sehr sicher ...

Allerdings wurden sie durch die Sauerstoffrüstung behindert, wie aus Mallorys Zettel hervorgeht. Ist es aber denkbar, daß so tüchtige Leute bei einer leichten Kletterei jeden Halt verlieren? Immerhin sind Fälle bekannt, wo gute Bergsteiger infolge unglücklicher Umstände oder aus Erschöpfung abstürzten.

Auf dem Kamme des Nordostgrates sieht man aus der Ferne nur zwei Stellen, die Schwierigkeiten vermuten lassen. Deren erste ist die zweite Stufe, die von weitem zwar steil, aber auf der Nordseite übersteigbar aussieht. War es wirklich die zweite Stufe, wo ich die Bergsteiger zuletzt erblickte, so konnte von Schwierigkeiten nicht die Rede sein, denn der vorangehende Punkt – vermutlich Mallory – überwand dieses Gratstück in fünf Minuten. Sodann stößt man am Fuße der Gipfelpyramide auf steilere Platten, die in den leichten Gipfelgrat übergehen. Norton hat dicht unter dieser Stelle gestanden und hält sie bei Neuschnee für ziemlich gefährlich, wenn jemand ausrutschen sollte. Ohne Oberst Nortons örtlichen Augenschein zu bezweifeln, möchte ich darauf hinweisen, daß sich die Stelle durch einen waagrechten Quergang nach rechts umgehen läßt. Solch geringfügige Hindernisse können einen Alpinisten von Mallorys Erfahrung weder lange aufgehalten noch gänzlich geschlagen haben. Er und Irvine würden es bestimmt nicht auf einen Fehltritt ankommen lassen, dessen Folgen ihnen allzu deutlich vor Augen standen.

Schließlich hat man noch daran gedacht, daß vielleicht der Sauerstoff versagte. Nach meinen Erfahrungen scheint es vollkommen unglaublich, daß sie dadurch am Weitergehen, geschweige denn am Abstiege verhindert worden wären. Auf Mallorys Zettel stand, daß sie bisher nur wenig Sauerstoff gebraucht hatten und daß jeder nur zwei Flaschen mitnehmen wollte. Sie waren zudem schon so an die Höhe gewöhnt, daß ein Zusammenbruch sehr unwahrscheinlich ist.
Ich bin dafür, daß Mallory und Irvine den Tod durch Erfrieren im Freilager fanden. Zwar hatte Mallory gesagt, daß er kein tollkühnes Wagnis laufen werde, aber wer weiß, zu welchen Entschlüssen zwei Leute an den Pforten des Sieges kommen. Ob der Ruf der Sehnsucht nicht die Stimme der Klugheit übertönte, als Mallory das Ziel zum Greifen nahe sah? Das Vertrauen in seine oft erprobte Kunst und das Vertrauen in den bewährten Begleiter mögen ihn zum kühnen Wurfe verleitet haben. Von Irvine wissen wir, daß er alles daransetzen wollte, um den höchsten Preis zu erringen. Wer unter uns würfe den ersten Stein? Wir alle haben auf so manchem Bergesriesen dem Sturme und der Dunkelheit getrotzt. Wer von uns hätte das Übermenschliche vollbracht und sich gemeistert, als die Erfüllung lockte?
Die Frage, ob der Mount Everest bezwungen ward, bleibt unbeantwortet, weil sichere Beweise fehlen. Überdenkt man jedoch alle Möglichkeiten, so ergibt sich die Wahrscheinlichkeit, daß Mallory und Irvine auf dem höchsten Gipfel der Erde gestanden haben.«

Verschollen

Auch wenn Mallory und Irvine den Gipfel erreicht haben sollten, wären sie teilweise mit Sauerstoffmasken gestiegen, und es bleibt daher immer noch die Frage, ob der höchste Gipfel der Welt ohne dieses technische Gerät zu ersteigen ist. »Ist die Welt für den Menschen gemacht oder nur für den ›Maschinenmenschen‹?«
In seinem Buch über die Himalaya-Expeditionen 1921 bis 1948 beschreibt

Odell mit Everest von Norden. Finger an der Stelle, an der die Eisaxt Mallorys gefunden wurde.

Rudolf Skuhra eine Expedition, die beinahe ein Jahrzehnt später auf makabre Weise an den Versuch von Irvine und Mallory erinnert: *

»Neun Jahre später, ungefähr 20 Meter unter dem Kamm und 250 Meter östlich von der ersten Stufe, machte Wyn Harris einen aufregenden Fund: einen Eispickel! Dieser Pickel konnte nur Mallory oder Irvine gehört haben, niemand anderer war bisher so nahe an den Kamm des Grates herangekommen. Der Zufall hatte Wager und Wyn Harris in dieser ausgedehnten Felsenwelt gerade auf die Spur der beiden geheimnisvoll Verunglückten geführt. Ob dies hier die Stelle des Absturzes war? Den Pickel nahm Wyn Harris mit.«

Ein weiteres Zeichen von Mallory und Irvine konnte nie gefunden werden, und so blieb ihr Verschwinden rätselhaft. Seit Anfang der fünfziger Jahre – Tibet schloß, Nepal öffnete seine Tore ausländischen Expeditionen – versuchte man den Aufstieg von Süden.
Auch wir hatten nach gründlichem Studium einen Plan entwickelt, wie wir den höchsten Berg der Welt über seine Südseite erreichen könnten – mein Traum: ein Aufstieg ohne Maske.

* Rudolf Skuhra: »Sturm auf die Throne der Götter«, Büchergilde Gutenberg, Frankfurt, 1950.

ÖAV · Expeditio

Der Plan:

Leiter für das Gesamtunternehmen: Wolfgang Nairz

Mannschaft: Ein Zwei-Mann-Team (Reinhold Messner und Peter Habeler) für den Südpfeiler; 4 Bergsteiger für den Südgrat, 2 Ärzte, 3 Kameraleute, 1 Basislagerverwalter.

Start: Ende Februar 1978.

Dauer: ca. 3 Monate.

Taktik: Gemeinsamer Aufstieg bis ins Western Cwm (teilweise mit Skiern). Vom Lager 3 (ca. 6600 m) 2 getrennte Aufstiege bis zum Gipfel.

Grußkarten: Für 100 öS (15 DM, 5000 L.) erhalten Sie eine Grußkarte der Expedition aus Nepal mit Sondermarken, Porträts und Unterschriften aller Teilnehmer. Mengenrabatt möglich.

Wolfgang Nairz, 33, Innsbruck,

Leiter, Alpinreferent im ÖAV

Leiter Tiroler Manaslu-Expedition, 1972
Leiter Österr. Makalu-Expedition, 1974
Noshaq-Drachenflug.

Dr. Oswald Ölz, 35, Feldkirch,

Expeditionsarzt, Kantonspital Zürich

Manaslu, 1972
Makalu, 1974
McKinley, 1976.

Peter Habeler, 35, Mayrhofen,

Berg- und Skiführer

Tiroler Anden-Expeditio
1969
Hidden Peak, 1975
Dhaulagiri, 1977.

Hanns Schell, 39, Graz,

Geschäftsführer der Firmen Odörfer und Segro, AV-Vorstand Graz

Hidden Peak, 1975
Nanga Parbat, 1976
(1. Beg.)
Fünf 7000er erstbestiegen.

Robert Schauer, 24, Graz,

Medizinstudent
Hidden Peak, 1975
Nanga Parbat, 1976
Kun in Indien.

1978 zum Everest

ie Ziele:

- 1. österreichische Besteigung des Mount Everest.
- Versuch des höchsten Berges der Welt ohne Sauerstoffgeräte.
- Erste Begehung des Südpfeilers.
- Drachenflug vom Südsattel (ca. 8000 m); angestrebter Höhenweltrekord.
- Testen neuartiger Ausrüstung.
- Die Aufstiege sollen in TV-Filmen festgehalten werden. Zudem laufende aktuelle Berichterstattung im Fernsehen.
- Über die Expedition soll im BLV ein Buch erscheinen.

Helmut Hagner, 38, Innsbruck

Bergführer, Skilehrer

Makalu, 1974
Noshaq-Kundfahrt, 1974, 1976.

Reinhold Messner, 33, Südtirol,

Verantwortlich/Südpfeiler
Schriftsteller

Nanga-Parbat-Überschreitung, 1970
Manaslu-Südwand, 1972
Hidden Peak, 1975
Dhaulagiri-Expedition, 1977.

ranz Oppurg, 26, Wattens,

leeresbergführer

lindukusch, 1972
.nden-Expedition, 1974.

Horst Bergmann, 35, Innsbruck,

Autospengler, Kameramann

Tirich Mir, 1970
Mt.Kenia Rettungs-Expedition

Weitere Kamera:

Leo Dickinson, 32
Eric Jones, 42.

Josl Knoll, 54, Innsbruck,

Magistratsbeamter

Manaslu, 1972
Makalu, 1974.

Dr. Raimund Magreiter, 36, Innsbruck,

Expeditionsarzt, Universitätsklinik Innsbruck

Tiroler Anden-Expedition, 1969
Peru Ski-Expedition, 1972
Noshaq-Kundfahrt.

MOUNT EVEREST 8848,12 m
Südgipfel 8760 m
LHOTSE 8511 m
Mallory und Irvine
1924 verschollen
Lager V 8500 m
SÜDSATTEL
Lager IV 7986 m
NUPTSE 7879
GENFER SPORN
GELBES BAND
SÜDWESTWAND
LHOTSE-FLANKE
Lager III 7200 m
Lager II 6400 m
TAL DES SCHWEIGENS
Lager I 6100 m
KHUMBU-EISBRUCH
Basislager 5340 m

Übersicht der Besteigung

Passage	Höhenunterschiede Weglänge (ca.)	Gehzeiten	Gefahren Schwierigkeiten
Gipfelgrat	850 m 1,2 km 7986 m Lager IV	↑ 6–15 Std. ↓ 2–6 Std.	Stark dem Wind ausgesetzt; Rinnen, kleine Steilstufen
Lhotse-Flanke	1300 m 2,5 km 7200 m Lager III	↑ 3–9 Std. ↓ 1–4 Std.	30°–60° steil; Gelbes Band III (die schwierigste Stelle)
		↑ 3–9 Std. ↓ 1½–4 Std.	
Tal des Schweigens	6400 m Lager II 600 m 5 km 6100 m Lager I	↑ 1½–5 Std. ↓ 1–3 Std.	Leicht; im unteren Teil mit oft versteckten Spalten. Orientierungsprobleme bei Nebel.
Khumbu-Eisbruch	750 m 7 km 5340 m Basislager	↑ 2–6 Std. ↓ 1–3 Std.	Ungemein gefährlich; unberechenbar; wechselnde Schwierigkeiten. Bis zu 90° im Eis. Riesenspalten.

Alle Angaben nach der Erkundung und Versicherung

In den Anfängen des Himalaya-Bergsteigens – 1921, 1922 und 1924 – hatte man noch keine perfekten Atemgeräte zur Verfügung. Außerdem war man sich nicht darüber im klaren, ob der Aufstieg ohne die schweren Flaschen nicht leichter sei. 1924 waren also zwei der erfolgreichsten und fanatischsten Bergsteiger Englands, George Mallory und Andrew Irvine, in der Gipfelregion verschollen – und verschwinden wollen wir nicht. Ohne Atemgeräte hinauf- und auch wieder herunterkommen wollen wir.

Neben der Klettermannschaft, die sich erst zu einer harmonischen Crew zusammenraufen muß, sind zwei britische Kameramänner mit von der Partie, die für die private Fernsehgesellschaft HTV einen Dokumentarstreifen über Peters und meine Besteigung machen wollen. Leo Dickinson, ein lustiger, kleiner »Springinsfeld«, hatte eine Postkarte anfertigen lassen, mit der er die Angriffe ironisierte, die an ihn und Eric Jones herangetragen wurden, als in englischen Bergsteigerkreisen bekannt wurde, daß die beiden bis zum Gipfel zu drehen beabsichtigten. »Was«, hatte der englische Kletterstar Don Whillans gesagt, »Leo will auf den Everest? Daß ich nicht lache! Der braucht nicht nur Sauerstoff, der braucht Helium.« Eric, genannt »the Welsh Roadrunner«, und

Leo, der wohl erfolgreichste junge Bergfilmer, hatten einen Eiger-Nordwand-Film miteinander gemacht, die Matterhorn-Wand und Expeditionen in Patagonien, Nepal und Afrika. Auch waren sie im Paddelboot den Dudh Kosi, den Fluß, der am Fuße des Mount Everest entspringt, abgefahren. Zwei erfahrene und lustige Burschen, seit Jahren Freunde von mir.
Nun, auch sie als Briten, kennen ihren Everest und erzählen mir schon bei der Vorbereitungszeit viel Hintergründiges von den ersten Expeditionen. Glaubt man Odell, der heute noch lebt, waren Mallory und Irvine 1924 wirklich schon am Gipfel. Zum Glück ist gewiß, daß die beiden Sauerstoffmasken dabei hatten.

Besessene, Scharlatane, Sieger

Alle weiteren Versuche am Mount Everest scheiterten. 1936 fand Eric Shipton in etwa 6500 Meter Höhe die Leiche und das Tagebuch eines Besessenen, der 1934 bei einem Alleinversuch umgekommen war. Maurice Wilson hatte mit der Idee gespielt, knapp unterhalb des Gipfels eine Bruchlandung zu machen, um dann rasch zum höchsten Punkt vorstoßen zu können. Als man ihm den Flug vereitelte, begann er seinen Anstieg von ganz unten.
Allen Hindernissen zum Trotz und besessen von der Überzeugung, daß der Wille wichtiger sei als die Technik der Großexpedition, war der Brite ohne Genehmigung losgezogen. In sein Tagebuch hatte er geschrieben:
»Ich weiß, was ein Mensch zu leisten vermag. Die Fehler aller bisherigen Mount-Everest-Expeditionen bestanden darin, daß man diese Expeditionen zu schwer ausrüstete, und zwar in der Gesamtheit und in bezug auf das einzelne Expeditionsmitglied.
Ich habe meinen Körper durch Fasten auf die kommenden Strapazen vorbereitet. Ich will nach hartem persönlichen Training in einer einmaligen Dauerleistung den Gipfel der Welt erobern. Ich weiß, daß diese meine Methode der persönlichen Schulung für die Alpinisten der Zukunft wegweisend sein wird ...

Seit dem 25. März bin ich nun unterwegs. In Darjeeling habe ich behauptet, ich mache nur einen Ausflug nach Osten und sei in wenigen Tagen wieder zurück. Mit meinem letzten Geld habe ich drei Träger aus Nepal bestochen. Sie haben mir Kleider verschafft, die den ihren gleich sind. Als Kuli verkleidet, bin ich durch dieses verbotene Land gezogen. Nur ein Saumtier haben wir bei uns. Es trägt das nötigste Gepäck. Wir brauchen ja so wenig. Ich gehe also zu Fuß dem Mount Everest entgegen, nachdem man mir den leichteren Weg versperrte ...

Heute, am 17. Mai, setze ich allein meinen Weg fort. Es geht jetzt steil empor. Meine Träger werden hier auf mich warten. Ich wage jetzt den *letzten Vorstoß*. An den Fingern kann ich beinahe die Stunden abzählen, bis zu denen ich an meinem Ziel sein werde – so oder so.«

Mister Wilson erreichte sein Ziel nicht. Er kam um, wie vor ihm Mallory und Irvine, wie nach ihm drei Dutzend Menschen.

Die Faszination des höchsten Berges blieb. Wer möchte ihn nicht besteigen? Auch nachdem am 29. Mai 1953 Edmund Hillary und der Sherpa-Führer Tensing Norgay den Gipfel erstmals erreicht hatten, blieben weitere Ersteigungsversuche nicht aus. Nun aber, da die Sauerstoffmasken einmal den Erfolg gebracht hatten, wurden sie selbstverständlich. Alle weiteren Expeditionen verließen sich auf dieses System, und nach und nach der Everest-Gipfel das Ziel »unterentwickelter Bergsteigernationen«. Inder bestiegen ihn und ein Südkoreaner, Italiener und Chinesen. Als ob eine Nation ein bißchen mehr sei, wenn ihre »Helden« oben auf dem höchsten Punkt der Welt gewesen sind. Heute noch verbinden viele mit einer derartigen Bergbesteigung nationales Prestige. Keiner der vielen Expeditionsleiter war bisher selbst auf den Gipfel gekommen, und nicht immer erschienen die Berichte über die Gipfelbesteigung glaubwürdig.

So wird die Besteigung der Chinesen, die vorgeben, in der Nacht des 25. Mai 1960 auf den Gipfel gelangt zu sein – es fehlen entsprechende Bilder –, von Fachleuten weltweit angezweifelt. Anders die chinesische Expedition 1975, bei der acht Männer und eine Frau den Gipfel erreichten. Bei diesem Unternehmen wurde nur begrenzt Sauerstoff eingesetzt und damit eine Technik erprobt, die Nachahmer finden dürfte.

Peter Habeler und ich hatten uns vorgenommen, den Everest-Gipfel erstmals ohne künstlichen Sauerstoff – »by fair means« – zu besteigen.

Die Chinesen, größtenteils Tibeter, haben nur in den Rastpausen Sauerstoffduschen genommen, gestiegen sind sie meist ohne Maske. Am Gipfel blieben sie 70 Minuten, ohne dabei Sauerstoff aus Flaschen zu atmen. Nun, am Gipfel waren schon welche vor ihnen ohne Maske gestanden, aber ganz »ohne« hat diesen noch niemand erreicht. Es bleibt ein gewaltiger Unterschied, ob man das Sauerstoffdefizit in der Nacht vor dem Gipfel und in den Rastpausen nach jeweils einigen Schritten mit Sauerstoffduschen ausgleicht oder ganz ohne auskommen will, vom Basislager bis zum Gipfel.

Ist der höchste Berg der Welt ohne zusätzlichen Sauerstoff überhaupt zu bezwingen? Das ist die Frage.

Viele Mediziner sind nicht dieser Ansicht. Ein Großteil der Expeditionsbergsteiger auch. Nachdem mit dem Westgrat, der Nordseite und der Südwestwand die logischen Routen neben dem Normalweg erschlossen waren, blieb das Problem der »fairen« Besteigung, der Gipfelsturm ohne Maske. Und ich wollte mich aufmachen, zusammen mit Peter Habeler diesen Aufstieg zu wagen – den Everest »by fair means« zu besteigen.

Dhaulagiri
8167 m
Annapurna
8091 m
Manaslu
8156 m
Shisha Pangn
8013 m
Pokhara
762 m
Kathmandu
1300 m

Der Berg

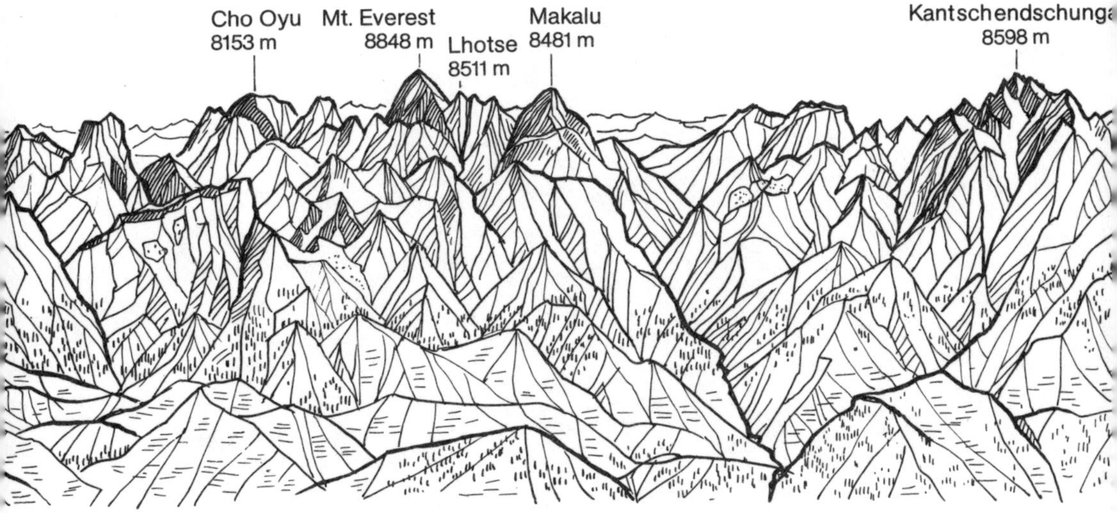
Cho Oyu
8153 m
Mt. Everest
8848 m
Lhotse
8511 m
Makalu
8481 m
Kantschendschunga
8598 m

Anmarschweg zum Everest-Basislager und klassische Südostgrat-Route

Der Hut des Dawa Tensing

»Bis zu den Hüften lag der Schnee damals«, sagt Dawa Tensing und steht auf, um vorzuführen, wie sie in jenen Tagen gespurt haben. Dabei gestikuliert er, beugt seinen Oberkörper leicht vor und macht einige Schritte, als schiebe er Schneemassen vor seinen Füßen her. Wie in Zeitlupe laufen seine Bewegungen ab. Er weiß, was es heißt, in 8000 Meter Höhe ohne Maske zu steigen, zu spuren und Lasten zu schleppen. Er hat es erlebt und überlebt, 1924, als Norton den Everest ohne Sauerstoffgeräte zu besteigen versuchte.
Dawa Tensing war damals einer der Hochträger gewesen. Er ist irgendwann einmal im letzten Jahrhundert geboren. Er, der nicht weiß, wie alt er ist, lebt heute in Solo Khumbu. Über dem Giebel seines Hauses sind Everest und Ama Dablam sichtbar.
Der knöcheltiefe Frühlingsschnee blendet stark, als ich aus der zweistöckigen Lehmhütte hinunterkomme in den zehn mal zehn Meter großen Garten. Das ist also alles, was ihm geblieben ist. Seine Felder in Khumjung, wo er aufgewachsen ist, hat er seinen Kindern hinterlassen. Er lebt hier, nahe dem Kloster Thyangboche, um zu beten, den Everest anzuschauen und seine alten Tage zu genießen. Leicht war es nicht, sein Leben, aber immer aufregend. Und wenn er vor mir steht und mit Händen, Füßen und vor allem mit seinen hinter schmalen Schlitzen versteckten Augen redet, kommen die Bilder zurück. Über dreißig Expeditionen hat er begleitet, mehrmals war er am Everest dabei. Auch 1953 unter John Hunt, als die Südcol-Route erstmals geklettert wurde. Sein Gesicht ist wie aus Granit. Ein einziger Zahn steckt im Oberkiefer, im Unterkiefer hat er eine Lücke, in die dieser Zahn hineinpaßt. Sein weißer Bart ist schütter, und seine grauen Haare sind zu einem Knoten zusammengebunden. Er trägt die Sherpa-Tracht, dazu bunte, gewebte Schuhe und, als Überbleibsel wer weiß von welcher Expedition, Damenhosen.
Eine Menge von Briefen und Bildern stapeln sich in seinem Haus, aber sie sind ihm nicht wichtig. Er bringt alle Expeditionen durcheinander, kann die Jahre und die Expeditionsleiter nicht unterscheiden. Aber er erinnert sich noch an einzelne Stellen und erzählt ganz genau – dabei steht er auf und geht Schritt für Schritt durch seinen Garten –, wie man sich in 8000 und mehr Metern Höhe bewegt. Er weiß es, und ich merke sofort, daß diese Erlebnisse, diese Erfahrungen ganz tief in ihm stecken. Er sagt, wir müßten oben essen.

»Auch ganz oben, wenn ihr nicht mehr könnt, müßt ihr essen und vor allem trinken. Aber kein Wasser, und ihr dürft auch keinen Schnee lutschen.«
Zampa sollten wir essen und Tee trinken, sehr viel Tee.
»Wie war es damals an der Nordseite, an der tibetischen Seite?«
»Mallory und Irvine sind nicht mehr zurückgekommen.«
»Warum wohl?«
»Sie sind immer weiter hinaufgestiegen im tiefen Schnee und nicht mehr heruntergekommen.«
Pause.
»Der Wind wird sie hinuntergeblasen haben, der Wind.«
Ob sie den Gipfel erreicht hatten oder nicht, will ich wissen. Er zuckt die Schultern. Dawa Tensing findet es auch gar nicht so wichtig, ob sie oben gewesen sind oder nicht. Sie sind verschwunden.
»Der Wind wird sie hinuntergeblasen haben«, wiederholt er.
Ob wir den Everest ohne Sauerstoff schaffen können, ob dies überhaupt möglich sei, frage ich zögernd.
»Ja, das muß möglich sein. Ich bin öfters bis zum letzten Camp hinaufgestiegen, ohne an der Flasche zu nuckeln, und ich habe auch Wochen am Südcol ausgehalten. Allen anderen Sherpas und Sahibs wurde da oben nach einigen Tagen schlecht, sie kotzten, konnten nicht mehr, schwankten hinunter.«
Die große Gebetstrommel in seinem rauchigen Sherpa-Raum wird von seiner Frau gedreht, seiner dritten Frau. Die erste hat er 1956 verloren, während er am Everest führte. Sein ältester Sohn war damals mit einer anderen Expedition unterwegs, und seine Frau hörte – Nachrichten gingen damals noch spärlich –, daß beide, ihr Sohn und ihr Mann, unter eine Lawine geraten seien. Sie war verzweifelt, ging zum Fluß und stürzte sich ins reißende Gletscherwasser. Als Dawa Tensing zurückkam, fand er ein leeres Haus vor. Sein Sohn war in einer Lawine gestorben und seine Frau im Fluß. Er heiratete wieder. Aber auch die zweite Frau verlor er.
Dawa Tensing ist kein Lamaist, aber er betet sehr viel und liest tibetische Schriften. Heimwärts sollen wir bei ihm vorbeikommen. Von einer Everest-Besteigung, wie er sie sich immer gewünscht hatte, wollte er Näheres erfahren.

Dawa Tensing schenkt mir seinen Hut, einen alten Gurka-Hut. Ich soll ihn oben tragen, vor allem im Westbecken, dem sogenannten Western CWM, wenn es heiß ist. Nach meiner Rückkehr soll ich ihn wiederbringen.
»Im Sommer brauche ich ihn wieder. Weil es regnet und weil auch hier die Sonne brennt.«
Über den groben, gewundenen Schindeln seines Hausdaches stehen eine Wolke und der Gipfel des Everest. Als schmale, schwarze Pyramide überragt er die Nuptse-Lhotse-Mauer um etwa 300 Meter. Unverkennbar der höchste Berg der weiten Umgebung. Dawa Tensing wehrt ab, als ich ihm ein paar Rupien als Leihgebühr für den Hut in die Hände drücken will. Er nimmt kein Geld. Viel Glück wünscht er mir, und daß wir uns im Sommer wiedersehen.
Immer noch stehe ich im kleinen Garten, auf der dampfenden Erde und beobachte die Wolkenfahne am Gipfel des Everest. Mehr als zehnmal ist Dawa Tensing diesem Gipfel nahegekommen. Von Norden und von Süden. Er schaut hinauf und ist nicht traurig, daß er nicht oben gewesen ist. Die Expeditionspolitik, sagt er, verlange es, daß ein Sirdar, ein Sherpa-Führer wie er, immer wieder ins Basislager absteige, um nachzusehen, wie der Nachschub funktioniere und ob jeder Sherpa an seinem Platz stehe.
Während ich nun an dem vor dem Haus geschichteten Holzstoß vorbeigehe und ihm ein letztes Mal die Hand drücke, sagt er nichts. Dann, als ich mich noch einmal umdrehe: »Much cara«, iß viel.
Er zeigt mir, wie man es anstellen muß, um auch dann noch essen zu können, wenn man in einem schlechten Zustand ist, wenn einem die Höhe zusetzt. »Komm zurück«, sagt er, »dann machen wir ein Tschang-Fest in meinem Haus. Komm zurück!«

21. März In gleichmäßigen Abständen kreiselt die große Gebetsmühle. Eine kleine Rauchfahne hängt über dem Dach. An der Nordostseite liegt noch Schnee, der Südflügel ist trocken. Langsam kommt der Frühling. Die kurze, ausgewaschene Gebetsfahne flattert im Wind, sie weist nach Nordosten. Richtung Everest.
Der Schnee schmilzt jetzt in der Mittagszeit, und Wasser rinnt in die ausgetretenen Pfade. Yak-Karawanen, die die letzten Dörfer und Almen mit Nah-

(Fortsetzung Seite 54)

Auf dem Weg ins Basislager (oben) begegnete ich dem alten Sherpa-Führer Dawa Tensing. Er schenkte mir seinen Hut und gab mir Tips zur Besteigung des Mount Everest ohne Atemmaske. Dawa Tensing war bereits 1924 bei einer Expedition an der Nordseite des höchsten Berges der Welt als Hochträger engagiert und hat später etwa drei Dutzend Expeditionen begleitet. Seinen Hut trug ich im Basislager und auch während des Aufstiegs als Sonnenschutz. Der Wind hat ihn mir im Eisbruch vom Kopf geblasen, und ich konnte ihn nicht wiederfinden. Beim Anmarsch ließen wir uns besonders lange Zeit. Wir wollten uns akklimatisieren und langsam in diese Bergwelt hineinwachsen.

In Lobuche (nächste Doppelseite) campierten wir in der Nacht, bevor wir das Basislager erreichten.

Schon Jahre vor dieser Expedition des Österreichischen Alpenvereins zum höchsten Berg der Welt, der Peter Habeler und ich uns als eigenes Zweierteam angeschlossen hatten, beschäftigte ich mich mit dem Everest. Auch beim Anmarsch diskutierten wir untereinander und mit den Sherpas über die Möglichkeit eines Aufstiegs ohne Sauerstoffgeräte. Die Meinungen blieben geteilt, wenn auch jeder eine kleine Chance in einem ernstlichen Versuch sah. Die Ausmaße des Eisbruchs und vor allem des Western CWM, auch Tal des Schweigens genannt (oben vom Flugzeug aus gesehen, unten vom Südsattel fotografiert), wurden uns allerdings erst Wochen später voll bewußt, nachdem wir beides öfters durchklettert, durchlitten hatten.

rungsmitteln versorgen und den Expeditionen die nötigen Ausrüstungsgegenstände hinaufbringen, stapfen durch den Schlamm. Eine langgezogene Gebetsmauer entlang wandere ich mutterseelenallein bergwärts. Noch ist kein grüner Flaum an den aperen Wiesenflecken zu sehen. Die Rhododendronbüsche links und rechts des Weges stehen wie verbrannt, braun und staubig hängen die Blätter. Die Erde aber riecht frühlingshaft.
Während ich den Hut des Dawa Tensing in den Händen drehe und betrachte, komme ich mir gelassener vor. Ich habe mich beim Wandern und in meinen Träumen so intensiv mit dem Everest beschäftigt, daß ich jetzt nicht recht weiß, ob ich dieser Sherpa bin, der den Everest schon von allen Seiten kennengelernt hat, oder ein verrückter Europäer, der wiederkommt und sonst keine Möglichkeit findet, seinem Leben einen tieferen Sinn zu geben. Mit welcher Begeisterung, mit welcher Selbstverständlichkeit Dawa Tensing von seinen Expeditionen erzählt hat! Sie gehören zu seinem Leben, so wie seine drei Frauen zu seinem Leben gehören, seine Hütte hier zwischen den Achttausendern und auch der Schnee, der im Frühling so reichlich gefallen ist.

Eine Woche sind wir jetzt schon unterwegs. Wir gehen sehr langsam, um uns zu akklimatisieren, machen kurze Abstecher zu den umliegenden Dörfern und sind immer wieder in Kontakt mit den Sherpas, die hier im Südwesten des Everest in kargen Hochtälern ihr Auskommen finden müssen.
Ich habe mir vorgenommen, den Everest zu besteigen, so wie man sich vornimmt, ein Buch fertigzuschreiben oder ein Kleid zu nähen. Und ich bin bereit, auf dem Weg zum Gipfel alles zu ertragen.
Es ist Mittag, die Mannschaft ist weit voraus, die Küche wahrscheinlich schon wieder abgebaut, so daß ich auf das Essen verzichten muß. Aber das macht nichts. Der gelblich-grüne Tschang, den ich im Hause des Dawa Tensing genoß, wirkt noch nach, und obwohl ich jetzt ein bißchen benommen bin, hat er mir doch sicher nicht geschadet.
»Bis zum Basislager«, sagte er, »kannst du trinken, Tschang, Rakshi und alles, was du magst, aber nachher nichts mehr, gar keinen Alkohol mehr. Auch nicht rauchen, das ist wichtig.«

Er betonte dies öfters, als ob ich es mir unbedingt merken sollte.
Während ich nun hinunterklettere ins aufgewühlte Bachbett des Dudh Kosi, steht die Ama Dablam hinter mir. Es gibt Berge, bei deren Anblick niemand fragt, warum wir sie besteigen möchten. Ihre Färbung, ihre Linien sind so klar und so bestechend, daß die Frage naiv klingen würde. Jeder bergbegeisterte Mensch möchte die Ama Dablam besteigen. Jedes Kind hat Verständnis für die Herausforderung eines Berges, der senkrecht aufstrebt und wo alle Linien harmonisch am Gipfel zusammenlaufen. Warum wir auf diese Berge steigen? Wer weiß das schon? Ich möchte es auch gar nicht wissen und hänge denn doch manchmal der Theorie nach, daß dies alles vielleicht damit zu tun hat, daß wir Männer keine Kinder gebären können. Noch daheim schien es mir durchaus möglich, daß mich irgend etwas, eine bezaubernde Frau zum Beispiel, vom Vorhaben Mount Everest abbringen könnte. Jetzt ist mir diese Vorstellung fremd, jetzt gehört der Mount Everest zu meinem Leben, und ich bin mir selbst der ideale Partner.
Während ich aus dem rechten Augenwinkel die Fransen der Gebetsfahne beobachte, die ich mir um den Hut gewunden habe, sehe ich, wie meine Füße abwechselnd ins Blickfeld kommen. Als gehörten sie nicht zu mir, steigen sie durch schlammige Mulden und auf Steinen gleichmäßig den steilen Berghang nach Pangboche empor. Nur ab und zu, wenn ich den Kopf hebe, um unter der Hutkrempe hervor den vor mir liegenden Weg zu sehen, steht die Ama Dablam im Blickfeld. Dabei habe ich die sonderbare, die befreiende Empfindung, als ginge ich aus mir heraus und schwebte dabei völlig frei über mir selbst dahin. Obwohl ich rasch atmen muß, bin ich nicht ausgepumpt oder müde. Ich habe das Gefühl, als müßte ich immer so weitersteigen, immer bergan im gleichmäßigen Rhythmus der Beine, die nicht mehr meine eigenen Beine zu sein scheinen.
Die weiße, zerschlissene Gebetsfahne haben mir gestern die Lamas von Thyangboche als Glücksbringer überreicht, nachdem unsere Gruppe einer langen Gebetszeremonie beigewohnt hatte. Täglich, so war uns versprochen worden, wollten sie für unser Voran- und vor allem für unser Zurückkommen beten. Unterwegs habe ich diese Gebetsfahne in doppelter Windung so um den schmutzig-grünen Hut gewunden, daß er Leben bekam.

Offizielle Grußkarte der Mount-Everest-Expedition 1978 des Österreichischen Alpenvereins mit den einzelnen Mannschaftsmitgliedern

Pangboche ist heute wie ausgestorben. Über den Firsten auf den trocken gemauerten Häusern flattern zerfetzte Fähnchen aus Leinwand, bedruckt mit Gebeten. Die Hütten sind leer. Die Felder fleckig von Schnee, die Steige schmutzig. Schlamm. Nur als plötzlich ein Hund aufjault, kommen ein Bub und ein Mädchen gelaufen und werfen mit Steinen auf einen großen Tibetterrier, der ihren Lhasa Aps gebissen hat. Über den Augenbrauen und unter der Unterlippe hat sich bei diesem Buben in dicken Krusten Dreck angesetzt. Er hat sich wohl seit dem letzten Herbst nicht mehr gewaschen. Seine Hände, von einer Baumrinde kaum zu unterscheiden, sind schwielig und voller Warzen. Nachdem er den Hund vertrieben hat, kommt er kurz zu mir und schaut mich mit schiefgelegtem Kopf an, als sei ich der erste Fremde, der hier seit den harten Wintermonaten aufgetaucht ist. Ich streiche über seine borstigen Haare. Es ist, als ob man manchmal über fremde Haut fahren müßte, um endgültig in dieses Land eintauchen zu können. Ich habe nun endlich meine Verbindungen mit der Vergangenheit abgebrochen und bin mit diesen Menschen, mit diesem Land zusammengewachsen.
Seit meiner letzten Expedition 1977, seit der Rückkehr vom Dhaulagiri, habe ich wenig geschlafen. Es war nicht nur die Trennung von meiner Frau, die mich aus dem Gleichgewicht geworfen hatte, es war, als ob mir der Inhalt

meines Lebens abhanden gekommen wäre. Obwohl ich mir völlig im klaren darüber bin, daß das Bergsteigen so viel und so wenig Sinn hat wie das Leben schlechthin, lebe ich jetzt wieder froher. Ich schlafe gut und tief, bin ganz da, naiv, als gäbe es nichts zu grübeln über meine Existenz.

Was ist, wenn ...

Dort, wo der Solo-Khumbu-Gletscher einen scharfen Knick nach links macht, zwischen den Moränenhängen und dem in Wellenform aufgeworfenen Eisstrom, steht unser Basislager. In eine seichte Mulde sind zwei Dutzend Zelte zwischen die Steine gestellt. Eine kleine Rauchwolke hängt ständig darüber, denn die Sherpas brennen ununterbrochen ihr Opferfeuer ab. An drei baumhohen Holzstangen flattern an einer 50 Meter langen Schnur viele kleine Gebetsfahnen.

Ein Nachmittag im Basislager Drei Dutzend Leute sitzen in der warmen Sonne vor ihren Zelten, wo der Schnee schmutzig-naß und die herausragenden Steinquader schon warm und trocken sind. Auf der einen Seite, auf der zum Pumo Ri hingewandten Fläche der Senke, haben die Sherpas ihre Zelte, auf der anderen, mit Blick zum Everest, die Bergsteiger, die Sahibs. Dazwischen der Begleitoffizier, der klagend, von der Höhenkrankheit gebeutelt im Zelt liegt. Alle sitzen da, der eine auf einem Kleidungsstück, ein anderer auf bloßem Stein und plaudern, essen. Ab und zu schaut einer voller Erwartung in den tiefblauen Himmel.
Gestern kam die erste Post ins Basislager. Auch Zeitungen waren dabei. Und schon wieder spürte ich, wie ich abgelenkt wurde. Oft überkommt mich das Gefühl der Freiheit erst, wenn ich wochenlang unterwegs bin. Wenn ich weg bin von Telefon, Post und Bürokratie, von der Unfreiheit auch der Regeln, die das menschliche Zusammenleben in den Städten mit sich bringt.
Ich habe auf die Verwirklichung meiner Träume so lange warten müssen, daß ich sie schon nicht mehr zu erhoffen gewagt hatte. Deshalb ist zu guter Letzt

aus meinem Bergsteigen kein Beruf, sondern ein Spiel geworden. Ich tue etwas, was zu träumen ich am Ende gar nicht mehr gewagt hatte.

Immer wieder wurde ich auf dem Marsch ins Basislager gefragt, warum Peter und ich es denn unbedingt ohne Sauerstoffgeräte versuchen wollten. Vom rein Bergsteigerischen her, vom sportlichen Standpunkt, ist es nicht zu begründen. Um dies erklären zu können, mußte ich immer auf die Geschichte verweisen und sagen, daß in den ersten 200 Jahren des Alpinismus der Berg im Vordergrund stand. Daß in dieser Zeit der Gipfel erobert und erkundet wurde, daß er die Unbekannte war, die man mit allen Mitteln, mit allen Techniken zu erreichen versuchte. Seit einigen Jahren aber und vor allem auch bei meinen Touren, steht nicht mehr der Berg im Vordergrund, sondern der Mensch, der Mensch mit seinen Schwächen wie mit seinen Stärken, der Mensch, wie er sich nur im Grenzbereich erlebt, an hohen Bergen etwa oder in der Einsamkeit, in der Höhe.

Es geht mir bei diesen Expeditionen darum, mir selbst näherzukommen. In mich selbst hineinzusehen. Wenn ich sehr hoch hinaufsteige, kann ich eben sehr tief in mich hineinsehen. Würde ich aber irgendwelche technische Mittel zwischen mich und den Berg stellen, so könnte ich gewisse Erfahrungen nicht machen: Mit der Sauerstoffmaske kann ich nicht feststellen, nicht fühlen, was es heißt, in Höhen von 8000 und mehr Metern zu steigen, gegen die Weigerung des Körpers anzukämpfen und die Einsamkeit der totalen Hilflosigkeit zu ertragen.

Leute, denen es in erster Linie um den Erfolg, um den Gipfel geht, setzen alle Mittel, alle Tricks, alle Techniken ein, um diesen höchsten Punkt zu erreichen – auch wenn dies eigentlich unsportlich ist. Mir hingegen geht es nicht so sehr um den Gipfel. Wenn ich diesen nicht erreichen sollte (was wahrscheinlicher ist, als daß ich ihn erreichen kann), so werde ich aufgeben, umkehren, in 7000, in 8000, auch in 8800 Meter Meereshöhe. Auch noch knapp unter dem Gipfel. Die Erfahrungen, die ich bis dahin gemacht haben werde, sind größer, als ich sie machen könnte, wenn ich mit Sauerstoffgeräten bis zum Gipfel vorstieße. Allein schon der Anmarsch, allein schon dieses Leben hier in 5340 Meter Meereshöhe am toten Gletscher haben es gelohnt, bis hierher zu kommen und dies alles mitzumachen.

Am 25. *März* hatte der Expeditionsleiter Wolfgang Nairz – wir nennen ihn Wolfi – im Basislager alle zu einer Grundsatzdiskussion zusammengerufen. »Was ist, wenn etwas passiert? Das ist die erste Frage, und darüber wäre, glaube ich, grundsätzlich zu diskutieren. Ob im Falle eines Unglücks weitergemacht werden soll oder nicht, das hängt wohl vom Ausmaß des Unglücks ab. Für mich persönlich gilt: Wenn mir etwas passieren sollte, macht dennoch weiter. Und so soll nun jeder einzelne sagen, was zu tun ist, wenn es ihn erwischt. Wenn jetzt einer sagt: Ich will, daß ich geborgen und begraben werde, dann müssen wir das akzeptieren, so fair müssen wir sein.«
»Soll ich rasch übersetzen?« fragt unser Expeditionsarzt Dr. Oswald Ölz, genannt Bulle.
»Ja, diesen Punkt schon.«
Bulle übersetzt für den Anführer der Sherpas, Sirdar Ang Phu, und den Begleitoffizier diese Grundsatzfragen ins Englische.
»Die Versicherung, die wir haben, trägt die Kosten der Überführung nach Hause. Natürlich, wenn einer im Eisfall verunglückt, wie und ob man den herunterbringt, ist eine andere Sache. Bitte antwortet der Reihe nach, kreisum.«
»Man soll mich am Todesort begraben und weitermachen«, sage ich trocken. Alle reden durcheinander, aber alle sagen, man solle weitermachen.
»Die zweite Frage, die zu klären ist, betrifft die Bestattung, die einer wünscht«, fügt unser zweiter Arzt, Dr. Raimund Margreiter, nach einem kurzen Disput zwischen Peter Habeler und Hanns Schell hinzu. »Die meisten wollen an Ort und Stelle begraben werden, oder ist einer darunter, der verlegt werden möchte? Wenn es im Raum Basislager ist, kann niemand erwarten, daß man ihn ins Western CWM transportiert.«
Nur Hanns Schell, ein Grazer mit sehr viel Expeditionserfahrung, möchte in diesem Falle in die Heimat überführt werden, wenn es den Fortgang der Expedition nicht störe und mit der Bergung keine zusätzlichen Gefahren verbunden wären. Aber es muß ja nicht gleich zum Schlimmsten kommen.
»Die Versicherung deckt Hubschrauberkosten in unbeschränkter Höhe«, informiert uns Wolfi. »Wenn etwas passiert, können wir jeden umgehend mit dem Hubschrauber holen lassen. Und wenn einer sofort heim muß, können

wir ein Lufthansa-Ticket kaufen – Geld ist bei Miss Hawley, unserer Kontaktperson in Kathmandu –, das ist im Krankheitsfalle durch Versicherung sichergestellt. Die Spesen bis ins nächste Krankenhaus sind gedeckt.«
»Also ins Krankenhaus von Kathmandu?«
»Einen Moment, ich schaue nach. Der Rücktransport ist auf jeden Fall gesichert. Es heißt hier: Krankenhausaufenthalt oder Rücktransport in dem jeweiligen Land oder Rücktransport in die Heimat.«
»Das heißt praktisch auch nach Innsbruck oder sonstwo in Europa.«
»Die Versicherung zahlt entweder die Krankenhauskosten in Kathmandu oder den Rückflug in ein heimatliches Krankenhaus.«
»Da gibt es also keine Diskussion: wenn etwas Ernstliches passiert, dann sofort ab nach Hause.«
»Es soll nun jeder die nächsten Angehörigen, die er verständigt haben will, notieren«, fährt Wolfgang Nairz fort. Diese Adressenliste wird an einem bestimmten Ort in meinem Zelt deponiert, damit wir sie für den Ernstfall haben. Wenn jetzt etwas passiert, muß der Officer sofort die Regierung verständigen. Miss Hawley schickt dann an die Adressen, die wir jetzt hier angeben, ein Telex, das heißt, sie schickt es weiter, so daß aller Wahrscheinlichkeit nach die Angehörigen verständigt sind, bevor die Presse etwas davon erfährt. Und weil wir schon bei der Presse sind: Ihr wißt ja, wir haben da Verträge. Ich möchte euch noch einmal erinnern, euch daran zu halten.«
»Was ist mit der Tagespresse?« fragt einer. »Für die deutsche Tagespresse gibt es keinen Vertrag, nur für die österreichische.«
»Aber gehen wir weiter.« Wieder ergreift Wolfi das Wort. Falls mir etwas passiert, liegen in der Mappe – es steht Zollpapiere darauf – sämtliche Unterlagen, die für die Ausreiseformalitäten notwendig sind, und das muß dann einer übernehmen.«
»Ich würde gleich einen delegieren«, ist mein Vorschlag. Und auch dieser Punkt wird schließlich verabschiedet.
»Wir haben eine Menge geschenkt bekommen für die Expedition und müssen natürlich Werbefotos liefern«, fährt der Expeditionsleiter fort. »Da müssen einmal an einem schönen Tag möglichst alle für die Aufnahmen posieren.«

»Das nächste ist der Film. Die Post geht jeweils am Dienstag und Freitag in Pangboche weg, das heißt, wir schicken Montag und Donnerstag früh den Postläufer. Sonntagabend und Mittwochabend muß die Post also fertig sein. Ihr wißt, daß wir nach Möglichkeit wöchentliche Berichte und Interviews nach Österreich schicken sollen, und Horst wird sich sicher bemühen, das zu tun, nur muß ich noch einmal an alle appellieren, ihn zu unterstützen. Wenn er eine Szene fotografiert, beispielsweise wie ihr über eine Leiter geht, und die Aufnahme wird nichts, dann müßt ihr halt noch einmal zurücksteigen. Ich glaube, so viel muß jeder tun, wenn Horst schon die schwere Filmausrüstung mit herumschleift. Im übrigen fotografiert und filmt jeder nur privat.«
Nach diesen technischen Erläuterungen kam die Reihe an uns: »Wir sind eine Expedition«, sagte Wolfgang, »aber Reinhold und Peter bilden ein eigenes Team. Wir werden bis zum vorgeschobenen Basislager zusammenarbeiten, und dann werden die beiden entscheiden, was sie tun wollen. Wenn der Pfeiler gangbar ist, versuchen sie ihn; wenn nicht, so kommen sie natürlich zu uns auf den Normalweg und werden es dort ohne Sauerstoff probieren. Ich denke, daß dem Versuch ohne Sauerstoff auch der Vorrang gegeben wird, wenn Reinhold und Peter in Form sind.«

Yak und Yeti

Manchmal ist eine Stimmung in mir, die den Gedanken an ein mögliches Ende bei dieser Everest-Expedition erst gar nicht aufkommen läßt. Der Tod ist dann einfach kein Thema, über das man nachdenkt. Doch dann gibt es auch hoffnungslose, lustlose Stunden, und in vielen Gedanken und Ahnungen meldet sich ein müdes »Ich«, das das Weiterleben nicht so wichtig findet. Die Banalität der Gespräche im Basislager, das Grau der Umgebung wirft mich wieder in Wachträume, die voller Zärtlichkeit sind.
Noch fehlt ein Großteil der Ausrüstung. Eine Yakkarawane soll sie bringen. Da es den Yeti für mich nur als Fabelwesen gibt und die Suche nach ihm deshalb nicht einmal Zeitvertreib sein kann, bleibt nur das Warten auf die Yaks.

Als ob unser Aufstieg unabänderliche Tatsache wäre. Als ob ich jetzt gar keinen Rückzieher mehr machen könnte.
Zwischen den Mahlzeiten ziehen sich endlose Gespräche hin.

Samstagnachmittag, 25. März Im Eßzelt werden Getränke verteilt. Ein hochkonzentriertes Elektrolytgetränk.
»Also, wie geht es weiter, Wolfi? Es wird langsam langweilig im Basislager.«
»Heute kommt nichts an Material, oder?«
»Heute kommt nichts.«
»Wie wollen wir die Sherpas beschäftigen?« fragt einer.
»Wenn wir den Plan auch nicht so durchziehen, wie wir es vorgehabt haben, so muß doch weitergemacht werden. Jetzt verschieben wir zunächst alles um einen Tag. Und alle, die ihre Ausrüstung haben, müssen eben aufsteigen, damit die Sherpas Arbeit bekommen«, schlägt der Expeditionsleiter vor.
»Bleibt der Weg bis dorthin, wo er versichert ist?«
»Im ersten Drittel schon, im zweiten weiß ich es nicht genau. Vielleicht sollten wir weiter rechts gehen«, meint Robert Schauer, der zusammen mit Franz Oppurg bereits einen Großteil des Eisbruchs versichert hat.
»Im oberen Drittel wird es problematisch«, wirft Oppurg ein, »denn da sind riesige Senken, die sind vierzig, fünfzig, sechzig Meter tief, und da stürzt ständig irgend etwas zusammen.«
Die Diskussion um die beste, die sicherste Route geht weiter. Der Eisbruch ist die gefährlichste Passage des gesamten Aufstiegs, und die Route wollte wohlüberlegt sein. Vor allem Robert Schauer drängt weiter.
»Erkunden wir morgen bis hinauf zum Fragezeichen?« So nennen wir eine Sperrstelle im mittleren Teil des Eisbruchs.
»Wie viele große Spalten sind es bis dahin, wo ihr wart?« frage ich.
»Zwei.«
»Nicht mehr?«
»Die Sherpas sollen ruhig morgen schon die Spur hacken«, sage ich.
»Stufen hauen, wo es steiler ist. Und da ist auch einmal eine Stelle, wo man von einer Seite auf die andere Spaltenlippe hinaufspreizen muß. Da sieht man, daß die Koreaner im letzten Jahr viel Material eingesetzt haben. Die ha-

Dati, unser zweiter Sherpa-Sirdar

ben richtige Holzpflöcke geschlagen, an denen die Sherpas hochstiegen. Wir nehmen dort eine kleine Leiter, und die Sache ist geregelt.« So Robert.
»Haben die Sherpas die Steigeisen schon?« will Peter wissen.
»Ja, aber bei den Schuhen fehlt's noch.«
»Pickel?«
»Auch.«
»Seile?«
»Seile haben sie nicht, die haben Franz und Robert zu verteilen.«

»Holen wir uns einmal die zwei Sirdars herüber«, schlägt Wolfgang Nairz vor. »We will start tomorrow. You are eighteen sherpas here now. We start six-thirty and twelve of you have to start to work«, beginnt er im leichtverständlichen Expeditions-Englisch die Besprechung mit Ang Phu, dem ersten Sirdar, und Dati, dem zweiten Sirdar. Die Aufgabe der beiden Männer ist es, die Sherpas einzuteilen und zwischen diesen Hochträgern und der Mannschaft zu vermitteln. Da auch Ausrüstung für die Sherpas fehlt, fällt es schwer, weiterzumachen.
»Es waren doch für den 21. zwei Flüge nach Lukla für unser Material fix gebucht. Also übermorgen müßte alles da sein«, beruhigt Nairz die Runde.
»Wieviel Hochlagerzelte sind da?«
»Schon einige.«
»Welche?«
»Französische.«
»Es ist aber schwierig, die französischen Zelte aufzustellen.«
»Alle Zelte mit Innengestänge sind schwieriger zu handhaben als die Zelte mit Außengestänge.«

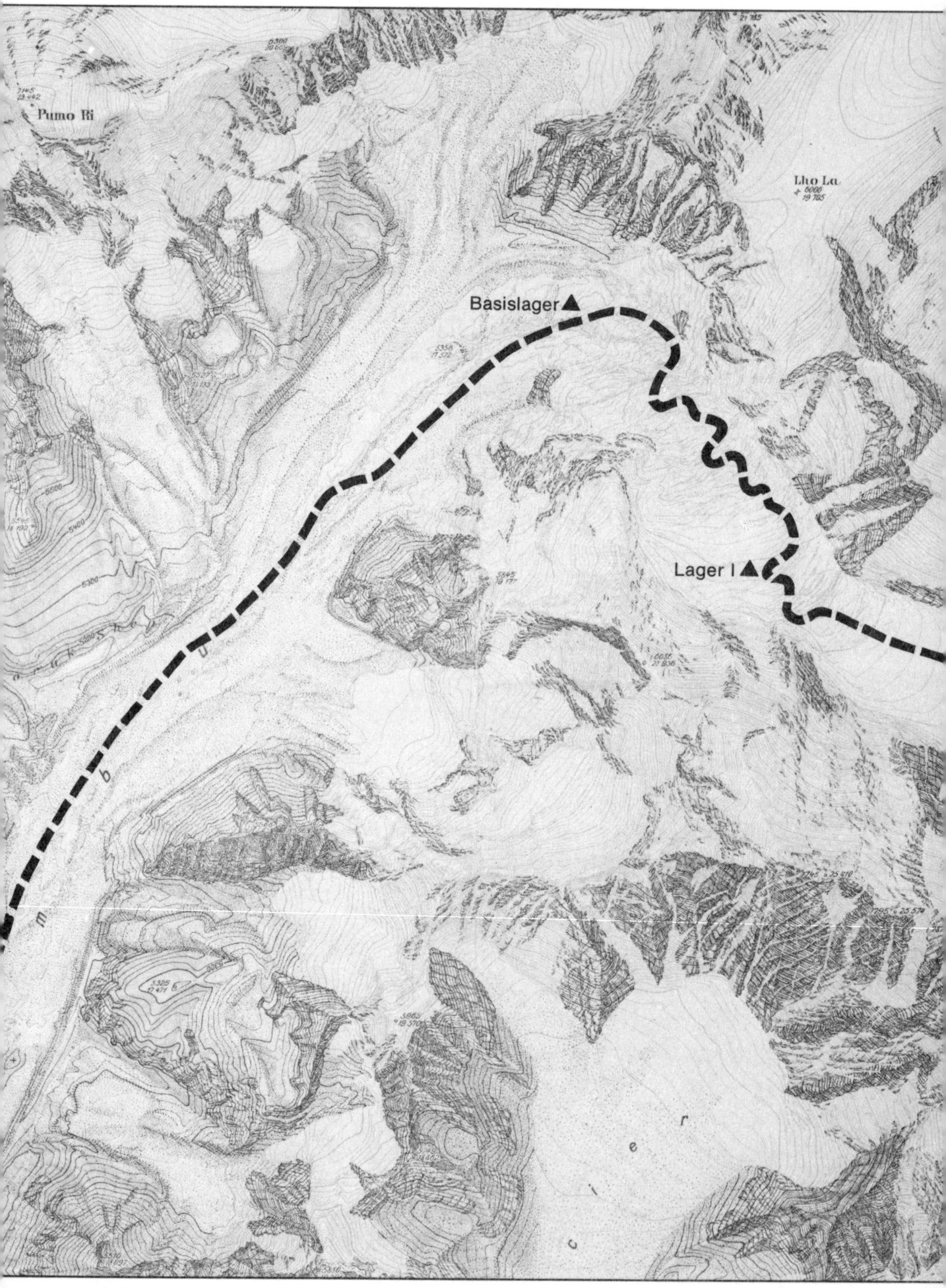

Unsere Aufstiegsroute zum Gipfel – Ausschnitt aus der Mount Everest-Karte, herausgegeben vom Deutschen und Österreichischen Alpenverein und der Deutschen Forschungsgemeinschaft 1957.

Rongbuk Shar Glacier
gbuk Glacier
Chang La
Mount Everest
Lager V
Lager IV
Lager II
Lager III
H
O
M
O
L
O
N
G
M
A
Lhotse
Lhotse Shar

Im Eisbruch

Ostersonntag, 26. März Peter beklagt sich vor dem Frühstück schon über Kopfschmerzen.
»Ich habe kaum geschlafen, und mein Schädel brummt, als ob ich gesoffen hätte.«
»Ich hatte gestern auch Angst, daß ich Kopfschmerzen kriegen würde, und geschlafen habe ich auch nicht sehr gut«, tröste ich ihn.
»Du hast aber keine Kopfschmerzen?«
»Nein, überhaupt nicht.«
»Ich denke, ich hab' zuviel gegessen.«
»Gehst du nicht frühstücken?«
»Nein, aber wenn du fertig bist, bring' mir bitte Tee.«
»Ich werde dir den Koch schicken.«
»Nur eine Tasse Tee.«
»Schwarzen?«
»Ich werde dann auch bald aufstehen, aber noch bleibe ich liegen. Weißt du, es ist kein Schmerz wie damals am Hidden Peak, es ist ein starker Druck da im Hirn. Halt das übliche, das muß ja bei jedem kommen.« Nach einer Pause fährt Peter fort: »Ich habe darauf gewartet, gestern abend hat mir jeder einzelne Knochen wehgetan.«
Anderntags, Ostermontag, den *27. März,* gehen einige Sahibs mit Sherpas in den unteren Teil des Eisbruchs; sie haben Leitern und Fixseile bei sich. Wir warten immer noch auf Reste der Ausrüstung, die heute oder morgen eintreffen müssen, so daß endlich der Großangriff auf den Eisbruch, wie er für heute geplant war, stattfinden kann.
Am *28. März* steigen wir zu dritt, Peter Habeler, Robert Schauer und ich in den Eisbruch ein. Wir wollen so hoch hinauf als möglich, um den Weg bis Lager I zu erkunden.
Mein erster Eindruck in diesem Labyrinth aus Eistürmen, Spalten und Séracs ist überwältigend. Gefährlicher habe ich noch nie gelebt. Man muß möglichst wenig denken, weil die Gefahren hier fast an jeder Stelle unvorstellbar groß sind. Die Szenerie ist einmalig, die vielen Trümmer – der Eisbruch ist eine in sich zusammengebrochene Gletscherkaskade – ergeben eine wirre, fast unwirkliche Welt. Nur gut, daß manche Fragen nicht mehr gestellt wer-

den, zum Beispiel: Was ist, wenn der Sérac links bricht, und was geschieht, wenn die große Mauer im oberen Bereich ins Wanken gerät? Der Eisbruch ist seit 1951 viele, so viele Male schon durchstiegen worden, daß eine gewisse Gleichgültigkeit entstanden ist. Die Selbstverständlichkeit, mit der alle Expeditionen – trotz wiederholter Unfälle und Verluste, auch an Menschenleben – vor uns dort durchgegangen sind, bewirkt, daß kritische Fragen in der Mannschaft gar nicht erst gestellt werden.

Um die Mittagszeit, bei leichtem Schneegestöber und starken Windböen, erreichen wir eine scheinbar endlos lange Spalte – unüberbrückbar. Es sieht aus, als würde sie den Eisbruch quer abriegeln. Trotz des anbrechenden schlechten Wetters und der ersten Müdigkeitserscheinungen will ich noch hinter die nächste Ecke schauen. Dieses drängende Wissenwollen als Erfahrung der eigenen Existenz. Ein tatsächlich pulsierendes Leben im Brustkorb und schwellende Kraft in den Beinen, dumpfe Leere unter der Stirn. Es ist wie eine Art Höhle hinter den Augen, entstanden aus dem stundenlangen Suchen zwischen den Eistrümmern.

1. April, Basislager Fünf Tage lang haben wir vergeblich versucht, den Eisfall zu durchklettern. Immer noch gibt es Fragezeichen: Die letzten Spalten – das Eis, das aus dem Western CWM in den zerrissenen, zerklüfteten Eisfall heruntergeschoben wird. Wird dieses letzte Bollwerk zu überbrücken sein? Am Nachmittag um 15 Uhr führen wir ein Funkgespräch mit dem Erkundungstrupp und dem Basislager.

»Wie sieht's aus?« wollen wir von Helmut Hagner, genannt Helli, wissen. Wolfgang Nairz ist am Apparat: »Ich war mit dem Franz oben, und nun scheint der Weg klar zu sein. Es gibt oben zwar noch ein paar große Spalten, aber man kann links und rechts gehen.«

»Großartig. Also kann man morgen ganz aufsteigen?«

»Wir müssen das untere Stück vielleicht noch etwas versichern«, wird uns geantwortet. »An einem Punkt sollten wir vielleicht anders gehen als bisher, sonst ist es zu gefährlich.«

Die Auskünfte, die man uns gibt, werden dann noch präzisiert:

»Da oben, nach der letzten Mauer, der letzten großen Kehre, geht es nach

(Fortsetzung Seite 74)

Der Khumbu-Eisbruch, eine zerborstene Gletscherzunge, ist der gefährlichste Teil des Südaufstiegs auf das Dach der Welt. Er erstreckt sich zwischen dem Basislager und dem Western CWM, das vom oberen Ende des Eisbruchs hineinzieht bis an den Fuß des Lhotse (oben). So gefährliche Passagen wie im Eisbruch (unten) hatte ich in meinem Leben noch nicht durchklettert. Eine Woche brauchten wir, um einen Weg durch dieses Eislabyrinth zu finden. Mit etwa 50 Leitern und über 1000 Metern Fixseilen präparierten wir die Route für unsere Hochträger. Diese schleppten pro Mann etwa 18 Kilo an Material und Ausrüstung durch die Gefahrenzone. Ich selbst passierte den Eisbruch vierzehnmal und war jedesmal froh, wenn ich aus den Hochregionen heil wieder zurück ins Basislager kam (nächste Doppelseite).

Eric Shipton, der große englische Himalaya-Pionier, entdeckte Anfang der 50er Jahre einen Weg von Süden auf den Everest. Vorher – Nepal war für Ausländer gesperrt – hatten sich die Bergsteiger immer an der Nordseite des Chomolongma, wie die Tibeter den Berg nennen, versucht.
Das größte Problem beim Aufstieg von Süden war der Eisbruch. Heute noch ist er gefährlich und für jede Expedition ein Risikofaktor. Er bewegt sich in einer Geschwindigkeit von etwa einem Meter pro Tag und ändert sich deshalb ununterbrochen. Auch wir suchten lange Zeit nach einer sicheren, verantwortbaren Route. Wir fanden sie nicht. Trotz der Gefahren schleppten die Sherpas Tag für Tag ihre Lasten durch diese Eiswüste. Öfters mußte die Route verlegt werden, weil ein vorher präpariertes Wegstück eingebrochen oder von Eislawinen überschüttet worden war.

links, und zwar verhältnismäßig leicht. Franz sagt, man kommt möglicherweise in einer großen Zickzacklinie durch.«
»Gott sei Dank, daß wir durch sind!« Peter Habeler übernimmt im Basislager das Funkgerät.
»Ja, Peter, Robert steht bei mir und sagt, daß es nach links super geht. Ungefähr 40 oder 50 Meter von hier. Ich kann mir vorstellen, daß man morgen bis ins Lager I kommt. Wir haben es gesichtet, es ist ungefähr 30 bis 40 Meter über uns. Von hier aus ist es auf jeden Fall nicht mehr gefährlich.«
»Großartig, Helli! Wie hoch seid ihr ungefähr? 6100 oder 6050?«
»Ich weiß nicht, Manni hat etwas gesagt von 6100, ich weiß aber nicht, ob die Zahl geschätzt ist oder ob er einen Höhenmesser bei sich hat.«
»Gut, Helli, wenn wir heute nicht mehr funken – ihr werdet jetzt sowieso den Abmarsch beginnen –, deponiert das Funkgerät bitte wieder oben, vielleicht an der Stelle, wo es ursprünglich hing.«
»Das werden wir machen, Peter. Übrigens: wir wollen auf jeden Fall über den Eiswall gehen, nicht außen herum.«
»Bravo, Helli, gut geht's, paßt auf beim Absteigen, daß nichts passiert, und wir halten euch die Daumen. Bis zum Abendessen. Servus!«

Lagerarbeit – Lagerleben

Peter Habeler und ich haben auf 6100 Meter Meereshöhe das erste Hochlager erstellt. Der Platz ist windig. Der im noch schattigen Western CWM – dem sogenannten Tal des Schweigens – aufgewirbelte Schnee ist blau: ich fühle mich jetzt auch hier geborgen. Ich habe meinen Rhythmus wiedergefunden, um die vier Kilometer zum zweiten Lager auf 6400 Meter aufzusteigen. Ich nehme nun alles wahr, mit einem Gefühl von Harmonie. Auch wenn über die himmelhohen Wände links und rechts des Western CWM Steine und Lawinen niederprasseln. Sie gehören dazu, auch beim Aufstieg ins Lager II.
»Lager II an Basislager. Bitte kommen!« rufe ich am Nachmittag den Expeditionsleiter.

Sherpa-Kolonne im Aufstieg über den gefährlichen Khumbu-Eisbruch

»Das ist eine sehr erfreuliche Nachricht, wenn sich da Lager II meldet«, lautet die Antwort.
»Hier ist es ein ödes Lager II, aber wir haben einen riesigen Platz, wir sind gerade angekommen und schlagen unser Camp auf. Es ist ziemlich eisig, und es liegt eine Unmenge Müll am Platz der Koreaner.«
Auf die Frage, was wir vorhätten, funke ich:
»Wir bleiben hier. Wir haben uns wohl ein wenig übernommen. Es war doch weit und anstrengend. Wir haben viele Kehren machen und viel suchen müssen, bis wir hier heroben waren. Wir haben uns inzwischen auch die Lhotse-Flanke angesehen. Sie ist ziemlich blank, schaut nicht leicht aus. Es

wird uns auch nichts anderes übrigbleiben, als den Normalweg zu gehen, weil der Südpfeiler grünes Eis aufweist. In der Lhotse-Flanke hängen vielleicht noch Seile.«
»Das ist alles sehr erfreulich. In den nächsten Tagen müssen wir das gleich überprüfen. Ihr werdet jetzt wahrscheinlich in aller Ruhe ein Zelt aufstellen und es euch dann gemütlich machen. Gehen die Sherpas nach unten oder bleiben sie oben?«
»Die Sherpas gehen ins Lager I zurück, wir haben ja nur ein Zelt dabei, und die Nahrungsmittel reichen nur für zwei oder drei Tage. Es wäre gut, wenn morgen von unten ein Trupp heraufgehen würde, um zu markieren. Wir können von oben herunter markieren, so daß wir in der Mitte zusammentreffen und dann alle gemeinsam – Franz, Robert, Peter und ich – ins Basislager kommen.«
»Die restlichen Versicherungen machen wir dann morgen beim Heruntergehen. Mein Vorschlag: Wir legen morgen früh zunächst einmal die dreiteilige Leiter über die Spalte, die oberhalb Lager I klafft, und dann gehen wir weiter hinauf, um so lange zu markieren, bis wir uns treffen.«
Ich meine daraufhin: »Es gäbe noch die Möglichkeit, daß morgen zwei Männer vom Basislager – ich weiß allerdings nicht, ob jemand Zeit dazu hat – bis ins Lager II vorstoßen, um hierzubleiben. Wenn das ginge, würden Peter und ich sie beim Abstieg treffen. Die könnten dann von unten herauf markieren. Es handelt sich nur um das erste Drittel oder die erste Hälfte, die zweite Hälfte ist leicht, da geht es einfach glatt bergauf, da sind nur ein paar Schleifen zu markieren, und das können wir im Laufe der Zeit besorgen.«
»Hier Basislager. Robert und Franz können ohne weiteres von oben in Richtung Lager II markieren, und wir machen die notwendigen Arbeiten im Bruch von unten.«
Da Peter und ich das Lager II verließen, wollten wir hören, ob es neu besetzt würde.
»Ich bin der Meinung, es wäre wohl besser, wenn anderntags eine Mannschaft zum Lager I ginge, dort schliefe und am nächsten Tag in aller Herrgottsfrüh' nach Lager II aufstiege. So bleibt zwar das Zelt eine Nacht leer, aber in der einen Nacht wird es der Wind schon nicht verblasen.«

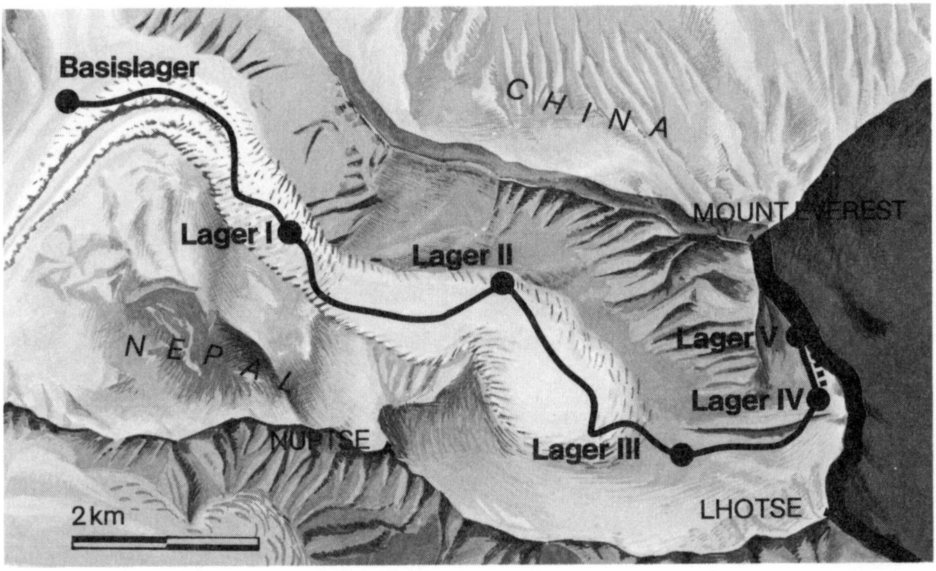

Die Lagerkette: Basislager (5340 m), Lager I (6100 m), Lager II (6400 m), Lager III (7200 m), Lager IV (7986 m), Lager V (8500 m)

»Einverstanden, wir werden uns alles noch einmal überlegen, und am Abend geben wir euch dann einen genauen Einsatzplan, wer wann wohin geht.«

»Reinhold, hast du die Höhe von Lager II gemessen?« fragt Wolfgang Nairz.

»Nach unserem Höhenmesser waren es bei der Ankunft genau 6400 Meter, im Moment sind es 6410 Meter. Peters Höhenmesser zeigt etwa das gleiche an: 6420 Meter. Das heißt, wir können auch auf 6500 Meter sein. Vorausgesetzt, das erste Lager liegt wirklich auf 6100 Meter, was ich vermute. Wir sind nämlich schon fast, ja ich würde sagen 100 Meter unter der Lhotse-Flanke, ein bißchen links des Einstiegs zur Everest-Südwestwand. Es ist der sicherste Platz im ganzen Umkreis.«

»Was mir aber nicht ganz gefällt, ist das Wetter. Ich hoffe, daß es heute nacht nicht umschlägt. Wenn es morgen Schneetreiben und Nebel gibt, kommen wir nicht mehr hinunter, weil die Strecke ziemlich schlecht markiert ist.«

»Es ist zwar etwas wolkig«, meldet dazu das Basislager, »aber es sieht nicht nach einem Wettersturz aus. Der Schweizer Höhenmesser steht auch hier sehr gut.«

»Unser Höhenmesser zeigt auch gutes Wetter an, und wir verlassen uns darauf. Wir schlafen hier, für notfalls drei Tage ist Essen da. Peter sagt, drei Tage lang können wir verzichten, gibt sechs Tage; also in sechs Tagen müssen wir notfalls abgelöst werden.«

»Okay«, verspricht der Expeditionsleiter, »ich garantiere dafür, daß wir euch in sechs Tagen auslösen.«

Die 1400 m hohe Lhotse-Flanke. Die dunklen Streifen lassen auf blankes Eis schließen. ▷

Da meldet sich aber Robert noch einmal und will wissen, ob es notwendig sei, für den ersten Teil des Weges von Lager I nach Lager II das Seil mitzunehmen.
»Ich bin der Meinung, daß die Strecke zwischen Lager I und Lager II immer mit Seil gegangen werden muß, es sind versteckte Spalten da, und ab und zu ist es nicht ganz ungefährlich. Es ist zwar leichter wie im Eisbruch, aber zum Teil tückischer. Nehmt ein Stück Seil mit, vielleicht 15 oder 20 Meter. Leitern braucht ihr allerdings nicht. Wir werden uns beim Aufstieg wegen der Spalten ziemlich weit rechts halten müssen, aber rechts ist es auch weniger eisschlaggefährdet als links. Unter der Schulter liegen riesige Eislawinen, die das Western CWM überspült haben. Wir werden deshalb herunten rechts gehen und oben nach links hereinziehen, weil es dort dann von rechts her gefährlich wird. Übrigens glaube ich, daß man bis zum Fuße der Lhotse-Flanke keine Leitern mehr braucht. Es sieht aus, als könnte man den ersten Abbruch ganz rechts umgehen. Soweit ich mich vom vorigen Jahr, vom Everest-Flug, noch erinnere, werden wir da oben abgesehen von Seilen gar nicht so sehr viel Material brauchen.«
Robert hat noch eine Frage an Lager II: »Ist es zweckmäßig, Ski und Felle mitzunehmen?«
»Felle mit Sicherheit nicht, es ist alles eisig, teilweise fast glasiges Eis. Peter sagt, zum Hinausfahren wären Skier günstig. Man müßte sich dann ganz links halten. Aber zum Hereingehen sind die Skier eher eine Belastung.«
»Okay, wir lassen die Skier also unten. Übrigens: Ang Phu steht jetzt neben mir. Ihr sagtet, ein Sherpa wolle mit ihm sprechen.«
»Ja, bei mir ist soweit alles klar. Nächste Funkzeit 5 Uhr. Ich gebe nun das Gerät weiter.«
Die beiden Sherpas sprechen eine halbe Stunde lang miteinander.

2. April Wir haben Lager II in knapp 6500 Meter Meereshöhe errichtet und schicken uns dort an, alles für die Nacht vorzubereiten. Es wird eine fürchterliche Nacht, kein Augenblick Schlaf. Ununterbrochen rüttelt der Wind, der von der Südwestwand und vom Südcol herunterfährt, an unserer Zeltplane, so daß wir befürchten, im nächsten Augenblick im Freien zu liegen. Das Zelt

über uns muß bald in Fetzen wegfliegen. Schon vor Morgengrauen wollen wir ins Tal absteigen, denn das Wetter scheint schlecht zu werden, und wir wissen ganz genau, daß bei Nebel und Schneeeinbruch ein Entkommen aus dem noch unmarkierten Western CWM unmöglich wäre.
Anderntags schlechtes Wetter, auch im Basislager. Rasttag. Die Schneeflokken zeichnen von außen Schriftzüge auf mein schräges Zeltdach, Verwechslung mit den Zeilen, die als Post aus dem Tal kommen. Es ist heute ein liebloser Tag, ohne ziehende Wolken, die Berge stehen konturlos im milchigen Grau der Nebel. Der Gletscher, auf dem wir hausen, blendet trotzdem unangenehm.

6. April, Basislager, in der Küche Es ist heute das zweite Mal, daß ich den Sherpas ein europäisches Gericht zeige. Es ist mit der Zeit langweilig, immer das gleiche zu essen: Pommes frites und Eier, mittags und abends, ab und zu Nudeln auf chinesische Art. Ich koche nun Pasta asciuta. Vorausgesetzt, daß dies hier in 5340 Meter Meereshöhe, in der primitiven Küche am Fuße des Everest, überhaupt möglich ist. Der Sherpa-Koch und ich geben ein Stück Yak-Butter in eine flache Eisenpfanne, die wir über dem kleinen Feuer erhitzen, das zwischen drei stuhlgroßen Felsblöcken brennt. Nachdem die Yak-Butter zerflossen ist, lasse ich fein aufgeschnittene Zwiebeln und etwas Knoblauch andünsten. In die braun gerösteten Zwiebeln streue ich Stückchen von weißem Speck und später etwas zerkleinerte Wurst. Alles wird mit rotem Chilli gewürzt, dazu gebe ich noch ein bißchen Salz und Pfeffer. Dieses Gemisch lasse ich auf kleiner Glut langsam brutzeln. Man muß in dieser Höhe den geringeren Luftdruck berücksichtigen und somit auch die geringere Siedetemperatur. Es ist nicht leicht, die Zwiebeln braun zu halten und den Speck nicht allzu gar werden zu lassen. Die Yak-Butter riecht ranzig, aber der Geruch verflüchtigt sich, noch während ich unter der niederen Küchenplane auf kleiner Flamme koche. Man gewöhnt sich an alles. Inzwischen habe ich zwei Dosen mit Tomatenmark auf dem neben mir liegenden großen Stein gestellt, so daß sie am Herd auftauen. Nachts bei minus 20 Grad gefriert hier alles. Nach einer halben Stunde stülpe ich den Doseninhalt in den braunen Mischmasch von Speck, Zwiebeln, Wurst, Knoblauch.

Ich sitze auf einem Korbstuhl, Hitze schlägt mir ins Gesicht. Der Küchenjunge legt Holzscheite nach. Zwischendurch kommt einer der Sahibs und holt sich heißes Wasser zum Waschen, ein anderer möchte heißen Tee.
Plötzlich draußen vor der Steinküche lautes Geschrei. Der Begleitoffizier, der am Beginn der Expedition wegen seiner Höhenkrankheit ins Tal gebracht werden mußte, ist zurückgekommen. Mit großem Hallo wird er von den Sherpas im Basislager empfangen.
Es ist ein schöner Tag draußen. Ab und zu nur stößt der Wind in Böen unter die Küchenplane und bläst mir heiße Asche ins Gesicht. Ich wende mich um, greife nach einem Stück Toilettenpapier, das hinter mir in einer Mauernische liegt, und wische mir die Augen aus.
Eine gute Viertelstunde kocht nun meine Soße schon über kleinem Holzfeuer. Gut eine Viertelstunde werde ich noch brauchen, um ein brauchbares Gericht auf den Tisch im Eßzelt stellen zu können.
Inzwischen hat einer der Sherpas einen Korb voll Eisbrocken in die Küche gebracht. Er wirft die Stücke, faustgroß wie sie sind, in einen großen Topf, in dem sie zu Wasser geschmolzen werden. Das Eis holen wir etwa 200 Meter unterhalb des Basislagers vom Gletscher. Dort, wo der Eisbruch »zahm« wird und in Wellenform, dem Meer ähnlich, in Richtung Lobuche fließt, ist unsere »Quelle«.
Es herrscht reges, farbenfrohes Treiben in der Expeditionsküche. Sie mißt etwa fünf mal vier Meter im Quadrat, die Mauern sind aus teilweise kubikmetergroßen Steinblöcken aufgeschichtet. Unmittelbar über der Feuerstelle, an einer Holzstange, hängen Würste, die geräuchert werden sollen. In Kisten liegen alle möglichen Zutaten, die der Koch und sein Gehilfe brauchen.
Zwischendurch bieten mir die Sherpas eine Schale heißen Tee an, und ich achte darauf, daß meine Soße, die schon dicker geworden ist, nicht anbrennt. Die Zwiebeln sind zu dunkel geraten, wie ich feststelle. Das kommt wohl daher, weil sie als gefrorene Stücke in die heiße Butter kamen, denke ich mir.
Ang Phu, der Chef der Sherpas, sitzt inzwischen bei mir in der Küche und ißt Kartoffeln.
Die Nudeln in 5340 Meter Höhe »al dente« zu bereiten, ist wirklich eine Kunst; eine Minute zuviel, und schon sind sie ein Brei.

Der Mauersturz

Am nächsten Vormittag bin ich wieder in der Küche. Eine Untergrundatmosphäre, außerhalb von Ordnung und Sauberkeit, wo es aber lachende Menschen gibt, keine Eisbruchsorgen, keine Gipfel-um-jeden-Preis-Gespräche. Hier fühle ich mich wohl. Nicht nur, daß ich die Sherpas gerne mag, auch den Rauch, den Geruch von Menschen und vor allem das Feuer.
Ich bereite Pizza vor, wieder ein italienisches Gericht. Während der Koch auf großen Aluminiumtellern Tschpati bäckt – besonders dünn und nur an der unteren Seite ein wenig angebräunt –, krame ich in den Küchen-Containern nach Dosen: Fisch in Tomatensoße, Sardellen, Sardinen, dazu wieder Chilli und natürlich Speck.
Im Basislager gibt es keine besonderen Vorkommnisse, und auch am blauen Himmel ist nichts wahrzunehmen. Ich warte nicht auf ein Zeichen, aber ich brauche heute etwas, um mich daran festzuhalten, etwas zum Wahrnehmen.
Etwa um 10 Uhr vormittag dieses *7. April* höre ich plötzlich aufgeregte Stimmen draußen.
»Im oberen Drittel des Eisbruchs ist eine Schneestaubwolke aufgestiegen!«
Ein Zeichen dafür, daß eine Eislawine niederging. Alle stürzen aus den Zelten, holen Ferngläser. Angestrengt schauen wir abwechselnd hinauf in den Bruch. Ja, richtig, dort, im zweiten Drittel ist jetzt alles anders. Eine Eislawine in einer Breite von ungefähr 50 Metern ist genau über die Route abgegangen. Eine jener mächtigen Mauern, die im oberen Teil den Eisbruch sperren, war einfach in sich zusammengebrochen.
In diesem Augenblick wissen wir noch nicht, ob nicht vielleicht einige der Sherpas gerade an der Stelle waren, als sich die Lawine löste, und zählen nun, mit den Ferngläsern vor den Augen, die Männer ab, die oberhalb der Ausbruchstelle sichtbar sind. Sieben sind es. Sie stehen dort, steif, starr. Wir zählen jene, die in der Zwischenzeit im unteren Teil des Eisbruchs auszumachen sind: sechs. Da sind wir sicher, daß keiner umgekommen sein kann. 13 Sherpas waren am frühen Morgen ins Lager I aufgestiegen.
Nun ist die Spannung im Basislager groß, es wird diskutiert, und alle warten auf die Sherpas aus der Gefahrenzone, um von ihnen zu erfahren, wie es war, wie die Route ist und ob wir es weiter verantworten können, im Eisbruch zu gehen.

Gegen Mittag endlich sind die Sherpas da, zum Teil noch fahl im Gesicht. Sie kommen an wie Flüchtlinge, die Steigeisen in den Händen. Nairz spricht sie sofort im einfachen Expeditions-Englisch an. Seine Fragen kommen zögernd, besorgt.

»Lawine? Schlimm?«

»Nicht schlimm. Alles okay.«

Die Sherpas scheinen gar nicht so stark beeindruckt zu sein. »Ich glaube, auf uns hat das einen viel größeren Eindruck gemacht«, meint einer der Sahibs.

»Wie war es in der Lawine?« fragt Nairz den nächsten Sherpa, der vom Eisbruch kommt.

»Nicht schlimm.«

Wir können diesen Gleichmut nicht begreifen.

»Das ist es, entweder-oder, so wie Buddha es will«, versuchen wir, diese Haltung zu erklären. Da kommt der Sirdar.

»Hallo, Ang Phu, wir sind glücklich, dich zu sehen. Wir waren sehr froh, als wir durch die Ferngläser sahen, daß alle sieben herunterkommen.«

»Wir hatten Glück«, antwortet Ang Phu.

»Und das Eis fiel über den Weg?«

»Nur auf einer Seite, aber der Weg ist jetzt viel besser zu begehen.«

»Alles ist nun in Ordnung«, sagt Nairz, »aber ihr hattet Glück, daß ihr nicht fünf Minuten früher an der Stelle gewesen seid.«

»Sieben ist bei den Buddhisten eine gute Zahl«, erklärt Ang Phu strahlend.

»Okay«, meint der Expeditionsleiter daraufhin, »macht heute ein großes Feuer, wir kaufen noch eine Yakladung Holz extra.«

Die Sherpas sind zufrieden. Der Weg, sagen sie, sei jetzt besser. Sie seien bevorzugte Leute. Ihnen würden die Lawinen nichts antun.

Noch einmal erklärt ihnen Wolfgang, wie man sie beobachtet habe: »Wir haben durch Ferngläser gesehen und dann gezählt: eins, zwei, drei, vier, fünf, sechs, sieben, dazu sechs, die schon weiter unten waren. Da wußten wir, daß nichts passiert war.« Und zu uns sagt er, nun wieder in deutscher Sprache: »Uns fehlt noch viel, bis wir die Lebenseinstellung der Sherpas haben, und darum belassen wir es bei unserem Plan: Wer nicht hinauf muß, hat im Bruch nichts verloren.«

Zum Teil verwendeten wir Holzbrücken, um die Spalten im Eisbruch gangbar zu machen. ▷

Ang Phu fragt er, ob Gefahr bestehe, daß ein weiterer Eissturz erfolge. »Es gibt eine Stelle, die gefährlicher ist als die anderen«, antwortet der Sirdar, »aber ich werde einen Weg finden, der um sie herumführt. Das ist kein Problem.«

»Die stehen einfach gelassen über den Dingen«, stellt einer von uns lakonisch fest.

Da meldet sich Horst Bergmann: »Darf ich das Gespräch jetzt auf ein anderes Thema lenken? Wenn in Zukunft Werkzeug benötigt wird, muß es bei Robert abgeholt werden. Es wird genau registriert, jeder muß es dann wieder zurückbringen. Bitte nicht liegen lassen, bis es einrostet, denn der Yeti kauft kein neues. Im übrigen weiß ja jeder, wo die rote Tonne mit dem Werkzeug steht.«

»Wo ist sie denn jetzt?«

»Im Werkzeugzelt da oben. Jeder nimmt sich raus, was er braucht und tut es dann wieder zurück. Fertig!«

Aber schon ist das Gespräch wieder beim Eisbruch, und jeder hat seine Meinung.

»Für die Sherpas ist das einfach so«, meint einer, »daß alles durch höhere Kräfte geregelt ist. Wenn sie sterben, dann muß das so sein.«

Und ein anderer fragt: »Ob die Sherpas morgen wieder gehen?«

»Was meinst du, Reinhold?«

»Wir müssen erst sehen, ob sie morgen den Schock überwunden haben.«

»Das glaube ich nicht.«

»Den Weg können wir da oben nicht viel verändern. Links geht's nicht und rechts geht's nicht.«

»Wenn es nicht unbedingt sein muß«, meint Wolfgang, »würde ich niemand mehr hinaufschicken. Es ist zu gefährlich.«

»Jetzt ist einmal ein Eissturz heruntergegangen, eine anständige Lawine, es dauert sicher wieder eine Zeit, bis die nächste kommt«, will einer von uns beruhigen.

»Ich sage aber, das Risiko bleibt kleiner, wenn wir weniger oft gehen.«

Und die Diskussion geht weiter: »Das Risiko ist für die Sherpas immer noch groß.«

»Unser Risko ist aber genauso groß.«
»Stell dir nur vor, die sind fünf Minuten früher dran, dann können wir zusammenpacken, dann geht von den anderen keiner mehr über den Eisbruch.«
»Das weiß ich nicht, aber ich würde es auch ohne Sherpas versuchen«, antworte ich.
»Aber wenn sieben Sherpas umkommen, geht uns von den anderen keiner mehr!«
»Nein, bestimmt nicht, das ist auch meine Überzeugung.«

Das Bergen und Abtransportieren verletzter Sherpas, die in Spalten stürzten, war im Eisbruch gefährlich und anstrengend zugleich. ▷

»Da muß sicher einmal bei der Regierung in Kathmandu etwas geändert werden. Man müßte Hubschrauber für den Eisbruch zur Verfügung stellen.«
»Vor allem dürfen wir nicht in Siebenergruppen durchgehen, zwei und zwei, maximal drei und drei die Träger«, antwortet Nairz Schell.
»Wir können einzeln durchgehen oder zu zweit.«
»Nur wer oben weiterarbeitet oder etwas zu tun hat, darf durchgehen.«
»Ich glaube, bei uns ist das anders, weil wir die Gefahr vielleicht anders einschätzen«, sage ich.
»Das nützt zwar nichts, aber du kannst schneller rennen, wo es gefährlich ist. Die Sherpas gehen überall gleich schnell.«
»Wenn es da oben kracht, glaube ich, hat keiner eine Chance, der mitten drin steht.«
»Das war heute ein Riesenglück«, gebe ich zu bedenken.
»Wir waren dadurch, daß es bis heute im Bruch ruhig war, zu optimistisch.«
»Wenn ich daran denke, wie Josl und ich oben waren, wie wir uns da Zeit gelassen haben und gefilmt haben, es läuft mir kalt über den Rücken«, sagt Horst Bergmann.
»Ich bin gespannt, was die Sherpas unter sich erzählen. Vor allem, ob sie weitermachen oder ob sie morgen einen Ruhetag haben wollen.«
»Das Wichtigste ist, daß sie in Zukunft nicht mehr in Rudeln gehen. Es ist makaber darüber zu reden, aber wenn es einen oder zwei erwischt, schaut es anders aus, als wenn es sieben sind«, bemerkt der Expeditionsleiter.
»Richtig, nicht einmal auf eigenes Risiko darf einer hinauf.«
»Ein Toter ist schon zuviel!«
»Es ist so unberechenbar, weil man überhaupt nicht abschätzen kann, wann wieder ein Stück einbricht. Das kann zu jeder Tages- und Nachtzeit sein.«
»Wahrscheinlich hängt es damit zusammen, daß es jetzt doch entschieden wärmer und daher eine größere Geschwindigkeit im Eisfluß ist, und schon kippt die ganze Mauer.«
»Man spürt jetzt in der Nacht größere Spannungen im Gletscher, Spannungen, die am Anfang nicht da waren.«
»Minus 21 Grad hat es heute gehabt, bisher haben wir nachts aber immer minus 25 oder 26 Grad gemessen.«

»7. April, die Sieben ist doch eine buddhistische Glückszahl, da kann ja nichts passieren.«
»Sieben und sechs ist dreizehn – paßt«, stellt Wolfang Nairz fest.
»Diese Sherpas sind für mich Wundermänner.«
»Es ist hier alles ganz anders als 1974 am Makalu. Das Makalu-Gelände war auch viel steiler, und die Sherpas haben vor dem Steilen viel mehr Angst als vor dem Gefährlichen.«
»Sie erkennen die Lebensgefahr genauso gut wie wir, aber sie machen sich eben nichts daraus.«
»Ich glaube zwar nicht, daß sie die Gefahr genauso gut einschätzen wie wir, aber sie ergeben sich dem Willen ihrer Götter. Sie haben wieder eine Bestätigung, daß das Streuen der Reiskörner etwas genützt hat. Sie werden in Zukunft sicher noch mehr streuen.«
Dann wendet sich Wolfgang an den Sherpa-Führer: »Wie oft hast du den Eisbruch gemacht, Ang Phu?«

(Fortsetzung Seite 94)

Fast jeder der elf Expeditionsteilnehmer und der Journalisten und Fotografen, die uns ein Stück des Weges begleiteten, ist wenigstens einmal in eine Gletscherspalte eingebrochen. Trotzdem stiegen Peter Habeler und ich meist ohne Seilsicherung über den Eisbruch auf und ab. Wir fühlten uns ohne Seil sicherer und waren so vor allem schneller. Wäre irgendwo ein Eisturm zusammengekracht, während wir in seiner Nähe kletterten, hätten wir uns ohne das hemmende Seil rascher in Sicherheit bringen können. Schnelligkeit war unserer Ansicht nach überhaupt ausschlaggebend für das Überleben in diesem unberechenbaren Gefahrenbereich. Wir kamen uns unter den riesigen Sérac-Wänden (nächste Doppelseite) manchmal wie gelähmt vor, wenn wir daran dachten, daß sie jeden Augenblick umstürzen könnten. Deshalb beeilten wir uns so sehr. Unsere schnellste Zeit im Aufstieg vom Basislager (5340 m) zum Lager I (6100 m) waren knapp zwei Stunden, im Abstieg brauchten wir für dieselbe Strecke 45 Minuten.

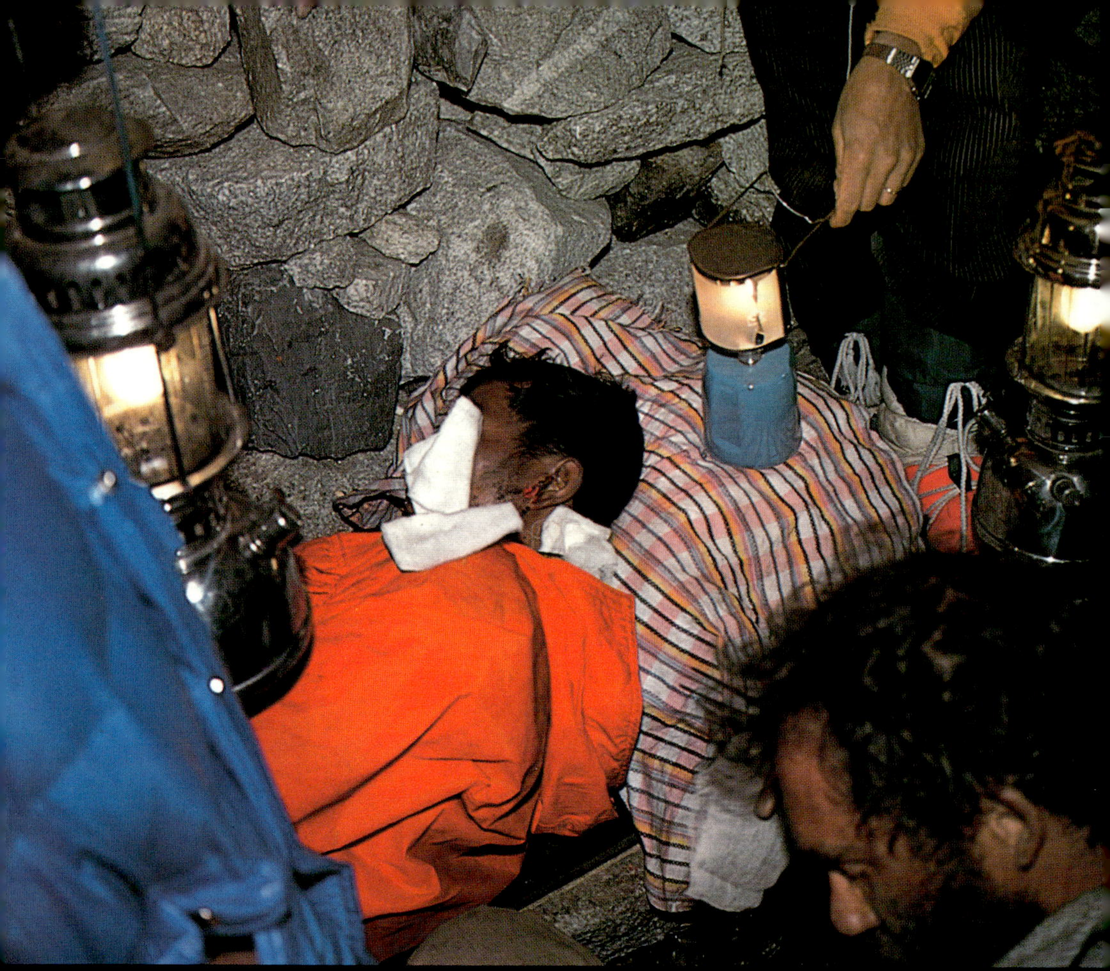

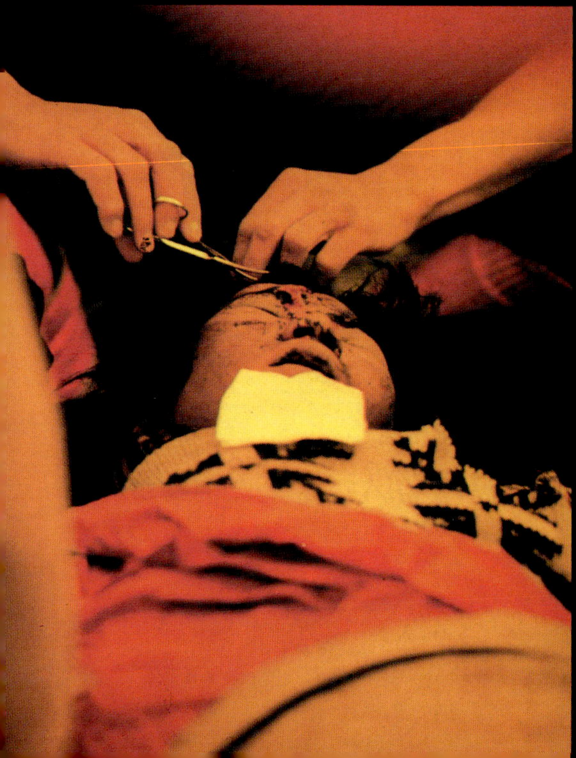

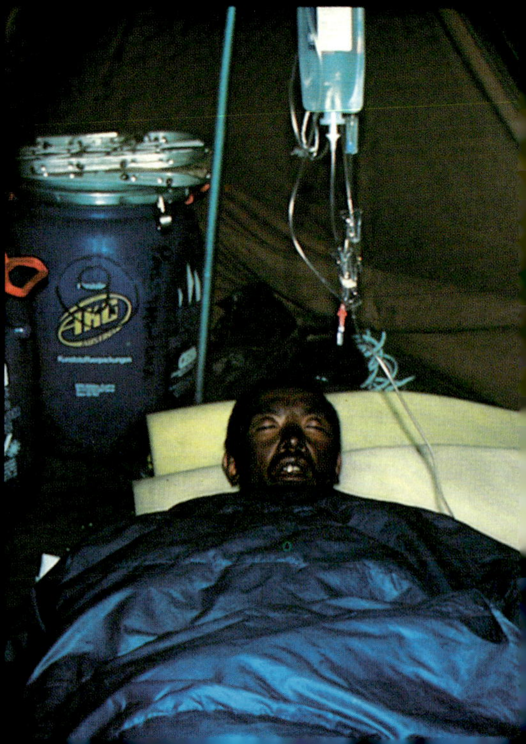

Ohne die Hilfe der Sherpas wären wir wohl nicht auf den Gipfel gekommen. Diese zähen Hochträger nahmen alle Strapazen und Gefahren auf sich, um uns zu unterstützen. In den zwei Monaten verdienten sie ihr Jahreseinkommen. Einer erlitt im Lager II (6400 m) einen Gehirnschlag, drei verunglückten im Eisbruch. Die Schwerverletzten aus den Spalten zu bergen, war ungeheuer schwierig. Einer war 50 Meter tief gestürzt. Im Basislager, das zeitweise zum Lazarett wurde, hatten die beiden Expeditionsärzte, Dr. Raimund Margreiter und Dr. Oswald Ölz, alle Hände voll zu tun. Sie behandelten Rißwunden, Erfrierungen und operierten unter anderem einen Schädelbasisbruch. Ein Sherpa blieb verschollen. Die anderen sind bis auf den auf Grund des Gehirnschlags halbseitig Gelähmten (unten rechts) wieder genesen. Auch der Mann, der sich bei seinem 50-Meter-Sturz einen Schädelbasisbruch zugezogen hatte, hat sich im Hillary-Hospital wieder erholt, nachdem er vorher von Dr. Margreiter zusammengeflickt worden war (links unten).

»Insgesamt? Einhundert-, zweihundertmal. Dies ist meine vierte Expedition zum Everest. 1971 war ich hier mit der Internationalen Expedition, 1972 mit Bonington, 1975 auch mit ihm, und dies ist also die vierte Tour.«
»Und gab es in den früheren Jahren Lawinen wie diese?«
»Ja, gelegentlich. Dreimal. Und näher.«
»Du bist tatsächlich ein Glücksvogel.«
»Ja, so kann man sagen«, meint Ang Phu lachend.
»Bist du ein begeisterter Bergsteiger?« frage ich ihn.
»Ja.«

Am Abend erklärt Wolfgang Nairz den Einsatzplan für die nächsten Tage. Ernste Atmosphäre.
»Übermorgen«, sagt er, »gehen Peter und Reinhold nach Lager II. Bulle, Horst und ich steigen nach Lager I auf. Reinhold und Peter werden zwei Tage lang versuchen, in der Lhotse-Flanke weiterzukommen und nach Möglichkeit Lager III zu errichten. Horst, Bulle und ich werden dafür sorgen, daß der Lastentransport von I nach II gewährleistet ist, und außerdem werden wir uns darum kümmern, daß Lager II ausgebaut wird. Reinhold und Peter bleiben zwei Tage im Arbeitseinsatz, das heißt also, am dritten Tag muß die nächste Mannschaft, das sind Franz und Robert, bereit sein, oben weiterzuarbeiten. Ob sie jetzt vom Basislager nach Lager II durchgehen oder im Einser-Lager noch übernachten, bleibt den beiden selbst überlassen.«
Robert meldet sich zu Wort: »Können wir gleichzeitig mit Peter und Reinhold aufsteigen und in Lager I bleiben?«
»Nein, das geht nicht, ihr könnt frühestens am nächsten Tag nachziehen.«
»Das heißt, wir müssen dann auch ein Zelt aufstellen.«

Am späten Nachmittag des 8. *April* kommt der Postläufer. Der Expeditionsleiter ruft alle zusammen, teilt die Post aus, Brief für Brief. Namen für Namen werden wir aufgerufen. Für diejenigen, die in den Hochlagern sitzen, wird die Post im Postsack aufbewahrt. Auch für mich sind einige Briefe dabei. Alle möglichen Leute haben geschrieben, ich freue mich zuerst, aber dann – welche Ablenkung!

Da ist eine Menge Papier bekritzelt mit nichtssagenden Dingen. Die Bemerkungen und Feststellungen wiederholen sich immer wieder, sie stehen mir im Wege, und dann erwartet jeder Briefschreiber auch noch eine Antwort. Dabei könnte ich jetzt so schön im Zelt liegen, allein sein, die Schattenspiele der Wolken beobachten, die sich zart auf der dünnen Zeltwand abzeichnen.
Ich hatte viel Zeit, mich auf die nächsten Tage einzustellen. Morgen um 5 Uhr früh wollen Peter und ich aufbrechen, um vom Basislager aus ins Lager II aufzusteigen. Wir werden einige Stunden brauchen, aber es muß möglich sein, an einem Tag ins Lager II vorzustoßen; und so sollten wir in den nächsten Tagen die Lhotse-Flanke, die weit mehr als 1000 Meter hoch vom Western CWM auf den Südsattel hinaufführt, mit Fixseilen versehen und Lager III dort aufbauen. Es ist dies der letzte Aufenthalt in der großen Höhe vor dem Gipfelangriff. Schon spielen Peter und ich mit dem Gedanken, gleich nach dem Versichern der Lhotse-Flanke – gute Kondition und gutes Wetter vorausgesetzt – einen Angriff zu wagen und jene Frage zu beantworten, die uns hierher gelockt hat: Ist der Everest ohne Maske möglich?
Ich verbrachte einige ruhige Tage hier im Basislager und genoß das Nichtstun und das Plaudern mit den Kameraden. Ich habe in dieser Ruhe sogar das Fotografieren vergessen.

Mutterseelenallein

Der einzige Mensch, dessentwegen ich das Bergsteigen aufgeben könnte, ist meine Mutter. Früher gab es auch noch meine Frau, die mir in Grenzsituationen zwar Kraft einflößte, die mich aber von diesen Expeditionen gar nicht abbringen wollte. Und auch meine Mutter weiß, daß diese Abenteuer zu meinen Lebensäußerungen gehören, daß ich sie wagen muß. Sie gehört zu den wenigen Personen, die mich wirklich verstehen. Sicher hat sie manchmal auch Angst um mich, aber sie vertraut mir so sehr, daß sich ihre Sorgen nicht auf mich übertragen. Allein weil es sie gibt, fühle ich mich stärker, und weil ich weiß, daß sie mich liebt, habe ich keine Angst vor dem Tod.

In der 1400 m hohen Lhotse-Flanke haben Robert Schauer und ich fast alle Versicherungsarbeiten verrichtet. Jeder ohne Partner; harte Arbeit zwischen 6600 und 8000 m. ▷

Alles, was ich früher einmal als Angst empfand, erlebe ich jetzt als pulsierendes Leben, körperhaft als eine Art Lähmung oder tiefes Durchatmen, je nachdem, ob ich einen bestimmten Punkt der Gefahr noch nicht erreicht oder schon überschritten habe.
Beim Aufstieg ins Lager III – allein, bei großer Hitze mit viel Spurarbeit – empfinde ich ein starkes Identitätserlebnis, wie ich es fast immer erlebe, wenn ich mich voll einsetzen muß.

Von Lager III aus rufe ich am *13. April* Peter Habeler, der ein kurzes Stück über dem Zweier-Lager aufgegeben hatte und wieder ins Lager II zurückgekehrt war. »Da mir offensichtlich niemand nachfolgt«, sage ich, »werde auch ich wahrscheinlich wieder absteigen müssen.«
»Es kann möglich sein, daß du allein bleibst«, meint Peter darauf, »allerdings sehe ich in der Nähe deines Lagers einige Punkte. Ob diese Sherpas aber mehr als ihr persönliches Gepäck mitschleppen, kann ich von hier aus nicht erkennen.«
Schon unten, als Peter und ich uns getrennt haben, weigerten sich drei der Sherpas weiterzusteigen. Die übrigen sind zwar geblieben, doch mußte ich ihre Lasten reduzieren, ehe sie wieder marschierten. Einige Zeit bin ich dann bei ihnen geblieben, ehe ich mich absetzte und vorausging. Ich mußte ja sehen, wie es weiterging.
In einer Stunde, sage ich Peter, würde ich wissen, wie ich weitermache. Wenn Zelte, Lebensmittel und Kocher kämen, wollte ich jedenfalls im Dreier-Lager bleiben, andernfalls müßte ich wieder absteigen.
»Die Nebelbank oben nimmt mir die Sicht«, funkt Peter zurück, »aber ich habe den Eindruck, daß die Träger weitergehen in Richtung Dreier. Ich glaube, die müßten in einer Stunde bei dir sein.«
»Ja, zwei Sherpas gehen unmittelbar unter mir, das sind Mingma, ein sehr guter Mann, und Ang Dorje. Ich habe 200 Meter Seil hochgetragen und fühle mich jetzt selber langsam als Sherpa. Wenn ich morgen ein Stück versichern kann, bin ich glücklich und zufrieden. Den Weg zum Südsattel sollte dann eine andere Mannschaft versichern, denn diese Arbeit immer alleine verrichten, ist doch etwas mühsam.«

Peter antwortet, daß Robert oben weitermachen möchte, doch ich bin der Meinung, daß er schon zuviel gearbeitet habe. »Er muß sich erst einmal ausrasten, finde ich.«
»Robert möchte aber hinauf.«
»Ich weiß, Robert ist immer bereit, und ich freue mich, wenn er wieder an der Spitze geht. Er gehört wirklich zu den besten Bergsteigern, die ich kenne.«
Ich sage noch einmal, daß ich bleiben will, wenn es möglich ist.
»Das Wetter sieht freilich nicht erfreulich aus. Wenn der Wetterbericht gut ist, sollten Bulle und Robert oder Franz – wer gerade die bessere Form hat – nachkommen und ein Stück versichern. Anschließend soll vielleicht Helli mit seiner Mannschaft folgen. Er ist der ideale Mann hier oben.«
Wenn sich das Wetter nicht ändert, sage ich, brauche allerdings keiner aufzusteigen. »Draußen ist es ganz düster, aber warm, deutlich wärmer als sonst hier heroben. Im übrigen schneit es ein wenig.«

13. April, 14 Uhr Ich sitze allein in 7200 Meter Meereshöhe, an der Stelle, wo das dritte Hochlager errichtet werden soll. Seit Stunden warte ich auf die

Sherpas, die mit dem Material für das Lager unterwegs sind. Hier muß ich die nächste Nacht verbringen.
Ein schwarzer Fleck taucht weit unten über dem Schneerücken auf, dahinter das Western CWM, das sich scheinbar unendlich weit hinauszieht in Richtung Lager I. Ich komme mir nicht einsam vor da heroben, obwohl es neblig ist. Es schneit leise, trotzdem sehe ich den Everest-Gipfel, wie hinter einem Schleier.
Meine Erregung ist jedesmal gleich groß, wenn ich unter einem Gipfel sitze, den ich noch nie bestiegen habe und von dem ich auch nicht weiß, ob ich ihn besteigen kann. Der zerschlissene Schleier aus Schneegestöber und Nebelfetzen über dem Everest-Gipfel macht diesen Berg noch geheimnisvoller. Ich gehe nicht weiter, um noch einen Achttausender bestiegen zu haben, sondern um diesen Schleier zu lüften.
Die Sherpas kommen näher. Wie durch ein Brennglas strahlt die Sonne durch den Nebel auf die schräge Eisfläche. Sie steht jetzt über dem feingeränderten Nuptse-Lhotse-Grat und durchbricht dann und wann die Wolken. Im Spiel von Licht und Schatten wirkt das steile Konkav über dem Western CWM wie eine senkrechte Wüste aus Eis und Schnee. Ich will mir an der Leidensfähigkeit der Sherpas ein Beispiel nehmen und glaube in diesem Moment, den Zusammenhang zu verstehen, und zwar nicht nur den zwischen mir und dem Gipfel.
Einen Tagesmarsch bin ich vom nächsten Lager entfernt.
»Hallo«, rufe ich dem ersten Sherpa zu. Aber er sagt nichts, er hebt nur eine müde Hand und pfeift durch die Zähne. Er bleibt kurz stehen und starrt mit einem vor Anstrengung verzerrten Gesicht zum Ankerpunkt, wo das Fixseil hängt.
Der Lagerplatz ist ausgesetzt wie ein Adlerhorst. Während ich warte, beobachte ich die Nebelfetzen, die über die Südwestwand hereinjagen. Dabei fallen mir die alten Zeltboxen in die Augen, die dort 1975 von der Bonington-Expedition im Schnee stehengelassen worden sind. Ein schmutziger Farbfleck zwischen Fels und Eis.
Zehn Meter trennen Mingma jetzt noch vom Lagerplatz, zehn Meter, die er Schritt für Schritt, den Steigbügel langsam nach oben schiebend, hinter sich

Nur mit Steigbügeln war den Sherpas in steilen Passagen der Aufstieg möglich.

bringt. Er rutscht aus, bleibt stehen, hechelt zuerst und pfeift dann durch die Zähne. Er starrt mich an und stößt dabei die Luft erleichtert aus.
Er klinkt den Steigbügel aus und kommt herüber zu mir. Er geht nicht mehr, er torkelt. Mit den Augen sucht er einen flachen Platz, dann wirft er sich erschöpft hin, legt den Kopf auf seine abgelegte Last, verschränkt die Hände vor dem Bauch und bewegt sich nicht mehr.
Aus. Ende. Geschafft. Später kratzt er sich kurz an der Nase, setzt sich auf, wirft den Klettergürtel ab und massiert sein linkes Knie. Sein trockener Höhenhusten ist typisch. Er ist ausgepumpt.
»Ein guter Platz hier?« frage ich ihn.
»Ja.«
Gestern ist er vom Basislager ins Zweier-Lager marschiert und heute hierher. Das ist zuviel, sagt er, das schafft kein Mensch. Sein Name ist Mingma Noru, doch wir nennen ihn nur Mingma.
Er zuckt mit den Schultern, als ich ihn frage, ob es möglich sei, heute noch abzusteigen.
»Das ist unmöglich.«
»Willst du hierbleiben?«

Er weiß es nicht. Sagt nichts.
»Was empfindest du jetzt?«
»Nichts. Kopfschmerzen.«
»Bist du glücklich, hier zu sein?«
»Nur der Rupien wegen.«
»Hast du heute einen Bonus?«
»Ja.«
Für den Aufstieg ins Lager III bekommen die Sherpas mehr als den üblichen Tageslohn von 35 Rupien (das sind ungefähr 5 DM). Das macht Mingmas Glück aus. Er löst die Last von seiner Tragkraxe, schnürt die Bänder über die Aluminiumstangen.
»Mingma, du solltest eine Sauerstoffflasche mit nach unten bringen«, sage ich zu ihm, »ist das möglich?«
»Nicht möglich. Morgen.«
»Okay.«
»Hartes Leben hier in den Bergen. Was denkst du?« fragt er in unserem simplen Englisch. »Vielleicht kommt Schnee?«
»Wenig Schnee oder sehr viel?«
»Weiß ich nicht.«
Ob hier Lawinengefahr bestehe, will ich von ihm wissen.
»Nein.«
Mingma kramt in seinen Taschen. Er zieht ein Stück Salami hervor, schält sie und beginnt zu essen. Das ist das Mittagessen für zwei Sherpas, aber einer ist zurückgegangen, der bekommt nichts.
Inzwischen höre ich die Schritte von Ang Dorje. Der Schnee knirscht, er ist da. Sein Mund ist weiß umrandet von der Sonnencreme. Es schneit stärker. Auch dieser Sherpa stützt sich auf die Ellenbogen, um besser verschnaufen zu können. Mingma schneidet die Salami nicht auf, er beißt davon ab. Für einige Augenblicke sticht die Sonne wie ein violett-weißer Ball durch den Nebel.
»Bist du müde, Ang Dorje?«
»Nur ein wenig.«
Inzwischen haben wir ein kleines Dunlop-Zelt aufgestellt – 1,50 Meter breit, 1,80 Meter lang und etwa 80 Zentimeter hoch –, in dem wir zu dritt, eng an-

einandergekauert, sitzen und Tee kochen. Den Gasofen müssen wir zuerst von einer Eiskruste befreien, dann aber brennt er relativ gut. Mingma holt von draußen einen Sack Eis, so daß wir nachfüllen können. Seit dem Frühstück haben wir nichts mehr getrunken, sind ausgelaugt, und die Nacht, die uns hier in 7200 Meter erwartet, wird hart. Härter sicher als jede Biwaknacht in den Alpen. Zudem wissen wir nicht, wie das Wetter wird.

Mingma hantiert mit allerlei Schüsselchen, holt zuerst Teebeutel aus einer Holzkiste, dann Zucker, der mit Schnee vermischt ist. Oben am schmalen Zeltfirst haben wir unsere nassen Socken aufgehängt. Wir müssen sie heute noch trocknen, wenn wir morgen nicht frieren wollen. Das wäre nicht nur unangenehm, sondern auch gefährlich. Erfrierungen wären in dieser Höhe bei der geringen Durchblutung eine unausweichliche Folge. Ich traue meinen Augen kaum, als Ang Dorje in diesem Augenblick eine Konservendose mit Speck und Nudeln in das Zelt wirft. Dieses Gericht werden wir uns zum Abendessen genehmigen.

Ich bin nicht in der Lage, normal zu sprechen, obwohl mein Gehirn, mindestens dem Anschein nach, noch normal funktioniert. Ich bin so zusammengekauert, daß sich beim Atmen weder mein Bauchfell noch meine Schultern genügend bewegen können. Beim Aufstellen des Zeltes habe ich mich sehr geärgert, weil das Gestänge nicht zusammenpaßte. Ich mußte mit meinen klammen Fingern herumklopfen, bis es schließlich paßte. Wüßte ich jetzt ganz genau, daß das Wetter morgen schlecht ist, würde ich heute noch zurückgehen, hinunter ins Lager II, ins vorgeschobene Basislager. Sollte aber morgen ein bißchen die Sonne herauskommen, sollte eine kleine Chance bestehen, weitermachen zu können, so möchte ich von hier aus einen Vorstoß in Richtung Südcol wagen, um so der Expedition »die Tür zum Gipfel« zu öffnen.

Mit seinem Löffel schlägt Mingma das Eis in Stücke und legt die Würfel in den Topf. Er hat die kleine Gaskartusche, auf der der Kocher aufgeschraubt ist, in eine andere Pfanne gestellt, damit beim Schmelzen kein Tropfen Wasser verlorengeht. Wasser ist hier heroben wichtig, fast heilig. Die feinen Flocken, die ich durch die Zeltöffnung sehe, fallen nun rascher. Sie sind kein gutes Vorzeichen. Während Ang Dorje die Suppe einrührt, halte ich mit der

Da und dort fanden wir in der Lhotse-Flanke Seilreste früherer Expeditionen. ▷

linken Hand den Topf, so daß er nicht umfällt. Unsere Nasen und Lippen sind zerfetzt, aufgerissen, sie schmerzen. Jeder ist froh, daß er endlich nach den vielen tausend tiefen und schmerzhaften Atemzügen, die vom vorgeschobenen Basislager bis hierher notwendig waren, ein trockenes Plätzchen hat. Ich rufe das Lager II und berichte, daß die beiden Sherpas bei mir eingetrudelt seien. »Sie waren sehr, sehr müde, aber sonst ist alles einigermaßen in Ordnung. Das Barometer steht nicht gut und nicht schlecht. Vielleicht wird es besser.«
Auch unten, so hören wir, schneit es. Außerdem erfahren wir, daß im Basislager für den nächsten Tag die Lasten schon bereitstehen. Fein säuberlich wird nun aufgezählt, was alles hochtransportiert werden soll: »Pickel, sechs Gasflaschen, zwei Benzinkocher, 20 Liter Benzin, Salz und Eipulver. Nudeln und Reis haben wir nicht im Lager, das müssen wir erst vom Tal heraufholen. Die Schuhe von Franz sind auch dazugepackt, außerdem Kochtöpfe und ein Medizin-Container. Wir wollen nur hoffen, daß es Reinhold heute nacht mit seinem Zelt nicht davonweht.«
Nein, hieß es da vom Zweier-Lager, davonwehen wird es ihn nicht, aber vielleicht wird er ersticken: »Es ist Mingma bei ihm und noch ein zweiter Sherpa, dessen Namen ich nicht kenne. Was ich aber sicher weiß – daß sie beide stinken.«
»Da können wir nur hoffen, daß Reinhold wenigstens ein kleines Loch für die Frischluft findet.«
Am nächsten Tag, entnehme ich dem Sprechkontakt zwischen den beiden Lagern, würde ich mit den Versicherungsarbeiten in Richtung Südsattel beginnen. »Allein wird er allerdings nicht weit kommen, sicher nicht über das Gelbe Band hinaus. Es ist noch weit ins Lager IV, von 7200 Meter auf etwa 8000 Meter, das sind rund 800 Meter bis zum Südsattel, und diese 800 Meter sind kombiniertes Gelände, Fels und Eis gemischt. Es ist teilweise sehr steil. Jedenfalls wird Reinhold weitermachen, und die nächste Mannschaft muß dann natürlich aufschließen.«
»Ja, so ist es geplant«, melde ich mich. »Ich bitte nur um die Bestätigung, daß die nächste Mannschaft rechtzeitig kommen kann, damit kein Leerlauf entsteht.«

»Im Laufe des morgigen Tages wirst du erfahren, wer weiter versichert.«
Ein Wetterbericht ist jetzt nicht mehr zu erwarten, doch sämtliche Barometer des Basislagers versprechen Besserung; der nächste offizielle Bericht kommt erst am folgenden Tag gegen 7.15 Uhr, nach den Nachrichten. Für mich ist es wichtig, möglichst früh zu erfahren, ob der Schneefall aufhört und ob ich bald weitermachen kann.
Ehe wir unsere Gespräche beenden, habe ich noch eine Frage: »Ihr dürft mir nicht verschweigen, wenn weibliche Wesen, die mir zugetan sind, im Basislager auftauchen. Dann verschwinde ich sofort hier heroben.«
»Ja, wir passen schon auf.«
»Ist inzwischen mein erwarteter Besuch eingetroffen?«

»Nein, davon ist noch nichts bekannt.«
»Okay, um 6 Uhr schalte ich mich wieder ein, bis dahin bin ich hoffentlich am Mief der Sherpas noch nicht erstickt. Ende.«
»Okay, Ende bis 6 Uhr.«

Es ist warm im Zelt. Lange Zeit noch sitzen die beiden Sherpas eng aneinandergedrängt – den Eingang des Zeltes halb offen – und kochen. Sie wechseln sich ab. Es dauert geraume Zeit hier in 7200 Meter Meereshöhe, bis aus Eis Wasser wird und bis dieses schließlich so warm ist, daß man Tee daraus bereiten kann. Ich fühle mich recht wohl in dieser Höhe. Wir sitzen zwar so, daß jeder sich verrenken muß, um überhaupt Platz zu haben, und auch beim Liegen müssen wir uns so schichten, daß zwei Köpfe auf der einen, einer auf der anderen Seite des Zeltes sind. Bei jeder Bewegung müssen sich alle mitbewegen, so eng wie Sardinen in der Büchse liegen wir im Zelt.

Das Gelbe Band

Ich schlafe gut, und schon lange vor Sonnenaufgang beginnt einer der Sherpas zu kochen. Er legt sich dann wieder hin und überläßt dem anderen die Aufsicht über den kleinen Topf. Am Morgen funken wir mit dem Basislager und verlassen trotz des zweifelhaften Wetters das Zelt. Langsam steigen wir die Lhotse-Flanke höher, um neue Fixseile anzubringen. Da und dort ragen Seilreste aus dem Schnee. Ich verfolge sie, und nach etwa drei Stunden harter Versicherungsarbeit queren wir schräg links aufwärts zum sogenannten Gelben Band, das die schwierigste Stelle in der Lhotse-Flanke darstellt.
Es ist inzwischen Mittag geworden, immer noch klettere ich an der Spitze, die beiden Sherpas schleppen die Seile. Am Fuß des Gelben Bandes angekommen, finde ich auch hier Seilreste vor und bin darüber beruhigt: ich befinde mich auf der richtigen Route. Das erste Stück des Gelben Bandes klettere ich relativ schnell, es ist steil und griffig. Oben angekommen, muß ich zwei Seillängen hinter mich bringen, die ungemein gefährlich sind. Ich krie-

che mehr als ich klettere – von den Sherpas nicht gesichert – über die abwärts geschichteten Platten, die da und dort vereist sind. Da eine fünf Zentimeter dicke Schneeschicht auf dem glatten Fels liegt, weiß ich nie recht, ob ich nun festen Halt unter den Steigeisen habe oder ob ich auf einer Felsplatte stehe. Jeden Augenblick könnte ich ausrutschen. Der einzige Sicherungspunkt auf weiter Fläche, ein Felszacken, der aus dem Schnee ragt, bricht mir beim ersten Abtasten weg.
So muß ich eine halbe Stunde lang, ein 100 Meter langes Seil hinter mir herziehend, über die Platten kriechen. Mit den Händen putze ich mir die Plattenzonen und das Eis ab, um wenigstens da und dort einen kleinen Griff unter den Fingern oder kleine Stufen zum Stehen zu haben. Etwa um 14 Uhr, am Ende des Gelben Bandes, sind unsere Seile aufgebraucht. Ich erlaube den Sherpas abzusteigen, während ich allein noch die seichte Mulde zwischen dem Genfer Sporn und der Lhotse-Flanke aufsteige. Ich will bis zu jenem Punkt, wo sich das Konkav auf allen Seiten mit Felsen schließt.
Mein Höhenmesser zeigt 7800 Meter, also bin ich knapp unter dem Südcol und möchte noch bis dorthin vordringen. Aber es ist zu spät, und zudem schneit es so stark, daß ich mir über den Weiterweg nicht recht klarwerde. Noch fühle ich mich relativ gut, obwohl die Anstrengung bereits nach fünf bis zehn Schritten so groß ist, daß ich eine Rastpause einlegen muß. Ich habe aber seit dem frühen Morgen nichts mehr getrunken und nichts gegessen, so ist diese Müdigkeit verständlich. Trotzdem habe ich mich noch nie so wohl gefühlt wie auf dieser Höhe. Ich befinde mich immerhin knapp unter dem Gipfel eines kleinen Achttausenders. Jetzt, in diesem Augenblick, bin ich überzeugt davon, daß der Everest ohne Maske möglich ist, wenn meine physische Konstellation, meine Gesundheit andauern.
Steigen in der obersten Zone, nach zehn Schritten jeweils stütze ich meinen Kopf auf den Pickel. Trotzdem droht er herunterzurutschen. Ich lege die Ellenbogen auf den Schnee, die Brust scheint so nicht genügend Platz zu haben, also stütze ich die Hände auf den Pickel, meine Stirn auf die Hände. Sie wollen nicht dort liegenbleiben, und der Kopf rutscht ab. Keine Lage scheint dem erschöpften, nach Atem ringenden Körper zu passen. Ich will noch die ersten Felsen am Ende der seichten Schneemulde, rechts vom Genfer Sporn, errei-

chen. Während des Steigens erscheinen mir diese Felsen immer größer und doch immer weiter entfernt. Als ich die schwarzen Flecken erreicht habe, setze ich mir schon ein neues Ziel. Aber dann versperre ich mir selber den Weg, indem ich einfach abwärts zu steigen beginne. Im ersten Augenblick tue ich so, als merkte ich das nicht.
Erst am Nachmittag steige ich zurück ins Lager III. Es ist genau 16 Uhr, als ich dort ankomme und mich mit Lager II und dem Basislager in Verbindung setze. Die Kameraden sind natürlich begeistert über dieses schnelle Vorankommen. Trotz des Schneetreibens steige ich noch am gleichen Tag über die Wand ab ins Lager II. Eine weitere Nacht in der Enge mit den Sherpas würde mir sicher nicht behagen und auch nicht guttun. Unten am Gletscher kommen mir, um die Spaltengefahr zu mindern, Robert Schauer und Franz Oppurg entgegen. Sie bringen mich ins Lager II, von dem aus ich am nächsten Tag ins Basislager absteige. Peter und ich wollen uns dort für einen Gipfelangriff vorbereiten, beziehungsweise ausruhen.
Wir sind jetzt mit den Versicherungsarbeiten so weit, daß wir, Peter und ich, einen ersten Versuch wagen können. Es ist ja nicht viel, was wir für das letzte Biwak hinaufschaffen müssen. Wir brauchen nur etwas mehr als eine Woche relativ schönes Wetter und Glück. Keiner von uns darf krank werden, keiner den Mut verlieren. Der Wille, durchzuhalten und vieles an Anstrengung, an Einsamkeit und Erschöpfung zu ertragen, beseelt uns beide. Wenn man endgültig entschlossen ist, zum Gipfel zu gehen, ist es oft, als würde die Haut dicker, man spürt dann selbst die Kälte weniger. Ich werde klettern, bis ich umfalle.

16. April, Basislager Heute früh, beim Aufwachen, eine Vogelstimme in der Luft. Die Morgensonne ist warm, dazu das Gefühl von Frühling. Kein Reif, der mir ins Gesicht bröselt, als ich mich im Schlafsack umdrehe. Volles Bewußtsein, nicht mehr in Hochlagern zu sein.
Im Basislager hat sich vieles verändert: Der Schnee um die Zelte herum ist geschmolzen, und die Steinterrassen, die wir vor unseren Behausungen gebaut haben, sind schon sommerlich warm. Wolfgang Nairz und Horst Bergmann haben ihre Flugdrachen aufgebaut, und die Sherpas bestaunen

sie wie ein achtes Weltwunder. Alles wird nochmals geprüft. Die Sherpas und die einheimischen Bauern, die Holz aus dem Tal bringen, scheinen gleichermaßen über diese seltsamen Vögel zu lachen und zu staunen. Ob es den beiden gelingen wird, vom Südcol herunterzuschweben? In der dünnen Luft ist dieses Fliegen nicht nur eine Frage des Windes und der Konzentrationsfähigkeit. Wer wird fähig sein, diese Drachen hinaufzuschleppen bis in 8000 Meter Meereshöhe? *

Peter und ich besprechen einen möglichen Angriffsplan. Peter, der bisher in der Lhotse-Flanke nur in den ersten 200 Metern mitgearbeitet hat und bereits einen Tag vor mir ins Basislager abstieg, ist wie ich davon überzeugt, daß am Berg alles vorbereitet und die Route soweit mit Fixseilen, Leitern und Lagern versehen sei, daß wir in einer Schönwetterperiode und nach gründlicher Erholung im Basislager als Zweier-Seilschaft, unterstützt von einigen Sherpas, einen ersten Versuch starten können.

Jetzt, am Nachmittag, schneit es wieder. Das feine, regelmäßige Geräusch auf dem Zeltdach ist wie ein Monolog. Ich liege im Zelt unter der hellen Gore-Tex-Plane und schaue zu den Kleinigkeiten, die ich an der Mittelstange hängen habe: den Höhenmesser, das Stirnband, eine Markierungsfahne von der koreanischen Herbstexpedition 1977, eine Sonnenbrille. Trotz der leichten Windböen habe ich das heimelige Gefühl, gut aufgehoben zu sein. In Erwartung des Gipfelangriffs, der alles fordern wird, bin ich ungeheuer gespannt. Ich weiß, daß er vielleicht das Ende bedeuten kann, doch ich bin nun befreit aus jener Sinnlosigkeit, in der ich mich noch vor Monaten befunden habe. Naiv, intensiv lebe ich jetzt, und zwischendurch habe ich die Wunschvorstellung, daß diese Expedition kein Ende nehmen möge, daß dieses Ziel bliebe, daß ich diese Tagträume immer mitnehmen könne, wohin ich auch ginge.

Der Everest ohne Maske als ewige Idee, als Utopie. Und dazu die Ahnungen, daß durch den Erfolg etwas verlorengeht – und nicht nur für die Phantasie.

* Anmerkung: Der Drachenflug konnte nicht durchgeführt werden.

Jedesmal bevor die Sherpas in den Eisbruch gingen, brannten sie ihr Opferfeuer ab und streuten geweihten Reis. Sie wollten damit die Götter und Dämonen beschwichtigen. Trotzdem bangten wir, solange sich jemand in dieser Zone befand (rechts und nächste Doppelseite). Das Steigen im Eisbruch ist wie russisches Roulette. Wer schnell klettert, riskiert weniger, aber sicher fühlen darf sich keiner. Der zerrissene, steil aufgeworfene Gletscherausläufer bewegt sich unberechenbar schnell. Dabei brechen Eismauern und -türme ein, tun sich Spalten auf, wo tags zuvor noch der Eispanzer wie für die Ewigkeit geschaffen schien.

Als der Weg durch den Eisbruch gefunden und präpariert war, fürchteten wir den Aufstieg immer weniger. Mit der Gewohnheit verschwand auch jene unterschwellige Angst, die uns bei den ersten Erkundungsvorstößen begleitet hatte. Erst als plötzlich eine reihenhausgroße Eismauer zusammenbrach, wurden wir uns der Gefahren wieder voll bewußt. Sechs Sherpas hatten gerade das Wegstück, das unmittelbar unter diesem Sérac vorbeiführte, passiert, als er einstürzte und die Stelle mit zimmergroßen Eistrümmern überhäufte. Sieben andere Sherpas wollten von oben in die Gefahrenzone hineinsteigen, als der Boden unter ihnen zu zittern begann. Sie hatten ebenso Glück wie die sechsköpfige Voraustruppe und suchten sich einen neuen Weg durch das Trümmerfeld. Es war der 13. April, und sie waren dreizehn Mann. Für die Sherpas, die Lamaisten sind, eine glückliche Konstellation. Die 13 ist in ihrem Glauben eine Glückszahl.
Wir hatten von Anfang an Bedenken bei dieser Passage gehabt, aber keinen anderen Weg finden können. Nun war die drohende Eismauer weg, ein Stück des Eisbruchs war damit sicherer geworden.

Ein Sherpa war im Eislabyrinth spurlos verschwunden. Unauffindbar für immer. Zwei weitere konnten aus Spalten geborgen werden. ▷

Lebendig begraben

Nacht. Wenn ich ganz still in meinem Schlafsack liege, kommt es mir vor, als läge ich im Freien. Geborgen, doch wie in einem riesigen, unendlich großen Raum. Nur wenn der Wind an den Zeltwänden rüttelt, weiß ich, daß ich im Basislager in der Kälte liege. Scharf wie ein Messer schiebt der Wind einen Schnitt zwischen meine Gefühle und den Verstand.

Wenn ich aufwache, muß ich mich manchmal selbst streicheln, mit meinen Händen über meine warme, nackte Haut fahren. Ich fühle mich weder einsam noch allein, aber ich muß mich selbst abtasten, um erfassen zu können, was ich bin, wo ich bin, um mir selbst glauben zu können.

Wenn der Gletscher, auf dem wir lagern, unter seinen Spannungen knistert, ist es, wie wenn Holz im Feuer knackt. Das Eis stöhnt und kracht.

Heute, am *17. April,* ist Robert mit zwei Sherpas in der Lhotse-Flanke ein Stück weitergekommen. Der Weg ist frei zum Südsattel. Herunten schneit es sehr stark. Es blitzt und donnert die halbe Nacht, und zu jeder vollen Stunde muß ich mein Zelt abschütteln, wenn ich vermeiden will, daß es eingedrückt wird. Trotz dieses Wettersturzes hoffen Peter und ich, am 20. April vom Basislager aufbrechen zu können, um einen ersten Gipfelvorstoß zu machen.

Dabei geht es mir nicht darum, den Mount Everest »gemacht zu haben«, sondern um da oben zu »sein«.

18. April Bis spät in die Nacht hinein saßen wir gestern noch in der Küche zusammen, Ang Phu, einige Sahibs, Sherpas und ich. Während die Küchenjungen und der Koch das Geschirr abspülten, hörten wir den Wetterbericht. Er war nicht gut für den heutigen Tag, und so wurde nichts Besonderes geplant.

Heute nachmittag kam plötzlich Ang Phu völlig außer sich und verzweifelt aus dem Eisbruch zurück und berichtete, daß sein Begleiter Dawa Nuru in eine Spalte gestürzt sei, während er versucht habe, neue Leitern über einen Abgrund zu schlagen. Für uns war die Nachricht eine große Erschütterung, obwohl wir seit Beginn der Expedition, ja seit wir den Eisbruch studieren, wissen, daß er ungemein gefährlich ist und daß dort jede Expedition mit einem Unfall rechnen muß. Der Eisbruch, der eine Länge von einigen Kilome-

tern und eine Breite von etwa $1^1/_2$ Kilometer hat, bewegt sich mit einer Geschwindigkeit von einem Meter pro Tag. Das ist ungewöhnlich schnell. Nicht selten kommt es vor, daß ganze Stücke im Eisbruch in sich zusammenstürzen, daß sich riesige, Hunderte von Metern lange Spalten auftun, daß Eistürme zusammenbrechen. Das erste Mal, als eine riesige Mauer vom Western CWM stürzte, hatten 13 Sherpas Glück gehabt. Doch nun war das Unglück passiert.
»Es hat keinen Sinn aufzusteigen, um ihn zu bergen«, sagt Ang Phu. Das Loch sei grenzenlos tief, ja grundlos. Ein weiterer Sherpa, der dabeigewesen sei – auf der anderen Seite der Unglücksstelle –, habe den Aufstieg ins Lager I gemacht, weil er nicht die Kraft gehabt hätte, über den Abgrund nach unten zu springen und mit Ang Phu ins Basislager abzusteigen.
So warten wir nun auf Funkkontakt aus den oberen Lagern, um zu wissen, was sich dort tut. Es ist heiß heute. Ein Nebel spielt den ganzen Mittag über im unteren Bereich der Gletscher, und die Sonne brennt auf die weiße, zerrissene Fläche des Eisbruchs.
»Wie nehmen die Sherpas die ganze Angelegenheit auf?« kommt die Frage von den oberen Lagern. »Vermutlich weigern sie sich, noch weiterzugehen? Oder wissen es noch nicht alle?«
Hanns Schell aus Lager II meldet sich und fragt nochmals, ob es nicht doch noch eine Bergungschance gibt.
»Nein, keine Chance. Ang Phu hat sich die Stelle angesehen und gesagt, es sei

eine so tiefe Spalte, daß man nichts sieht oder hört. Es hat überhaupt keinen Sinn, da nachzusuchen.«

»Was soll jetzt weiter geschehen?«

»Ang Phu ist zwar sehr niedergeschlagen heruntergekommen, nach zehn Minuten aber bereits wieder mehr oder weniger zur Tagesordnung übergegangen. Er sagt, daß wir die Sherpas morgen in Ruhe lassen sollten. Dann solle die Expedition wieder weitergehen.«

Vom Basislager kommt nun die Anweisung, daß Robert, Franz und Josl heute im Einser-Lager bleiben sollten und morgen von oben versichernd absteigen.

»Ja, verstanden. Wie soll es mit uns im Lager II weitergehen, sollen wir hinunterkommen?« fragt Schell.

»Nein, ich habe jetzt Ang Phu am Gerät. Ich glaube, daß nur die Basislager-Sherpas morgen Rasttag machen. Wie es oben aussieht, da hat er noch nicht mit den Sherpas gesprochen. Es ist möglich, daß wir morgen auch diesen Sherpas einen Tag Rast geben müssen. Ansonsten geht's normal weiter.«

Eine Whisky-Flasche voll Blut

Eines Morgens sitzt Oswald Ölz apathisch auf einem Stein vor seinem Zelt. Sein Blick ist starr, die Arme hängen ihm müde von den Schultern. Wenn er spricht, verstehe ich ihn kaum. Das ist nicht Bulle, unser Expeditionsarzt, wie ich ihn vom Manaslu und Makalu her kenne, vom Mount McKinley auch, wo uns die erste Begehung der »Wand der Mitternachtssonne« gelungen war. Er ist ein Wrack. Was ist los? Zwei Tage vorher ist er im Eiltempo vom Lager III abgestiegen – an einem Tag –, um einen im Eisbruch verunglückten Sherpa zu operieren. Jetzt scheint er selbst dem Sterben näher zu sein als dem Leben.

Am Zelteingang liegt eine Whisky-Flasche voll Blut. Er hat sich, kurz nach der gelungenen Operation, selbst Blut abgenommen. Sein Hämatokrit war in der Höhe auf 63 angestiegen, und durch die Blutabnahme und die Infusion von Blutplasma – Blutverdünnung also – erhoffte er sich eine Besserung. Er wurde

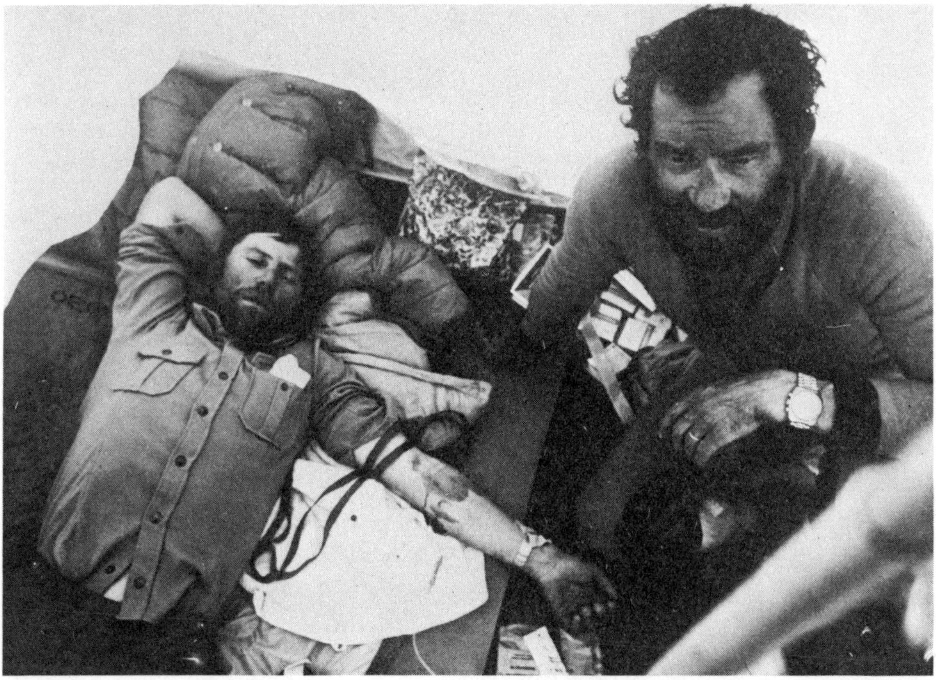

Liegend Franz Oppurg, der von unserem Expeditionsarzt Dr. Oswald Ölz blutverdünnende Infusionen erhält. Die beiden waren die einzigen, die sich während des Unternehmens einer Hämodilution unterzogen, jedoch mit sehr schlechtem Resultat.

schwächer, und jetzt ist er völlig apathisch. Wir verordnen ihm Sauerstoff, und nach einigen Stunden kann er wieder klar denken.
»Die Blutverdünnung ist also doch kein Allheilmittel?« frage ich ihn.
»Der Mensch ist eben kein Kaninchen«, ist seine Antwort. »Da macht man an ein paar Burschen eine Blutverdünnung, ohne Kontrollgruppe noch dazu, und setzt dann eine Behauptung in die Welt, die in Wirklichkeit auf so schwachen Beinen steht, wie ich sie gestern hatte.«
»Nie mehr würde ich mir in großer Höhe das Blut verdünnen lassen!« sage ich.
Einige Stunden später erklärt mir Bulle das Problem ausführlicher: »Während der Höhenanpassung«, sagt er, »produziert der Körper vermehrt rote Blutkörperchen, um dadurch die Sauerstoff-Transportkapazität des Blutes zu erhöhen. Als Ausdruck dieses Anstieges der roten Blutkörperchen kommt es zu einem Anstieg des Hämatokrits, das heißt des Anteils der geformten Elemente im Blut beziehungsweise in der Blutflüssigkeit. Sie steigt beim Mann, wo sie üblicherweise 40 bis 45 Prozent beträgt, bis zu über 50 Prozent an. Klettert nun der Hämatokrit über einen nicht genau definierten kritischen

Wert hinaus an – dieser Wert dürfte wohl etwas über 60 Prozent liegen –, so resultiert daraus eine Dickflüssigkeit des Blutes, das heißt, das Blut kann nicht mehr so leicht wie unter normalen Umständen durch die ganz feinen Blutgefäße, die Blutkapillare, zirkulieren. Die Sauerstoffversorgung der Gewebe nimmt dadurch ab, obwohl eine erhöhte Sauerstoff-Transportkapazität im Blut besteht. Die Gewebe darben also, obwohl sie von Überfluß umgeben sind. Diese Dickflüssigkeit des Blutes wird natürlich dann gefördert, wenn dem Organismus nicht mehr genügend Wasser zugeführt wird. Von daher kommt die Idee der sogenannten Hämodilution oder Blutverdünnung. Steigt der Hämatokrit über einen gewissen kritischen Wert an, so wird ein Aderlaß gemacht und das abgezapfte Blut durch Plasmaersatzstoffe oder Plasma ersetzt. Diese Methode wurde zur Hebung der Leistungsfähigkeit von Bergsteigern in großen Höhen und gegen die Höhenkrankheit bei zwei deutschen Expeditionen propagiert.
Dabei wurde bei sämtlichen Bergsteigern, bevor sie zum Gipfelangriff antraten, der Hämatokrit durch Aderlaß gesenkt und Plasmaersatzstoff infundiert. Auf Grund der guten Leistungen der Bergsteiger, die allerdings alle mit Sauerstoff in große Höhen aufstiegen, und auf Grund der geringen Beschwerden der Bergsteiger in großer Höhe sowie der fehlenden Erfrierungstendenz wurde geschlossen, daß diese Methode nützlich ist. Diese Schlüsse sind aber wissenschaftlich absolut unzulässig, da es keine Kontrollgruppen gab.
Wir haben nun bei unseren Bergsteigern während der Expedition die Hämatokrit-Werte laufend bestimmt und im Durchschnitt einen Anstieg von 20 bis 25 Prozent des Ausgangswertes gefunden. Die Hamätokrit-Werte betrugen also zwischen 50 und 60 Prozent, Werte über 60 Prozent wurden nur gefunden, wenn zusätzlich ein starker Flüssigkeitsmangel bestand.*
Aus unseren Untersuchungen geht also hervor, daß auch nach längerem Aufenthalt in Höhen über 5000 Meter keine so exzessive Bildung roter Blutkörperchen erfolgt, daß eine Hämodilution gerechtfertigt wäre. Eine gefährliche

* Anmerkung: Auch nach der Rückkehr vom Gipfel des Mount Everest wurde dieser Wert von 60 Prozent nicht überschritten, und keiner der Gipfelbesteiger hatte Beschwerden, die sich als Folge der Dickflüssigkeit des Blutes hätten interpretieren lassen.

Eindickung des Blutes kann durch einfache Selbstdisziplin, in diesem Fall durch genügende Einnahme von Flüssigkeit, vermieden werden.«

20. April, Basislager In den vier Wochen, die ich nun im Basislager und darüber verbracht habe, las ich kaum Bücher. Ich ging in den Eisbruch, immer höher, und dann die Lhotse-Flanke hinauf. Aber es gab auch Tage, in denen ich mich nicht entschließen konnte, irgend etwas zu tun, in denen ich einfach den Augenblick genoß. Lange lag ich am frühen Morgen im Zelt, bis die erste Sonnenwärme den Reif wegleckte, der innen in feinen Kristallfäden von der Zeltdecke hing. Ich hörte den Stimmen der Vögel zu, die draußen vor dem Zelt zwitscherten, und lauschte dem Krachen, Knistern und Tosen des Gletschers unter und über mir.

Heute sitze ich, nachdem ich meine gewohnte Waschung hinter mir habe, von Sonnenaufgang bis Mittag in Träumerei versunken auf einem sonnenbeschienenen Stein zwischen den Zelten und Steintrümmern im Basislager und horche in die Einsamkeit und Stille hinein, bis ich durch den Ruf des Küchenjungen, der zum Mittagessen einlädt, wachgerüttelt werde. Erst er erinnert mich daran, daß die Zeit vergeht. In solchen Vormittagsstunden fühle ich mich besser, als wenn ich etwas täte, und die Zeit kommt mir nicht wie verloren, sondern wie geschenkt vor.

Am Nachmittag sitze ich lange Zeit bei Robert Schauer im Zelt und unterhalte mich mit ihm.

»Schreibst du eigentlich ein intimes Tagebuch?« frage ich ihn, »eines, in das du deine Empfindungen und Stimmungen einträgst, zum Beispiel wenn du über den Eisbruch gehst und sagst ›Komplette Scheiße‹.«

»Ich berichte nur ganz kurz über jeden Tag, vier Zeilen vielleicht.«

»Und was schreibst du auf?«

»Einfach das, was geschehen ist. Die Eindrücke, die ich bekomme, die sind dann eine Summe.«

»Ich bin der Meinung, daß die Summe verschwindet. Am Ende hast du dann eine Summe von Eindrücken, aber die wichtigsten Erfahrungen fehlen dir. Die Lebenserkenntnisse.«

Draufgehen

Wie der Sturm den ganzen Abend lang feinen Schneestaub durch die Zeltnähte preßt! Gut zehn Zentimeter hoch liegt er auf unseren Schlafsäcken. Es ist zum Verzweifeln. Zwar ist es befreiend, plötzlich keine Verpflichtungen mehr zu fühlen, sich seiner Ziele nicht mehr zu erinnern, nicht mehr zu fühlen, was man wollte und was man einmal war.

Peter Habeler und ich haben uns also ganz fest vorgenommen, den höchsten Berg der Welt ohne Sauerstoffmaske zu bezwingen. Nun aber sitze ich mit zwei Sherpas am Südcol fest, dem knapp 8000 Meter hohen Sattel zwischen Everest und Lhotse.

Gestern hat sich Peter den Magen verdorben und ist im Lager III zurückgeblieben. Aber mich hat das gute Wetter weitergelockt. Ich habe das linke Auge zugekniffen und geblinzelt. Kühn bin ich mir vorgekommen, als ich an einen Alleingang zu glauben begann. Nun glaube ich an nichts mehr. Nicht an einen Gipfelerfolg ohne Maske, nicht einmal mehr an einen Aufstieg mit Flaschensauerstoff. Ich zweifle an mir selber, und die Idee vom »Everest by fair means«, die mich seit Jahren verfolgt, erscheint mir nun vermessen. Wenn ich durchkomme, will ich aufgeben, die Bergsteigerei an den Nagel hängen. Nur einmal noch durchkommen!

Mit zwei Sherpas bin ich in 7200 Meter Höhe aufgebrochen, um mir den Ausgangspunkt für einen eventuellen Alleingang zu schaffen. Zu dritt sind wir auf den Südsattel gelangt und haben dort ein geräumiges Zelt aufgespannt. Mingma, einer der beiden Hochträger, hat sich gleich in seinen Schlafsack verkrochen. Der andere, Ang Dorje, hilft mir beim Kochen und ist gleichzeitig verzweifelt darum bemüht, das Zelt von innen her festzuhalten. Immer wieder drückt der Sturm die flatternde Leinwand auf unsere Köpfe, und ich befürchte, daß sie gleich in Fetzen davonstiebt – und wir mit ihr.

Doch das Zelt hält, ein Wunder, bis zum frühen Morgen. Erst dann reißt es. Schwälle von Schnee und Graupelkörnern schlagen uns ins Gesicht. Wo ist meine Gletscherbrille? Wo der Kocher? Ich wühle nach dem Reservezelt und bitte die Sherpas, mir beim Aufbauen behilflich zu sein. Bei minus 40 Grad und einer Windgeschwindigkeit von 200 Kilometern pro Stunde wären wir ohne Unterschlupf verloren. Und der Abstieg ist unmöglich.

Unvorsichtigerweise, aber meinem Grundsatz treu, auch die höchsten Berge

der Welt ohne technische Tricks zu besteigen, habe ich keinen künstlichen Sauerstoff auf den Südsattel mitgenommen. Wenigstens die Sherpas hätte ich jetzt, nach diesem Biwak in der Todeszone, mit Sauerstoff aufpäppeln können.
Mingma rührt sich immer noch nicht, liegt stumm da. Als ich ihn schüttle und er nicht einmal ein Stöhnen von sich gibt, schreie ich ihn an.
»Power ist gone«, keucht er, sich entschuldigend, und rollt sich zusammen wie eine Katze. Er glaubt nicht mehr ans Durchkommen. Er zieht sich in sich selbst zurück und lehnt sich nicht mehr auf gegen das Sterben. Wir werden alle umkommen, Mingma, Ang Dorje und ich, auf dem höchsten Paß der Welt, auf der Grenze zwischen Nepal und Tibet, in einem natürlichen Windkanal, in dem ich freiwillig meine Zelte aufgeschlagen habe.
Die Sherpas sind ebensowenig heroisch wie ich. Aber sie sind schicksalsergeben. Sie opfern sich nicht für eine Idee, aber auch nicht füreinander. Sie haben Angst wie ich auch, nur wehren sie sich nicht mehr.
Ich muß das zweite Zelt aufbauen. Ich will hier raus, überleben. Einmal noch. So kriechen Ang Dorje und ich aus dem Durcheinander unter der zerfetzten Plane und versuchen, in den Sturmpausen ein neues Zelt zu errichten. Aber immer wieder fahren die Böen unter die schlaffen Flächen und blähen sie auf wie einen Ballon. Fast reißen sie uns das Zelt aus den Händen. Der Sturm übertönt unsere Schreie, wir können uns über die Distanz von zwei, drei Metern nicht mehr verständigen. Immer wieder müssen wir uns zur Leeseite wenden und die Augen auswischen, weil sie mit Preßschnee verklebt sind. Nachdem ich mir die Lächerlichkeit meiner Versuche bewußtgemacht habe, bin ich gelassener. Auch dem Tod gegenüber. Es ist zu spät, für alles. Der Sturm wächst zum Orkan. Meine Haut brennt. Die ersten Erfrierungen an den Fingerkuppen und der Nasenspitze haben weißblaue Schattenränder hinterlassen. Ich bin unterkühlt, obwohl ich einen ganzteiligen Daunenanzug trage.
Nach einer Stunde, endlich, krieche ich in das zweite Zelt. Es biegt sich, es flattert, aber es steht. Es steht, und ich weine.
Mingma räumt um. Während ich im Zeltinnern die Schaumgummimatten zurechtrücke und die vereisten Schlafsäcke darauflege, erscheint mir der

Versuch, den Everest besteigen zu wollen, von Minute zu Minute sinnloser.
Es ist Zeit zum Funken. Das Gerät ist ein einziger Eisklumpen.
Lager III meldet sich, doch das Gespräch dreht sich zunächst nur um das, was wir ohnedies wissen – wir sprechen über den Orkan, der den Südcol umtobt.
Zwei, drei Stunden später spreche ich wieder mit den anderen Lagern. »Dem Ang Dorje«, sage ich, »geht es immer noch ausgezeichnet, doch Mingma liegt seit gestern. Er sagt zwar, er sei nicht krank, aber wir geben ihm ständig Wasser. Er darf nicht höhenkrank werden.«
»Kannst du die Nacht durchhalten?«
»Ja, ich muß wohl. Wenn unser Zweitzelt reißt, versuche ich das Reservezelt aufzubauen, das ist ein Gore-Tex-Nippin-Spezial. Mißlingt es mir aber, so weiß ich nicht, was wir zu tun haben.«
»Wir hoffen, Reinhold, und bleiben auf Empfang, damit du uns immer erreichen kannst.«
»Es wird schon gehen. Überleben ist meine große Kunst. Ich habe nicht sehr viel Angst. Wenn das Wetter besser wird, besteht eine Chance durchzukommen. In ein bis zwei Tagen ist es hier so und so aus.«
»Verstanden. Wir wollen hoffen, daß das Wetter besser wird.«
»Es ist die ständige Sorge um die Sherpas«, sage ich.
»Ja, ich glaube, du mußt dann auf jeden Fall herunter, und auch für die Sherpas geht es nicht länger, soweit ich gehört habe.«
»Okay, ich warte auf eure Wettermeldung.«
Wie lange die einsamen Stunden sind, die man in Todesgefahr verbringt! Es dauert eine Ewigkeit bis zur abendlichen Funkzeit.
Und dann kommt Lager II mit der Nachricht, daß der Wetterbericht für morgen früh gute Bedingungen angesagt habe, daß es aber am Nachmittag wieder wolkig und schlecht werde.
»Dann sind wir gerettet«, rufe ich zurück, »dann können wir absteigen! Ich werde es gleich den Sherpas erzählen!«
Unsere Lage ist sehr schlecht: »Wir haben schon lange nichts mehr getrunken. Ihr müßt uns helfen, wenn wir selbst nicht mehr hinunterkommen.«
»Ja, wir werden helfen, sage das den Sherpas. Alle sind wir bei euch oben in Gedanken. Wir können uns vorstellen, wie es da aussieht.«

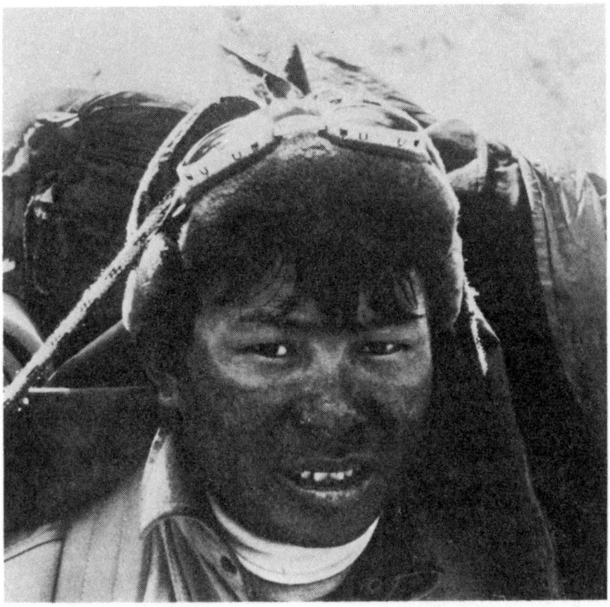

Ang Dorje, unser stärkster Sherpa. Er war auch in den beiden Sturmnächten mit mir am Südsattel.

»Ich glaube, die Sherpas beten. Die vertrauen auf höhere Mächte. Es ist für sie eine gute Vorstellung, zu wissen, daß sie ihr Leben nicht allein bestimmen. Damit retten sie sich. Es ist, wie wenn das Zelt gleich abhebe hier bei Windgeschwindigkeiten zwischen 150 und 250 Kilometern. Dazu minus 50 Grad. Das Zelt flattert, so daß wir Schwierigkeiten haben, uns gegenseitig beim Sprechen zu verstehen.«
»Ja, ich hoffe sehr, daß das Zelt hält.«
Wie leicht es doch ist, als Draufgänger draufzugehen. Noch bin ich nicht apathisch, das Knattern der Zeltwand hält uns wach. Wenn sie reißt, sind wir verloren. Aber da ist noch ein Problem:
»Was soll ich tun, wenn einer der Sherpas durchdreht? Du mußt den Bulle im Basislager fragen, was ich dann machen soll.«
Bald erhalte ich die gewünschte Auskunft: »Der Bulle sagt, auf keinen Fall Medikamente geben, lieber den Sherpa anschreien oder ihm eine herunterhauen, daß er den Schock überwindet.«
»In Ordnung. Eine solche Kälte habe ich noch nie erlebt. Beim Zeltaufbauen hatte ich nach etwa einer halben Stunde einen halben Zentimeter Eis auf dem Gesicht und konnte überhaupt nichts mehr sehen und nichts mehr tun. Und wenn man aufrecht stand, warf es einen um.«

Nun bin ich wieder allein mit den beiden Sherpas und dem Wind draußen. Es müßte nur ein Mensch da sein, der mit mir etwas gemeinsam hat. Als ich mich im Schlafsack verkrieche, weiß ich, daß mein Unterfangen unmöglich und dumm ist. Ich schaue auf die Zeltwand, durch deren Nähte Schnee stiebt und denke: Nein, aufgeben werde ich nicht. Wir müssen noch hinunterkommen!

Wieder liegt Mingma bewegungslos neben mir und mimt einen Toten. Auch ich muß mich anfassen, damit ich weiß, daß ich noch lebe. Ich bin sehr langsam in meinen Überlegungen. Auch beim Sprechen habe ich Mühe. Später, als ich im Basislager das Band abhöre, das ich in diesen Sturmtagen besprochen habe, erkenne ich weder meine Stimme noch mein Sprechtempo. Alles klingt so langsam, als sei ich todkrank.

Bevor es Nacht wird – die zweite Nacht in der Todeszone –, gehe ich noch einmal vors Zelt und betaste das Außengestänge. Die Finger bleiben am Aluminium kleben. Ich stehe eine Zeitlang im Sturm und warte auf etwas, ohne zu wissen worauf, vielleicht nur auf einen blauen Streifen am Horizont. Aber die Welt ringsum ist grau, nichts als Nebel, Schneefahnen, Sturm. Unsere Lage ist aussichtslos, wenn es morgen nicht besser wird.

Ich reiße mich zusammen. Obwohl der Wind die Flamme des Gaskochers immer wieder ausbläst, geben wir nicht auf. Wir müssen trinken, alle drei, viel trinken, sonst stirbt einer in dieser Nacht.

Am nächsten Morgen läßt der Wind nach, durch die Wolkendecke schimmern blaue Fetzen. Wir können absteigen. Mingma ist sofort auf den Beinen, und Ang Dorje tut es ihm nach. Ehe ich mich versehe, haben die beiden den Lagerplatz verlassen und den Abstieg begonnen. Im Schneetreiben stemmen sie sich gegen den Wind, dem Genfer Sporn entgegen.

Nun bin ich allein und müde, unendlich müde. Mein Körper gehorcht mir nicht mehr, ich breche zusammen, bleibe sitzen, einfach sitzen. Doch dann raffe ich mich wieder auf. Ich muß funken, es ist Zeit.

»Hier Lager IV. Die ganze Nacht hatten wir Wirbelsturm. Ich habe nicht geschlafen, da ich aufpassen mußte. Aber jetzt schlafe ich noch etwas. Das Zelt hat durchgehalten.«

»Ich frage mich, wie du das geschafft hast. Wie geht es den Sherpas?«

»Sie sind schon aufgebrochen, auf dem Weg nach unten.«

»Sehr gut. Richte jetzt alles zusammen bis die Sonne kommt, und dann steigst du ab. Wie ist es augenblicklich mit dem Wind?«

»Er ist noch ziemlich stark, aber ich kann stehen. Was gibt's unten Neues?«
»Nicht viel. Wir haben alle an euch gedacht und gehofft, daß ihr die Nacht gut übersteht. Jetzt drücken wir euch die Daumen, daß ihr gut herunterkommt.«
»Wer bleibt im Lager III?«
»Niemand. Im Lager III sind alle Sherpas so müde, daß sie absteigen wollen.«
»Es wäre gut, wenn jemand dort bliebe, aber ...«
»Wir müssen die Sherpas wohl zurückziehen, sonst machen sie in einigen Tagen nicht mehr mit.«

Unmöglich

Ich löse das Zelt vom Außengestänge, so daß die Planen flach auf den Boden fallen. Damit sie von der Gewalt des Sturmes nicht fortgeblasen werden, lege ich leere Sauerstoffflaschen darauf, die von früheren Expeditionen zurückgelassen worden sind und die nun den höchsten Paß der Welt verunstalten. Ich beschwere auch die Eingänge und sehe noch einmal nach, ob die Reißverschlüsse zu sind.
Fast 50 Stunden habe ich, ohne die Zeit überhaupt wahrzunehmen, in der Todeszone verbracht, ohne Schlaf, ohne eine ruhige Minute, jeden Augenblick darauf gefaßt, aus dieser Welt gefegt zu werden. In diesen Stunden bin ich um Jahre gealtert.
Ein trostloser Tag, ohne Sonne, ohne ziehende Wölkchen. Die steile Pyramide des Everest steht verschwommen vor dem grauen Himmel, scheinbar unendlich hoch. Das sturmgepeitschte Gipfeldach ist der Inbegriff des Unerreichbaren.
Es ist etwas heller geworden. Die Sonne muß irgendwo hinter dem Nebel stecken, sie kommt nicht durch. Immer noch braust der Sturm über den Südcol. Ich nehme den Rucksack aus dem Zelt. Die Sherpas sind schon verschwunden. Ich versuche, sie zu rufen, aber sie bleiben nicht stehen. Sie sind auf der Flucht. Sie haben Angst.
Ich bemühe mich, so gut es mit den Handschuhen geht, die Aluminiumstan-

gen der beiden Zelte zu entwirren und niederzulegen. Ich zerre immer noch einzelne leere Sauerstoffflaschen, die wahllos herumliegen, aus dem Triebschnee und lege sie auf die flachen Zelte. Unser Camp sieht verwahrlost aus. Der Westwind zerrt an meiner Daunenkleidung, und wieder schleudert er mir Eiskristalle ins Gesicht, die in Sekundenschnelle zu einem feinen Eispanzer verdichten. Mein ganzes Gesicht ist verklebt und gespannt. Meine Sicht ist begrenzt.

Der Wind kommt wieder von Süden, also vom Western CWM herauf und nicht von Tibet, wie ich erwartet hatte. Ich habe Mühe, gegen ihn anzukämpfen, während ich auf weichen, müden Beinen hinüberschwanke zum Genfer Sporn und hinausklettere auf die Kante. Noch einmal blicke ich mich um und sehe die graue Gasse, die hinüberführt in Richtung Tibet. Über mir steht das dunkle Eis, das hinaufzieht zum Everest, und rechts die Kuppe aus Fels, der Sporn. Er verdeckt den Lhotse.

Ich setze mich hin, rufe wieder nach den Sherpas, die doch warten sollten. Vergeblich. Während ich dasitze, in meiner Müdigkeit, bin ich nicht niedergeschlagen, weil ich es diesmal nicht geschafft habe. Ich bin auch nicht traurig, nur unendlich müde. Einen Augenblick lang denke ich wieder daran, daß ich auch ostwärts hätte absteigen können, nach Tibet. Es wäre sich gleichgeblieben. Das Gefühl der Gestörtheit, das mich seit Monaten verfolgt, ist wieder da. Ich bin nicht mehr neugierig und weiß sehr klar, daß ich mich aus dem Alleinsein nur ins eigene Ich retten kann. Durch Aktivität, naives Selbstverständnis.

Ich stemme mich wieder hoch und versuche, im Sturm das Gleichgewicht zu halten. Über die Platten des Genfer Sporns schiebe ich mich hinaus, um über die Lhotse-Flanke hinunter ins Lager III zu klettern. An der Kuppe des Genfer Sporns, dort wo die Seile beginnen, sehe ich unter mir im Schneetreiben die beiden Gestalten der Träger. Sie wenden sich nicht um, als ich sie anrufe. Als ich Lager III erreiche, ist Ang Dorje da. Er hat auf mich gewartet, während Mingma weiter abgestiegen ist.

Ich lasse mich langsam, fast ruckartig, an den Seilen in die Tiefe. Husten überfällt mich manchmal, ab und zu lehne ich mich einfach an die Wand und sitze da, verschnaufe, raste. Ich bin unendlich müde. Auch spüre ich langsam

kleine Schmerzen an jenen Stellen, die ich nicht genug geschützt habe – an der Nasenspitze, sie ist leicht gefroren; an den Fingern, vor allem an den Kuppen, sie sind weißblau; im ganzen Gesicht, es ist aufgerissen.
Zwei Tage lang steige ich abwärts. An den Fixseilen hangle ich mich die Flanke hinunter, ich überspringe Spalten, suche den Weg. Ich quere verschneite Hänge und stolpere in der schattenlosen Hitze durch das Tal des Schweigens. Ich passiere all die Stellen, an denen wir Wochen vorher Seilsicherungen und Brücken gebaut haben, um unseren Hochträgern den Lastentransport zu erleichtern. Aber öfters habe ich den Eindruck: Hier war ich noch nie. Habe ich das Gedächtnis verloren? Nachts im Lager II überfallen mich Depressionen.

Am Abend des *27. April*, um 18 Uhr, bin ich in der Mitte des Eisbruchs. Bei Sonnenuntergang steige ich allein zwischen den Eistürmen abwärts. Ein Seil hat hier sowieso nichts zu bedeuten, weil man sich kaum sichern kann. Wenn eine ganze Fläche einbricht, wie damals, als unser treuer Sherpa starb, gibt es keine Rettung. Ich steige ab, durch die Müdigkeit und die gespenstische Sonnenbestrahlung am klaren Denken behindert. Immer wieder abgelenkt durch die phantastischen Wolkengebilde, die sich jetzt im letzten Sonnenlicht um die Berge legen.
Plötzlich liegt eine Leiter vor mir, die nur lose zwischen den Seilen hängt. Ich bin skeptisch. Aber sie hat die anderen auch getragen, denke ich mir, so wird sie jetzt auch halten. Ich mache zwei Schritte, bin in der Mitte der Brücke, genau über dem Abgrund, als sich plötzlich und ruckartig die Leiter auf der Bergseite löst, die Brücke unter mir einfällt und ich in die Tiefe sacke. Mit einer Hand fange ich mich am Geländerseil und pendle frei in der Luft. Die Leiter schlägt mit Schwung auf die andere Seite der Gletscherspalte. Ich versuche, mit pendelnden Beinen und mit den Fußspitzen die Sprossen zu erreichen. Ich ertaste sie und hangle mich nun mit den Händen am Seil hinüber zur Leiter, steige über sie hinauf und bin an der talseitigen Spaltenlippe.
Ich habe nicht einmal einen Schock. Erst am Abend im Basislager merke ich, daß ich den Arm, an dem ich gehangen habe, kaum noch bewegen kann. Ich melde das Ausbrechen der Leiter sofort den Expeditionskameraden und den

(Fortsetzung Seite 134)

Als ich nach dem ersten Gipfelangriff, der in einem fürchterlichen Schneesturm am fast 8000 Meter hohen Südsattel erstickte, durch den Eisbruch abstieg, gab eine Brücke nach, und ich sackte in eine Spalte. Ich war zwei Tage lang durch die Lhotse-Flanke (nächste Doppelseite, im unteren Bilddrittel die Zelte von Lager III auf 7200 m) und das Western CWM abgestiegen und unendlich müde. Nach einer ausgiebigen Rast im Lager I begann ich erst gegen 6 Uhr abends den Abstieg über den Eisbruch. Nach Sonnenuntergang war der Schnee hart geworden und die Lawinengefahr etwas geringer. Ich war allein und in meiner Erschöpfung wohl auch etwas geistesabwesend. Plötzlich gab eine Aluminiumbrücke unter mir nach. Ich baumelte am Geländerseil, das ich mit der einen Hand noch im Fallen erwischt hatte. Es gelang mir, mich an den talseitigen Spaltenrand zu hangeln und dort auf festen Boden zu schwingen. Die Brücke mußte am nächsten Tag neu fixiert werden.

So romantisch wie auf dem Bild unten war es im Lager II in Wirklichkeit nur selten. Meist war es kalt in den Zelten, und Rauhreif bildete sich nachts auf den Schlafsäcken und an der Innenseite der Leinwand. Oft jagte ein eisiger Wind über die kleine Zeltstadt in 6400 Meter Meereshöhe am Fuße der steilen Everest-Südwestwand. Zudem beschäftigte uns meist der Gedanke an den morgendlichen Aufstieg (oben). Das Wühlen durch knietiefen Schnee, die müden und steifen Bewegungen beim Aufbruch im Lager und die sengende Hitze am Vormittag fühlten wir oft voraus, bevor wir die Kerze ausmachten, in deren Licht wir den letzten Tee am Abend getrunken hatten. Trotz all dieser Unannehmlichkeiten möchte ich weder die kalten, stürmischen Nächte in meiner Erinnerung missen noch die Anstrengung der Spurarbeit. Es hat sich gelohnt, dies mitzumachen für das, was ich dabei gewesen bin: ein unkomplizierter Mensch in einem tiefen Selbstverständnis.

Sherpas, so daß am nächsten Tag von oben und von unten die Spalte wieder versichert wird und die Expedition so weiterlaufen kann, als sei nichts geschehen.
Noch Stunden, nachdem ich im Basislager angekommen bin, bin ich nicht ich selber. Ich bin erschöpft, verbrannt von der Sonne, ausgelaugt von der Höhe, unterkühlt durch den Frost. Trotzdem bin ich froh, daß keiner der Expeditionskameraden mir gegenüber Mitleid zeigt. Das ist gut, denn nur so behalte ich meine Würde, meine Selbständigkeit. Und langsam, schon während der ersten Nacht, wächst in mir der Zweifel, ob ich wirklich aufstecken soll. Das alte Ziel ist noch nicht erkennbar – aber es ist wieder da, in meinem Unterbewußtsein. Zuerst vage, dann drängend.
Der Traum will gelebt sein.

Jeder will zum Gipfel

Während Peter und ich uns im Basislager ausruhen, versucht sich eine andere Mannschaft am Everest. Es ist schon ein aufwühlendes Gefühl, jemand dreieinhalbtausend Meter über sich unterwegs zu wissen. Dabei ist unser Basislager schon gute fünfhundert Meter über dem Gipfel des Mont Blanc. Die Lhotse-Flanke allein ist so hoch wie die ganz großen Alpenwände. Und der Gipfelgrat, der dort beginnt, wo kleinere Achttausender aufhören, ist 800 Meter hoch, fast so hoch noch wie das ganze Matterhorn. Dies alles kann sich niemand mehr vorstellen, nur im stetigen Aufstieg erleben, erfahren.
Um die Mittagszeit des *3. Mai* hat die Spitzengruppe, Robert Schauer mit Ang Phu und Wolfgang Nairz mit Horst Bergmann, den Everest-Gipfel erreicht. Die Stimmung in der übrigen Mannschaft ist nicht euphorisch, obwohl sich jeder freut. Man sieht sich um die eigenen Gipfelchancen betrogen, weil für diesen ersten Angriff alles an Material und vor allem an Sherpakraft verbraucht worden ist. So scheint es wenigstens im Moment. Es mag schwer zu verstehen sein, aber wer oben steht, hat immer Neider, zumindest jene, die auch gerne hinaufgingen. Und das sind vorläufig wir. Abgesehen von

Bulle haben wir alle neben der Genugtuung über den Gipfelerfolg auch eine gute Portion Sorge: Werden wir es noch schaffen? Diese Zweifel schlagen sich in unseren Gesprächen nieder, und wenn uns der Aufstieg wirklich nicht mehr gelingen sollte, so steht die Kritik an der Expeditionsleitung jetzt schon fest. An irgend jemandem müssen wir uns schließlich für das Mißgeschick dann rächen können.
Peter und ich sind bei herrlichem Wetter vom Basislager aufgestiegen ins Lager II. Es war fürchterlich heiß, und wir fühlen uns alle nicht so fit wie in den ersten Tagen. Jetzt sortieren wir hier in unserem Zelt die Nahrungsmittel für die höheren Camps. Wir wollen es noch einmal versuchen, selbst wenn keine Sherpas helfen sollten.
Auch Dr. Raimund Margreiter, Helmut Hagner und Hanns Schell, die als Dreierseilschaft auf ihren Gipfelsturm warten, befinden sich hier oben. Nach dem ersten Gipfelerfolg, der die Aussichten der anderen Expeditionsteilnehmer so sehr verschlechtert hat, klingen aus unseren Gesprächen Ehrgeiz und Neid. Hanns Schell kommt ins Zelt. Er hat eben mit der Gipfelseilschaft gefunkt.
»Also, sie waren alle vier oben«, beginnt er seinen Bericht. »Vier Stunden zwanzig Minuten haben sie gebraucht vom Lager V aus. Es sei anstrengend, sagen sie, viel Spurarbeit und so. Robert hat ungefähr drei Viertel des ganzen Weges gespurt.«
»Wann sind sie weggegangen?« Das ist meine erste Frage.
»Das habe ich nicht gefragt.«
»Haben sie eine schöne Aussicht gehabt?«
»Das habe ich auch nicht gefragt, aber es ist anzunehmen, wenn sie eine Stunde am Gipfel hocken!«
»Robert hat gesagt, daß das Gelände ungut ist, viel steiler, als sie es erwartet haben, nicht nur der Hillary-Step. Es gibt viele Strecken, wo man am Seil sichern muß«, berichtet Schell.
»Jetzt gehen sie hinunter, ebenfalls mit Sauerstoff«, wirft Hagner ein, der nicht mehr daran glaubt, es selbst noch zu schaffen.
»Drei Flaschen pro Kopf würden vom Südcol bis zum Gipfel und zurück reichen«, so Schell nach dem Gespräch mit der Gipfelmannschaft.

Der Abtransport des halbseitig gelähmten Sherpas war langwierig und ungemein schwierig. ▷

»Ich habe meinen Teil der Expedition abgeschlossen«, sagt Helmut Hagner traurig.
»Was lassen sie alles im Lager V?« frage ich.
»Von Matten hat Wolfi etwas gesagt, sonst nichts. Ich habe nur ganz kurz gesprochen, denn sie wollen Tee kochen und dann wieder herunter.«
»Wahrscheinlich sind die gar nicht kaputt. Mit Sauerstoff scheint es doch recht gutzugehen.«
»Ich hätte nie geglaubt, daß der Sauerstoff soviel hilft.«
»Jetzt sollten wir auch noch hinaufkommen, vor allem Bulle.«
»Josl verdient es auch. Josl ist stärker als manch anderer.«
»Wenn er auch Sauerstoff hat, schafft er es.«
»Jetzt hoffen wir nur, daß die Sherpas unsere Lasten hochtragen.«
»Und wenn sie keine Lust mehr haben, was dann?«
»Keine Ahnung.«
»Wie auch immer, ich wünsche euch, daß ihr es schafft«, sage ich zu Manni, Helli und Hanns.

3. Mai, Lager II, abends Die Funkgespräche zwischen der Gipfelmannschaft am Südcol und Lager I sind verstummt. Es war heute ein aufregender Tag: Der große Erfolg, der Triumph. Vier Teilnehmer haben den Gipfel erreicht! Auf der anderen Seite aber ein todkranker Sherpa, der, in eine Zeltbahn gehüllt, ins Lager I hinuntergebracht werden muß. Gehirnschlag. Bulle, unser Arzt, ist mit Josl und Franz vom Basislager aufgestiegen, um ihn im Lager I in Empfang zu nehmen und um ihn morgen ins Basislager zu transportieren. Wir liegen hier sozusagen zwischen Basislager und Gipfel, eingespannt in die vielen Diskussionen, die die zweite Gipfelmannschaft mit der absteigenden ersten Gruppe geführt hat.
Peter und mich betreffen diese Diskussionen nicht, denn wir wollen den Everest ohne Sauerstoffgeräte besteigen und somit einen ganz anderen Berg machen.
Feine Windstöße zerren an der Zeltwand, und obwohl ich ein Schlafmittel genommen habe, kann ich heute nicht einschlafen. Ich bin unruhig, ja ängstlich. Peter atmet tief neben mir, ab und zu ein besonders tiefer Atemzug, der

verrät, daß er nach Luft schnappt. Wir sind noch nicht besonders hoch, noch in Sicherheit, aber ich weiß, was es bedeutet, ohne die Hilfe der Sauerstoffgeräte, ohne die Rückendeckung der Atemmasken bis zum Himmel aufzusteigen. Vielleicht bin ich deshalb ängstlich, vielleicht auch, weil sich jetzt beim Licht des Mondes die Farben, die Dimensionen und die Anstrengungen verdoppeln. Immer wieder stelle ich mir die Flanke über uns vor, immer wieder erinnere ich mich an die beiden harten Sturmnächte, die ich oben am Südcol verbracht habe. Es wäre ein leichtes, den Everest mit Sauerstoffgeräten zu besteigen. Das weiß ich jetzt, da ihn Horst und Wolfi, die beide über keine Spitzenkondition verfügen, so schnell und in so spielerischer Art gemacht haben. Ich weiß, daß der Everest ohne Sauerstoffgeräte vielleicht unmöglich ist und daß niemand vorhersagen kann, in welcher Verfassung man vom Gipfel zurückkehrt ...

Ich war beim letzten Gipfelangriff viel ruhiger gewesen. Viel entschlossener. Entschlossener nicht nur in der Einstellung, es zu wagen und bis zum Letzten zu gehen. Ich war auch viel fester davon überzeugt, daß es gelingen müsse.

Jetzt habe ich Ängste, Ängste, die mich nicht einschlafen lassen. Ich drehe mich unruhig von einer Seite auf die andere und stelle mir immer wieder

Die erste Gipfelmannschaft hatte alles an Material und Sherpakraft eingesetzt, so daß für nachfolgende Gruppen weniger Erfolgschancen bestanden. Die Sherpas wollten und konnten nicht mehr helfen. ▷

Fragen, die ich, die niemand beantworten kann. Auch keiner der früheren Everest-Besteiger.
Es ist unheimlich still. Ich spüre förmlich, wie das Zelt über mir im Kiel zusammenläuft und wie sich die Luft da oben staut. Zum Glück haben wir den Eingang ein bißchen offen gelassen, so daß genügend Sauerstoff hereinkommt. Ich kann es selbst kaum fassen, wie warm es inzwischen im Lager II in 6400 Meter Meereshöhe geworden ist, so warm, daß mir das Einschlafen Mühe bereitet. Aber ausziehen will ich mich auch nicht, und wenn ich den Schlafsack aufmachte, würde ich mich wohl verkühlen. Während ich mich von einer Seite auf die andere wälze, habe ich immer das Gefühl der Leere, der Sinnlosigkeit dieses Unternehmens und vor allem des Entrücktseins, des Nichtdazugehörens, zu nichts, nicht einmal mehr zu mir selber.

4. Mai Am Morgen beginnt vom Lager I der Abtransport des halbseitig gelähmten Sherpas ins Basislager. Vorher unterhalten wur uns noch mit den Kameraden:
»Wir wollen sehen, daß euch die Sherpas ein wenig helfen. Es wird ja wahrscheinlich eine langwierige Aktion werden«, verspreche ich.
»Wir brauchen in der Tat Hilfe bei diesem schweren Mann.«
»Bei uns hat sich inzwischen auch einiges ereignet: Helli, Manni und Hanns sind gestartet; wie weit sie gehen, wissen sie nicht, das hängt vom Wetter ab. Auf alle Fälle sind wir im Lager II alleine und warten, bis sie im Dreier-Lager sind und die Leute vom Südcol-Lager wieder hier ankommen.«
»Ja, ist in Ordnung. Vielleicht ist es egoistisch, wenn ich hoffe, daß die Sherpas, die zur Verfügung stehen, so weit animiert werden, daß sie Sauerstoffflaschen zum Lager IV hinauftragen, damit wir nachher keine Probleme haben.«
»Josl, es ist kein einziger Sherpa da«, sage ich. »Es wird sehr, sehr schwer sein, auch für die zweite Gruppe. Ich muß dazu sagen, daß sie auf gut Glück gegangen sind. Die Sherpas, die von oben herunterkamen, sind müde und steigen ins Basislager ab. Wie lange sie dort bleiben werden, wird sich zeigen. Auf alle Fälle wird kein Sauerstoff hinauftransportiert, nichts wird hinauftransportiert!«
»Vielleicht erholen sie sich, wenn sie morgen einen Rasttag haben.«

»Ja, das wäre erfreulich, obwohl sie eher eine Woche als zwei Tage rasten und nach meiner Meinung schon mehr oder weniger abgeschlossen haben. Sie haben eine Mannschaft auf den Gipfel gebracht, und mehr wird sie nicht interessieren. Aber wir werden sehen.« So beurteile ich die Situation.
»Vielleicht haben einige von ihnen selbst auch noch Gipfelambitionen, das wäre für uns natürlich sehr günstig«, sagt Josl.
»Wir gehen auch ohne Sherpas. Wir werden versuchen, irgendeinen zu motivieren, aber das wird sehr schwer sein. Wenn es nicht anders geht, probieren wir es eben alleine. Wir sind nicht mehr sehr optimistisch, muß ich sagen. Das Ganze hat eine unerfreuliche Wendung genommen«, sage ich zu Josl.
»Ja, es ist schon eine Schweinerei, wie sich jetzt alle vordrängen«, stellt Peter fest. »Nachträglich kann ich nur sagen, daß es vorteilhafter gewesen wäre, wenn du nicht auf den Südcol gegangen wärst.« Dann hätten die anderen weniger Erfolgschancen gehabt, aber jemand mußte das Lager eben aufbauen. »Jetzt steht es, auch für uns«, antworte ich.
»In der Lhotse-Flanke war ich meist allein, da haben sie sich alle geschont, bis auf den nimmermüden Robert. Da hat keiner gesagt, du Reinhold, das ist ungerecht. Jetzt geh' ich mal vor und versichere. Natürlich, wenn das Wetter nicht schlecht geworden wäre, hätten wir beide die erste Chance gehabt.«

Ohne Hilfe der Sherpas, die die Sauerstoffflaschen transportierten, wäre für die anderen Seilschaften ein Gipfelaufstieg unmöglich gewesen. Nachdem die erste Gruppe am Gipfel war, weigerten sich die meisten Träger, in der Lhotse-Flanke Lasten zu schleppen. ▷

»Dann wärst du einen Tag voraus gewesen, und ich wäre nachgekommen«, meint Peter, der damals umgedreht hatte.
»Ihr braucht's nur warten, wird Wolfi sagen. Warum habt ihr es denn so eilig? Wir haben uns auch Zeit gelassen. Wir haben zehn Tage lang gewartet.«

Eben habe ich mit Wolfi in Lager IV gefunkt. Es war unser erstes Gespräch nach seinem Gipfelangriff. Er selbst gibt in dieser Unterhaltung zu, daß es eine Spielerei sei, einen Achttausender mit Sauerstoff zu besteigen und daß man eine solche Besteigung eigentlich nicht so recht zählen könne.
Bulle, der sich um den Abtransport des schwerkranken Sherpas gekümmert hat, meldet sich aus dem Basislager.
»Vom Südsattel«, sage ich ihm, »ist noch niemand da, die sind zwischen Lager III und Lager II unterwegs, jetzt sehr langsam, weil ohne Sauerstoff, und die Mannschaft im Lager III hat viel Schnee, es schneit hier sehr stark. Ich glaube, wir bekommen wieder einen Wettersturz. Sie werden morgen, wenn das Wetter schlecht bleibt, absteigen zu Lager II, und wenn es schön wird, aufsteigen zum Südsattel. Allerdings sagt Helli, er hätte mit Ang Phu gesprochen, und dieser habe kaum Hoffnung, daß jemals noch ein Sherpa auf den Südcol oder höher gehen werde.«

Endlich ist Wolfgang Nairz im Lager II. Er erkundigt sich nach unserer Moral.
»Die Freude ist hier geteilt, es herrscht auch Niedergeschlagenheit in der Mannschaft, das ist ziemlich arg.« Anerkennung und Vorwurf halten sich in dem, was ich sage, die Waage. »Ich glaube nicht, daß noch jemand hinaufkommt.«
»Weil wir gegangen sind?«
»Ja, weil die Kräfte verbraucht sind.«
»Aber wir haben doch unser Zeug selber getragen!«
»Ein entscheidender Fehler war, daß Ang Phu bei euch war. Es hätte ein anderer Sherpa mitgehen müssen.«
»Wenn von uns nicht jeder 25 Kilo getragen hätte, wozu man normalerweise mindestens drei Sherpas bräuchte, wären wir nie auf den Gipfel gekommen. So ist das.«

»Sicher«, antworte ich, »aber der nächsten Mannschaft fehlen nun alle Chancen, auf den Gipfel zu kommen.«
»Die nächsten haben alles, was sie brauchen, für die haben wir Vorarbeit geleistet, sie müssen nur losgehen.«
Es ist verständlich, daß nun jeder nur an seine Chance denkt und daß Nairz, als Expeditionsleiter, von denen, die auch auf den Everest wollen, Kritik zu hören bekommt.
»Aber was ist mit uns?« frage ich.
»Für euch bleibt es sowieso gleich, weil ihr ja keine Sauerstoffflaschen braucht«, tröstet uns Wolfi.
»Für uns«, erwidere ich, »spielen die Träger aber sehr wohl eine große Rolle. Wenn ich keine Träger habe und 20 Kilo selber schleppen muß, habe ich keine Aussicht. Das ist doch logisch«, erkläre ich.
»Die Sherpas werden sich voll einsetzen, damit jeder die Möglichkeit hat«, meint Wolfi dazu.
»Da hat mir Ang Phu aber etwas anderes erzählt. Er sagt, er verstehe, daß die Sherpas müde seien und nicht mehr rauf wollen. So redet er mit mir.«
»Zu uns hat er gesagt, er wird sich einsetzen, daß die Sherpas weiterarbeiten, voll und ganz.«
»Was habt ihr an Kleidern oben gelassen?« frage ich.
»Ich habe alles oben gelassen, meinen Überanzug, Gamaschen.«
»Und wie steht es mit den Sauerstoffreserven?«
»Am Südgipfel steht eine Flasche, mit der du herunterkommst bis zum Südcol.«
»Die brauchen wir nicht«, sage ich trocken.
»Das ist Überheblichkeit. Stell dir vor, du kommst am Südcol irgendwie an und sagst: Jetzt ist es aus, und bevor ich hier heroben erfriere und sterbe, nehme ich Sauerstoff.«
»Ja, sicher, in einem solchen Fall wäre es falscher Stolz, darauf zu verzichten«, pflichtet Peter dem Expeditionsleiter bei.
»Liegen noch Nahrungsmittel im Lager IV und Gas?«
»Im Dreier weiß ich nicht, im Vierer und Fünfer genug.«
»Und wie ist der Weg?« will ich wissen.

»Steil, ein steiler Hang.«
»Hat es vom Fünfer-Lager auf den Südgipfel viele Wächten?«
»Ja.«
»Gefährliche?«
»Nur der Hillary-Step, der ist wirklich ganz morsch und hohl.«

Nach dieser langen und aufgeregten Diskussion rufen wir wieder Lager III. Manni meldet sich und will wissen, ob der Gipfeltrupp bei uns ist.
»Ja«, antworte ich, »er ist gerade eingetroffen. Sie sind natürlich happy. Es schneit immer noch. Wir haben im Grunde den Plan aufgegeben, morgen schon weiterzugehen. Vorläufig besteht kaum eine Hoffnung, Sherpas zu kriegen, weil Ang Phu nicht ansprechbar ist.«
»Wir werden versuchen, den Südcol zu erreichen«, meldet er.
»Verstanden. Wir haben einige interessante Details von oben erfahren. Es ist viel Material dort, und Horst hat alles für euch vorbereitet. Ihr bräuchtet nur gutes Wetter!«
»So rosig sehe ich es nicht. Aber laß uns hoffen.«
»Okay, wann würdet ihr morgen starten?«
»Zwischen 7 und 8 Uhr.«
»Gut, dann rufen wir uns um sieben zusammen.«

Erster Gipfelerfolg

Nun haben also Wolfgang Nairz, Horst Bergmann, Robert Schauer und der Sherpa-Führer Ang Phu ihren Gipfelsieg in der Tasche. Die erste Seilschaft der Österreichischen Alpenvereins-Expedition, der wir uns angeschlossen haben, ist über die von uns vorbereitete Route bis zum Südsattel aufgestiegen, hat von dort aus ein fünftes Hochlager hinaufgeschoben und ist von 8500 Meter zum Gipfelsturm angetreten. Ab 7200 Meter haben sie Sauerstoff eingesetzt, ausgenommen Robert Schauer, der die Atemmaske erst ab 8000 Meter benutzte. Die vier haben somit eine klassische Everest-Besteigung durchge-

Robert Schauer, einer der erfolgreichsten Expeditionsbergsteiger überhaupt, hat den Genfer Sporn versichert und war als erster am Gipfel. ▷

führt, die zweiundzwanzigste nach der Seilschaft Hillary–Tensing, die am 29. Mai 1953 auf dem Gipfel stand. Mehr als 60 Menschen haben es ihnen nachgetan, alle mit Sauerstoffgeräten.
Nun erzählt mir Robert im Lager II seine Gipfeleindrücke:*

»Irrsinnige Dimensionen wirken da auf einen ein. Die Längenausdehnung, die Höhe, die Berge und deren höchster Punkt. Ein magisches Ziel, ein Ziel, dem man sehr viel Aufmerksamkeit und Konzentration schenken muß.
Es war für mich wichtig, daß ich ganz vorne dabei war und all diese kleinen Unbekannten, die es trotz der Literatur noch gab, mir überlassen blieben. Diese Arbeit wollte ich einfach machen. Es begann schon im Khumbu-Eisbruch, das Suchen des Weges – ich war einfach begeistert, obwohl es sehr, sehr gefährlich war, innerhalb dieses Eisbruchs zu arbeiten und einen Weg zu suchen. Und ich war begeistert, als ich das erste Mal in das Western CWM hinaufgefunden und gesehen habe, daß der Weg zum Lager I frei ist.
Am *30. April* sind wir dann aufgebrochen in Richtung Lager III. Das Wetter war tadellos, am Nachmittag hat es wieder zugemacht, doch da dies die Regel war, brauchte es uns in keiner Weise zu beunruhigen.
Die Wahl der Gipfelgänger dieser Gruppe war anfangs umstritten, und ich wußte, daß Wolfi und Horst im Eisbruch keinen Meter versichert und erkundet haben. Ich hatte aber auch erlebt, daß Wolfi einmal schon weit unter dem Lager III umkehren mußte, weil er sich so miserabel fühlte; aber damals war er noch nicht gut akklimatisiert. Man hat ihm vielfach das Recht auf den Gipfel abgesprochen, und ich hatte das Gefühl, daß ich bei diesem Aufstieg sozusagen das Zugpferd sein sollte.
Moment, dachte ich mir, ich habe keine Lust, nur bis zum Südsattel zu gehen und dann einzusehen, daß Wolfi oder Horst nicht mehr weiterkönnen, weil sie zu schwach sind. So suchte ich mir noch einen Mann, einen, der für uns tragen und seine Lasten selber schleppen würde – und das war Ang Phu, der technisch ein ausgezeichneter Geher ist, allerdings nicht sehr routiniert. Das habe ich dann beim Auf- und Abstieg am Gipfelgrat gemerkt. Es hat sich da-

* Nach einer authentischen Tonbandaufzeichnung von Robert Schauer.

bei gezeigt, daß er etwas langsam ist und daß er auch etwas länger braucht, eine Situation zu erfassen. Seine Sicherheit liegt im langsamen Gehen. Ich habe einfach die Einstellung gehabt, wenn es bei Wolfi und Horst nicht klappt und sie umkehren müssen, dann habe ich immer noch Ang Phu, mit dem ich ohne weiteres hinaufgehe.

Je näher wir vier aber dem Lager III gekommen sind und als wir dann weitergingen in Richtung Lager IV, um so mehr wurde mir klar, daß die Ausdauer sicherlich kein Problem wäre. Und sie haben sich bestens gehalten. Es war eine richtige Harmonie, das hat mich positiv überrascht, und es hat mich gefreut, daß ich mit diesen beiden unterwegs war. Ich wußte bald, daß mich diese Leute nicht im Stich lassen würden, wenn es mir schlecht erginge. Und wenn sie nun die besseren sind, habe ich mich gefragt, wenn sie mir konditionell überlegen sind, was dann? Wenn ich hinten nachhinge, würden sie mich im Stich lassen? Das waren anfangs meine Gedanken gewesen, aber sie waren unbegründet, wie sich herausstellte. Wir haben richtiggehend harmoniert und uns gegenseitig abgecheckt, was den Sauerstoff und die Ausrüstung im Rucksack betraf.

Auf dem Südsattel, wo das Klima schon relativ rauh ist, bläst ständig ein kalter Wind. Die Bewegungen – ich habe vom Lager III zum Lager IV keinen Sauerstoff verwendet und auch oben im Lager IV nicht – werden dort immer langsamer. In der Nacht aber, wenn man sich die Schlafmaske aufsetzt, beginnt der Geist wieder rege zu werden, man fängt zu denken an, man vollzieht Dinge nach, die man tagsüber erlebt hat, man geht wieder über das Gelbe Band, das ziemlich schwierig ist, man kommt in die Rinne hinein, die hinaufführt zum Grat des Genfer Sporns, an die lange Querung, die wunderschön ist, weil man auf der rechten Seite den Südsattel hat und auf der anderen sieht, wie sich langsam der Everest vorschiebt. Er baut sich mächtig auf.

Vom Südcol stiegen wir also hinauf zum Lager V, das wir auf 8500 Meter direkt am Beginn einer etwa 500 Meter langen Rinne aufstellen wollten. Das ist genau am Südostgrat, einem sehr exponierten Platz, wie sich später herausstellte. Wir haben den Weg erst relativ spät in Angriff genommen, da wir noch Probleme mit unseren Sauerstoffgeräten hatten. Ich habe plötzlich auf diese ganze Technik eine Wahnsinnswut bekommen. Man hat im Basislager so viele Flaschen geprüft, hat nachgesehen, ob die Adapter passen, die Dichtungen, die Masken, die Regler und hat dann wirklich nur die am besten funktionierende Flasche vom Basislager heraufgeschickt, aber auf fast 8000 Meter Höhe hat sich gezeigt, daß dieses Gerät nicht funktioniert: Die Flaschen waren für uns solange nicht brauchbar, bis wir ihnen mit einer Zange zu Leibe rückten. Wir konnten amerikanische Flaschen verwenden, die wir oben gefunden haben, und das war natürlich ein großes Plus für uns. Wir haben ziemlich viel Zeit damit verbracht, zu sagen, wer welche Flaschen nehmen soll. Mir war es bald zu dumm, ich habe eine der Flaschen gepackt und eine zwei-

te, die ich als Schlafflasche im Lager V verwenden wollte, draufgesetzt, und dann bin ich einfach losgezogen.
Weiter oben habe ich mit einer geborgten Kamera zu filmen begonnen. Es ist ja eine riesige Überwindung, in diesen Höhen zu drehen. Vor allem, wenn man dicke Fäustlinge an hat und einem die Eiskristalle ins Gesicht blasen. Ich habe den Apparat in einer Seitentasche meiner Hose stecken gehabt und wollte bei einem schönen Motiv voll Begeisterung bereits zu filmen beginnen, als die so spezial, so super, hyper ausgetüftelte Kamera, die für diese Bedingungen gebaut war, ausfiel – der Motor ist flötengegangen, und ich wollte am Beginn dieser steilen Rinne schon meine Filme samt der Kamera wegschmeißen, aber ich dachte mir dann, ich könnte sie oben im Lager V wieder aufwärmen oder sie durch irgendwelche Tricks wieder in Bewegung bringen. Weil es die Technik war, die mich enttäuschte, entschloß ich mich, nun gerade auf meine Kräfte zu setzen und meinen Eigenschaften und meinem Können zu vertrauen, da wüßte ich ganz genau, wie weit ich gehen kann.
Ich habe nun die Rinne in Angriff genommen, in der vor mir vier Sherpas gespurt hatten. Ich habe sie bald eingeholt, obwohl ich einen Rucksack von etwa 25 Kilo getragen habe. Wir haben natürlich als erste Gruppe den großen Nachteil gehabt, daß wir ein ganzes Lager, in den Rucksäcken verteilt, hinauftragen mußten. Zwei Zelte, Kocher, Geschirr, Schlafsäcke, Matten, dazu Reservematerial, Filme, Kameras, Lebensmittel usw. Natürlich war auch sehr wichtig, daß wir Kletterzeug, Seile, Klettergürtel, Karabiner und Eisschrauben dabeihatten. Wir wußten ja nicht, welche Verhältnisse sich uns beim Besteigungsversuch bieten würden.
Es hat sich dort oben etwas abgespielt, was mir noch lange im Gedächtnis bleiben wird. Nach relativ langer Spurarbeit kamen wir in einen guten Rhythmus. Es ist relativ rasch vorangegangen, und unsere Sherpas haben oben, als wir am Grat angekommen sind und ein koreanisches Zeichen entdeckt haben, sofort die Lasten abgelegt und wieder mit dem Abstieg begonnen. Plötzlich standen wir zu viert da, völlig allein, mit unseren Pickeln, das eine Zelt noch halb zugeweht. Wir mußten uns überwinden, hier ein Zelt aufzubauen. Am liebsten hätte ich mich hingesetzt, im Sitzen geschlafen

(Fortsetzung Seite 154)

Mit den Wochen hatten wir ein Gefühl, ja einen Instinkt für das Wetter am Everest entwickelt. Natürlich beobachteten wir auch unsere Höhenmesser, die Barometern gleichkamen. Wichtiger aber für die Entscheidungen am Berg blieben die Farbe des Himmels, die ersten Wolken am Horizont oder auch nur der Geruch der Luft. Bei meinen beiden Gipfelangriffen standen wirbelförmige Wolkenformationen in den Regenbogenfarben über dem Lhotse-Gipfel, als ich das oberste Western CWM emporstieg (nächste Doppelseite). Beim ersten Mal hatten diese Nebelspiele schlechtes Wetter signalisiert. Beim zweiten Angriff, am 6. Mai, wollte ich nicht daran glauben, daß das Wetter noch einmal umschlagen würde. Es hätte unsere endgültige Rückkehr bedeutet. Ich bewunderte die aufziehende und verschwindende Riesenwolke rechts vom Genfer Sporn als eindrucksvolles Naturschauspiel und glaubte an gutes Wetter. Peter Habeler und ich hatten uns schließlich vorgenommen, nur noch einmal über das gefährliche Spaltenlabyrinth (rechts) des Eisbruchs zu gehen – wenn möglich beim Abstieg nach dem Gipfel.

Sport-Scheck

Am 3. Mai, am Tag, als die ersten beiden Seilschaften der ÖAV-Expedition den Gipfel erreichten, gab es im Lager II, das wir auch das vorgeschobene Basislager nannten (oben), lange Diskussionen. Einerseits freuten wir uns mit Wolfgang Nairz, Horst Bergmann, Robert Schauer und dem Sherpa-Führer Ang Phu über ihren Gipfelgang, andererseits sahen sich die nachdrängenden Seilschaften durch den großen Materialaufwand und Sherpa-Einsatz der ersten Vier um ihre Gipfelchance betrogen. Als die zurückkehrende Gipfelmannschaft in diesem Lager ankam, war eine zweite schon Richtung Südsattel unterwegs. Peter Habeler schwankte kurze Zeit im ursprünglichen Plan und wollte plötzlich, nachdem uns die erste Gipfelgruppe wenig Chancen bei einem Versuch ohne Maske versprach, mit Sauerstoffgerät klettern. Er machte sich dann aber doch wieder unseren ursprünglichen Plan zu eigen, und wir waren nun beide entschlossen, so hoch wie möglich zu steigen. Auf jeden Fall ohne Sauerstoffgeräte. Das Bild unten zeigt Peter auf etwa 8200 Meter Höhe. Ganz klein im mittleren Hintergrund sieht man die beiden gelben Zelte am Südsattel, unser Sturmlager.

und wäre erst am nächsten Tag weitergegangen. Es war wirklich eine Überwindung, eine Schaufel, einen Pickel in die Hand zu nehmen und eine Zeltplane freizumachen.
Ang Phu und ich bezogen schließlich das Koreaner-Zelt, in dem wir noch einige Nahrungsmittel fanden, unter anderem auch Seegras. Ich war anfangs sehr skeptisch, da es tatsächlich aussah wie ein schwarzes Blatt Papier. Ang Phu schob sich zwei Blätter unter die Nase und verdrehte vor Genuß die Augen. Ich dachte mir, ich sollte das auch einmal probieren, und diese Blätter haben wirklich hervorragend geschmeckt. Ganz satt bin ich dabei allerdings nicht geworden. Wir haben dann sehr viel Tee gekocht. Allerdings war es wieder eine Überwindung, den dafür notwendigen Schnee zu schmelzen. Ang Phu und ich haben dabei bestens harmoniert. Wolfi und Horst haben zwei Meter über uns ein Zelt bezogen. Es war sehr klein, und sie litten unter der Enge ebenso wie ich, der zusammen mit Ang Phu in einem Zelt geschlafen hat.
Wir haben um 5 Uhr begonnen, Tee zu kochen. Am Grat schien bereits die Sonne, und als wir den Zelteingang öffneten, begannen die Schlafsäcke zu dampfen. Sie waren während der Nacht sehr feucht geworden und haben dadurch ihre Isolierfähigkeit etwas eingebüßt. Es war mir nicht sehr warm, obwohl ich mit meinem Gewand in den Schlafsack hineingeschlüpft bin. Dennoch habe ich gut geschlafen, und das war sehr wichtig für den kommenden, langen und anstrengenden Tag. Wir kochten, aßen wenig, da wir keinen Appetit hatten, tranken aber viel.
Das Anziehen begann mit den Schuhen, die wir nachts im Schlafsack hatten, damit sie nicht hartfroren. Darüber zogen wir die Überschuhe, und dann gingen wir hinaus ins Freie, wo ein frischer Morgenwind von Tibet heraufblies. Man konnte die Handschuhe auf keinen Fall ausziehen, die Fäustlinge waren außen steif gefroren, und so gelang das Anschnallen der Steigeisen nur mühsam. Der Rucksackinhalt wurde noch einmal überprüft, damit wir nichts vergaßen.
Und dann der Aufbruch.
Wolfi und Horst starteten bereits eine halbe Stunde vor Ang Phu und mir. Sie hatten gesagt, sie wollten im ersten Teil spuren. Der Weg war zunächst relativ

flach, dann folgte ein Steilaufschwung von etwa 200 Höhenmetern, der direkt zum Südgipfel des Mount Everest führt. Inzwischen hatten wir Horst und Wolfi eingeholt und unter dem Steilaufschwung die Spurarbeit übernommen. Horst sagte mir, daß er mit seinem Sauerstoffsystem Probleme habe. Es verliere sehr rasch an Druck, irgend etwas an dem Apparat funktioniere nicht.
Bei meiner Spurarbeit habe ich einmal versucht, ohne Sauerstoff zu gehen. Ich wollte wissen: Welchen Rhythmus gehe ich, und wie stark oder wie schwach bin ich, wenn ich den Sauerstoff weglasse. Mein Rucksack wog 12 bis 16 Kilo, und ihn zu tragen war eine derartige Überwindung für mich, daß ich die ganze Kraft und allen Sauerstoff in jene Muskelpartien führen mußte, die ich brauchte, um meinen Brustkorb zu heben, um Luft einsaugen und wieder hinauspressen zu können. Das hat mich nachdenklich gestimmt. Hinzu kam noch die Angst, daß plötzlich irgend etwas nicht mehr funktionieren könne. Durch das Gehen in dieser Höhe war ich ohnehin schon wie in Trance versetzt, und später, am Gipfel, habe ich das sogar noch stärker gespürt. Ich glaubte, einen halben Meter über dem Boden zu schweben und um einige Kilo leichter zu sein. Als ich ohne Sauerstoff gegangen bin, sind mir nur 30 bis 40 Schritte gelungen, die mich aber soviel Kraft gekostet haben, daß die Möglichkeit, den Everest ohne Sauerstoff zu machen, für mich nicht in Frage kam.
Ang Phu und ich sind am kurzen Seil gegangen. Während wir uns höherschoben und ich ihn nachkommen ließ, habe ich mir immer wieder die nähere Umgebung angesehen. Das war ein überwältigendes Bild: Zum Beispiel der Lhotse, mit seinen 8511 Metern einer der höchsten Berge der Welt, lag *unter* uns und auch, ganz hinten, das riesige Bergmassiv des Kantsch. Wir sahen den Makalu und weiter im Norden ein Gewimmel von Vier-, Fünf- und Sechstausendern, die in dieser Entfernung so klein aussahen wie der Zuckerguß auf einer Torte. Und dann die Gletscher!
Der Südgipfel selbst war für mich eigentlich schon der Höhepunkt. Von dort sieht es aus, als ginge es beinahe horizontal weiter, in Wirklichkeit ist es aber doch noch eine gewaltige Steigung bis hinauf zum Hauptgipfel. Ang Phu und ich waren vorausgegangen, Wolfi und Horst folgten uns nach.

◁ *Der Gipfel des Mount Everest mit dem chinesischen Emblem. Ganz winzig am Horizont zu erkennen.*

Oben am Südgipfel des Everest habe ich plötzlich eine sehr menschliche, sehr dringende Regung verspürt, der ich keinen Widerstand leisten durfte. Es war keine Überwindung, mich da oben bis zum Hemd auszuziehen, obwohl der Wind blies, aber meine Latzhose ließ mir auch gar keine andere Wahl. Ich weiß nicht, wie Ang Phu darauf reagiert hat, für ihn wohnen ja schließlich dort oben die Götter.

Ang Phu und ich begannen mit dem kurzen Abstieg vom Südgipfel in eine kleine Scharte, von der aus der schöne Grat zum Hauptgipfel zieht. Anfangs war die Sicht etwas schlecht, da sich einige Nebel um den Grat konzentriert hatten, es herrschte leicht diffuses Licht, die Sonne kam nicht ganz durch. Es war aber trotzdem relativ warm, und ein leichter, erfrischender Wind kam von der chinesischen Seite des Everest herauf.

Trotz aller Schwierigkeiten und Gefahren, auf die wir uns konzentrieren mußten, haben wir uns häufig Zeit genommen, die Eindrücke auf uns einwirken zu lassen. Ich weiß nicht, wie es Ang Phu dort gegangen ist, er hat nämlich nur gesprochen, wenn das Seil zu Ende war, wenn ich Stand machen sollte oder er wieder nachgekommen ist. Aber für mich war dieses Gehen am messerscharfen Grat genau an der Grenze zwischen China und Nepal ganz wunderbar.

Am Beginn des Hillary-Step habe ich dann nochmal Ang Phu nachkommen lassen. Durch die Spuren, die ich ihm gelegt hatte, konnte er rasch steigen. Dann begann ich, langsam den Hillary-Step in mich aufzunehmen. Ich habe im linken Teil eine Felsrippe gesehen, abgesetzt durch ein paar unwahrscheinlich kleine Firnbänder, und rechts zog ein etwa 50 bis 60 Grad steiler Firnrücken ziemlich scharf herauf.

Der Firn dort oben war morsch, unangenehm zu gehen. Man mußte achtgeben, die Stufen, die man sorgsam angelegt hatte, nicht zu stark oder zu abrupt zu belasten und dabei durchzutreten. Dies zu vermeiden, habe ich auch mit dem tief eingerammten Pickel und mit den Händen, die ich in den Firn der linken Seite eingegraben habe, zu sichern versucht. Es war sehr anstrengend, obwohl ich meinen Sauerstoffapparat auf Maximum gestellt habe. Die nötige Konzentration und die körperliche Arbeit haben sehr viel Sauerstoff gekostet, und ich habe mich nach jeweils fünf oder zehn Schritten einige Minuten

auf den Pickel gestützt, die Augen geschlossen und den Kopf auf die Unterarme gelegt. So habe ich schließlich mein Defizit wieder wettgemacht.
Schließlich war aber die Neugierde, wie es oben weitergehen würde, stärker, und ich bin weitergestiegen, habe einen Fuß vor und über den anderen gesetzt, rhythmisch, immer nur eine Extremität bewegend – linke Hand, rechter Fuß nach, und rechte Hand, linker Fuß – und war bald oben am Ende des Hillary-Step, ungefähr 20 Meter über Ang Phu, der mich gesichert hatte. Ich glaubte schon, den chinesischen Tripol zu sehen, aber leider waren noch einige Absätze zu überwinden, und überdies haben mir die Nebel, die sich um den Gipfel versammelten, immer wieder die Sicht genommen.
Ich begann langsam mit dem Spuren und dachte dabei ständig an die Wächten, die jeden Augenblick abbrechen konnten, da der firnige Schnee, den der Wind hartgepreßt hatte, dort oben ganz anders war als unten am Hillary-Step.
Der erste Rücken war überschritten. Wir waren ziemlich schnell vom Südgipfel bis über den Hillary-Step gekommen, und nun schien es mir, als käme ich nur noch im Schneckentempo voran. Vor allem der Nebel, der nun immer stärker wurde, entrückte den Grat in große Fernen. Ich konnte das Ende nicht mehr erkennen und dachte, es würde auch hier so sein wie auf manch anderen Gipfeln, die ich früher gemacht habe und wo ich plötzlich, ohne daß ich es recht bemerkte, oben gestanden bin.
Aber gerade hier, wo ich es mir gewünscht hätte, war es umgekehrt, gerade da hat sich der Grat im Nebel länger hingezogen. Auch meine Gedanken haben sich nun voll auf diesen Grat konzentriert, und dabei bin ich wie in Trance gegangen. Es war grandios, aber ich konnte es noch nicht fassen.
Aber selbst die unangenehmste Situation geht einmal vorbei, und so kam dann doch der letzte Rücken, die Kuppe am Grat, von der aus ich das dreibeinige Aluminiumgestell, den chinesischen Tripol, sehen konnte. Es blitzte zwar etwas in der Sonne, hob sich sonst aber sehr schlecht ab.
Nun habe ich auch den letzten Teil des Aufstiegs, die letzten 20 Höhenmeter, die noch bis zum Gipfel zu bewältigen waren, wiedererkannt – ich erinnerte mich an die Bilder, die ich gesehen hatte, und alles stimmte; ich war mir vollkommen sicher, jetzt die letzten Schritte unter dem Gipfel zu machen. Ich habe mich gar nicht daran zu denken getraut, in wenigen Mi-

nuten auf dem Gipfel des Mount Everest zu stehen, auf dem höchsten Berg der Welt.
Es war überwältigend, und dazu kam noch, daß wir die ersten dieser Expedition waren, die den Gipfel betreten würden, denn Wolfi und Horst sind ja erst 20 bis 30 Minuten später gekommen. Horst hat unseren Aufstieg in bewundernswerter Weise gefilmt. Ich selbst hatte, als es soweit war, zwei Meter unter dem Gipfel gewartet und Ang Phu nachkommen lassen. Unmittelbar vor dem Betreten des Gipfels habe ich noch Bilder gemacht: Der höchste Punkt war genau in meiner Augenhöhe, und dieses kurze Gratstück habe ich zusammen mit dem Fuß des Tripols aufgenommen. Dann habe ich Ang Phu um die Schultern genommen und ihm gesagt: Wir müssen jetzt gleichzeitig höher gehen ... Für mich war es der glücklichste Moment dieser ganzen Expedition, als wir zusammen auf dem Gipfel angekommen sind.
Oben haben wir uns dann umarmt, und ich habe plötzlich wie ein kleines Kind zu weinen begonnen.
Ich habe das Gesicht von Ang Phu gesehen, der seine Maske bereits abgenommen hatte, ich habe sie dann auch gleich weggetan, damit man die Mimik des anderen und das Spiel seiner Gesichtsmuskeln erkennen kann, man braucht dann nicht sehr viel zu sprechen, man braucht überhaupt nichts zu sagen, man muß sich nur ins Gesicht sehen. Ang Phu hat leise vor sich hingemurmelt und gebetet. Er hat für uns, für sich und für alle gebetet, die hier auf dieser Welt existieren. Er war zu diesem Zeitpunkt, glaube ich, der glücklichste Nepalese, der glücklichste Sherpa, denn er wußte, daß seine Götter ihn in ihrem Reich dulden, daß er willkommen ist.
Der Tripol, der hinter mir stand, säuselte leise im Wind. Sonst habe ich nichts vernommen außer jener Musik, die mich während des Aufstiegs ständig begleitet hatte. Es war eine sehr rhythmische Musik gewesen, barocke Musik. Ich habe immer wieder versucht, der Melodie zu folgen, aber es war mir nicht möglich, das Motiv verschwand immer wieder. Ich hörte diese Musik auch noch während des Gipfelaufenthalts, leicht untermalt vom Schwingen, das in der Luft lag.
Es war außer einem leichten Wind nichts zu vernehmen, nur dieses Singen im Ohr, das zweifellos das Pulsieren des Blutes ist, aber ich habe mir gedacht,

das ist nicht das Blut, sondern das sind die Schwingungen des Berges, die ich jetzt empfange.
Ang Phu setzte mit wenigen Unterbrechungen seine Gebete fort. Er stand einmal auf, wandte sich in Richtung Basislager, drehte sich wieder zu mir herüber, wo hinter mir der eigentlich höchste Punkt lag, und setzte sich dann wieder hin und überkreuzte die Beine, irgendeine Unruhe war in ihm, die ich nicht verstand. Irgend etwas schien ihn zu bedrücken. Ich habe ihn gefragt, warum er denn nicht sitzen bleibe und das alles auf sich einwirken lasse. Es sei alles in Ordnung, sagte er, doch er sei sehr aufgeregt, denn dies sei für ihn der größte Augenblick seines ganzen Lebens, und so müsse er in Bewegung bleiben.
Wir haben unten, durch den Nebel hindurch Wolfi und Horst nachkommen sehen. Sie haben sich ganz langsam höhergearbeitet, immer wieder nach einigen Schritten eine kurze Pause eingelegt und heraufgesehen. Wolfi hat fotografiert, Horst hinter ihm gefilmt, und es dauerte nicht lange, bis die beiden auch neben uns gestanden sind. Wir haben uns umarmt und uns gegenseitig bestätigt, wie sehr wir uns freuten und daß man glücklich sei, miteinander hier heroben zu sein. Ich habe wieder zu heulen begonnen, genauso wie Wolfi und Horst. Sie haben die Masken vom Gesicht genommen, wir konnten uns anschauen.
Dann haben wir uns hingesetzt und kaum etwas gesprochen. Erst nach einiger Zeit, als sich der Puls und die Atemfrequenz etwas beruhigt hatten, begannen wir langsam mit den Pflichten, die wir uns selbst auferlegt hatten, als wir versprachen, wir würden am Gipfel fotografieren. Für mich war das eine lästige Aufgabe. Ich glaube, wenn ich in die Situation kommen sollte, noch einmal auf einem großen Berg zu stehen, werde ich das nie mehr wieder tun.
Ich selbst war während des Gipfelaufenthalts ziemlich schweigsam, denn bei mir hat sich nach einiger Zeit ohne Sauerstoff die Gesichtspartie langsam zu verzerren begonnen. Ich spürte eine Art Muskelkrampf und konnte meinen Mund nicht mehr schließen. Es war, als blickte ich in die Sonne, und dabei begannen die Lippen sehr stark zu zittern. Ich konnte mir das nicht erklären und war darüber verwirrt.«

Gescheitert

»Es ist unmöglich. Zuviel Schnee«, meldet sich Helmut Hagner von Lager III. Auf die Frage, ob von der Spur des Vortages noch etwas zu sehen sei, meint Helli: »Überhaupt nichts, gar keine Chance, daß man das Seil in der Lhotse-Flanke rausbringt. Wenn es nochmal schneit, ist es überhaupt aus.«

»Warum habt ihr denn keinem der Sherpas eine Sauerstoffmaske gegeben und ihn vorausgeschickt?«

»Es ist keiner gegangen. Wir haben uns schon überlegt, die Sherpas ohne Lasten gehen zu lassen, aber es ist so viel Pulverschnee, daß der dritte in der Reihe schon keine Spur mehr hat. Bis zum Bauch watet man im Schnee. Wir müssen aufgeben.«

Wir sprechen von den Schwierigkeiten des Wetters, und ich versuche, sie zu überreden, den Aufstieg fortzusetzen. Ich habe das Gefühl, daß dies ihre letzte Chance ist, und ich hoffe dabei, daß sie auch für uns eine Spur treten. Helli, Manni und Hanns, die sich da abplagen, stehen an Ausdauer und Erfahrung der ersten Gipfelmannschaft kaum nach.

Warum also sollten sie scheitern?

Peter und ich planen. Wir haben nur eine Chance, wenn wir morgen früh, vor uns, einen Sherpa losschicken.

»Der soll nichts tragen, nur spuren«, meint Peter.

»Ja, und zwar bis zum Südcol.«

»Wir müssen morgen gehen.«

»Ganz früh, und daß es nicht klappen soll, kann ich mir nicht vorstellen.«

Helli, Hanns und Manni sind ins Lager II zurückgekehrt. Niedergeschlagen. Was sie einzig empfinden, ist Neid auf die Erfolgreichen.

»War es oben im Dreier-Lager kalt?« frage ich.

»Mir war nicht kalt, auch wenn Eis im Zelt war. Ich habe aber überhaupt nicht geschlafen.«

»Die Situation ist jetzt dumm.«

»Aber hoffentlich kommst wenigstens du durch«, werde ich ermuntert.

»Es wäre wirklich gut gewesen, euch vor uns zu haben. Ich hätte das als eine Sicherung empfunden, denn einen Tag später ohne Sauerstoff nachzusteigen, ist kein so großes Risiko mehr«, sage ich zu Manni.

Wieder rede ich mit Peter, der auf die Mitnahme zweier Sauerstoffflaschen besteht. Er zögert immer noch. Weiß nicht recht, ob er es nun mit oder ohne Maske versuchen soll.
»Wir wollen nur Notsauerstoff auf den Südcol tragen«, sage ich.
»Du baust da oben dauernd ab. Es könnte plötzlich zu spät sein.«
»Wenn wir gutes Wetter haben und uns nicht einschüchtern lassen, kommen wir weit«, meine ich.
»Wenn wir aber im Fünfer-Lager schlafen müssen und am nächsten Tag kaputt sind?« fragt Peter.
»Dann gehen wir zurück. Ich habe übrigens das Gefühl, daß die drei heute aufgegeben haben, weil sie zu schwach, weil sie krank waren. Es liegt sicher viel Schnee am Weg, aber eine Chance hatten sie.«
»Ohne Zweifel.«
Beide überlegten und träumten wir.
»Jetzt hat er einen ganz schönen Pfiff drauf, unser Freund, der Wind«, sagt Peter vor dem Einschlafen.

Sein oder Haben

Unsere Stimmung wurde dadurch gedämpft, daß die Sherpas nicht mehr gewillt schienen, nach dem Gipfelgang von Wolfi, Horst und Robert auch noch eine zweite Seilschaft zu unterstützen. Außerdem berichtete der zähe Grazer Robert Schauer, er habe unterhalb des Südgipfels die Maske abgenommen und sei daraufhin bei jedem Schritt außer Atem geraten; nach seiner Erfahrung sei es unmöglich, den Everest ohne Sauerstoffgeräte zu bezwingen. Und Wolfgang Nairz ergänzte, daß ihm schwindlig geworden sei, als er auf dem Gipfel für wenige Minuten die Maske abgesetzt habe.
Diese Nachrichten der ersten österreichischen Gipfelbezwinger schienen Peter niederzuschmettern. Der vorher so entschlossene Freund wurde wankelmütig und erwog plötzlich, einen Versuch *mit* Sauerstoff zu machen. Lieber mit Maske auf den Everest als überhaupt nicht, war nun seine Devise.

»Wie stehe ich denn da, wenn Josl, ein Pensionist, hinaufkommt und ich nicht. Die Leute verstehen den Unterschied nicht. Ob mit oder ohne Sauerstoffmaske ist denen gleich. Nur der Gipfel zählt«, erklärte er mir.
Das weiß ich auch, aber mir geht es nicht so sehr um den Gipfelerfolg. Ich bleibe bei meiner Idee, vom »Everest by fair means«, verstehe aber Peter, der jetzt aussteigen will. Ich unterstütze ihn sogar bei der Suche nach einem neuen Partner. Ich will nicht, daß einer mit mir hochsteigt, der Sauerstoff aus der Flasche atmet. Ich will keine Hilfe und keine Führung.
Peter hat nun den Wunsch, mit Sauerstoff zu gehen. Und zwar wegen der angespannten Sherpalage mit einem Partner vom Basislager. Bulle soll heraufkommen, um mit Peter morgen oder übermorgen zu starten. Ich will es allein ohne Sauerstoff versuchen, schätze allerdings die Chancen, den Gipfel zu erreichen, immer geringer ein. Doch ich will so weit gehen wie ich kann. Und auf jeden Fall ohne Sauerstoffmaske.
Josl Knoll und Franz Oppurg sind von diesem Plan nicht begeistert und meinen, Peter dränge sich vor. »Peter hat überhaupt nicht mitgeholfen, sondern nur den Star gespielt«, sagen sie. Er sei ein mittelmäßiger Bergsteiger und habe nicht mehr Chancen als die anderen auch.
Ich begründe nochmal, warum es so gekommen sei, und kann Bulle überzeugen. Josl ist dagegen, weil der neue Plan nicht an den anfänglichen Regeln festhält. Als bekannt wird, daß Manni, Helli und Hanns absteigen, ergibt sich eine völlig neue Situation. Die drei im Basislager wollen zusammenbleiben und gleich nachstoßen.
Peter ist wütend. Keiner will mit ihm gehen. Dabei wäre es auch für sie günstiger, in einer Zweier-Seilschaft zu steigen. Aber wer könnte schon mit ihm Schritt halten? Peter als mittelmäßigen Bergsteiger zu bezeichnen, ist pure Überheblichkeit. Ich ärgere mich nun nicht mehr über Peters Zögern, wohl aber über diese Äußerungen, die über Funk von unten kommen. Ich merke, daß Peter vor Wut kocht. Jetzt will er beweisen, daß es auch ohne die da unten geht, und so sagt er: »Ich gehe mit dir, Reinhold – bis zum Gipfel!«
Er macht sich – aus Trotz zwar, doch auch mit einem kleinen Hoffnungsschimmer – wieder meinen Plan zu eigen und verspricht mir, bei der Stange zu bleiben, ob wir nun den Gipfel erreichen oder nicht.

Ich war nicht gekommen, weil ich den Everest um jeden Preis besteigen wollte. Mein Wunsch war es, ihn kennenzulernen, in all seiner Größe, Schwierigkeit und Härte, und ich war entschlossen, auf den Gipfel zu verzichten, wenn ich ihn ohne Atemmaske nicht besteigen könnte: Mit den modernen Sauerstoffgeräten simuliert man am Everest-Gipfel, wie gesagt, eine Höhe von 6000 Metern. Um diese Höhe zu erleben, muß ich aber nicht unbedingt auf den Everest. Um die Größe des Everest zu erfassen, um sie spüren, um sie fühlen zu können, muß ich ihn ohne technische Tricks besteigen. Nur dann weiß ich, was ein Mensch dort empfindet, welche neuen Dimensionen sich ihm auftun und ob er ein anderes Verhältnis zum Kosmos gewinnen kann.

Hinter sich lassen

6. Mai Allein klettere ich in der Lhotse-Flanke. Mein Oberkörper schwankt beim Aufstieg an den Fixseilen hin und her. Noch ist die Hitze erträglich. Die Sonne verkriecht sich hinter wirbelartigen Nebeln, die sich aus dem Nichts bilden und wieder verschwinden. Am frühen Morgen habe ich mich endgültig entschlossen, in die Richtung zu gehen, aus der der Wind kommt. Ich gehe schon seit jeher lieber gegen als mit dem Wind und brauche manchmal seinen Geruch wie einen Wegweiser. Obwohl alles dagegen spricht, glaube ich fest daran, daß das Wetter gut bleibt. Diese Schnelligkeit, mit der ich aus jeder Windänderung oder Wolkenfahne ein gutes Wetterzeichen herauslese! Die Nebel haben einen anderen Geruch als die Luft hier oben, und wenn Wind kommt, wird alles steriler. Das ist der einzige Grund, warum ich den Wind nicht so gerne mag.

Am *6. Mai* klettern Peter und ich, unterstützt von drei Sherpas, hinauf ins Lager III. Wir fühlen uns gut in Form. Obwohl wir harte Spurarbeit zu leisten haben und das Lager verschneit vorfinden, sind wir zuversichtlich.

Am nächsten Tag wollen wir rasch weiter aufwärts zum Südsattel. Vorsichtshalber nehmen wir zwei französische Sauerstoffflaschen mit, die ein Sherpa schleppt. Sollte einer von uns beiden krank werden oder gar einen

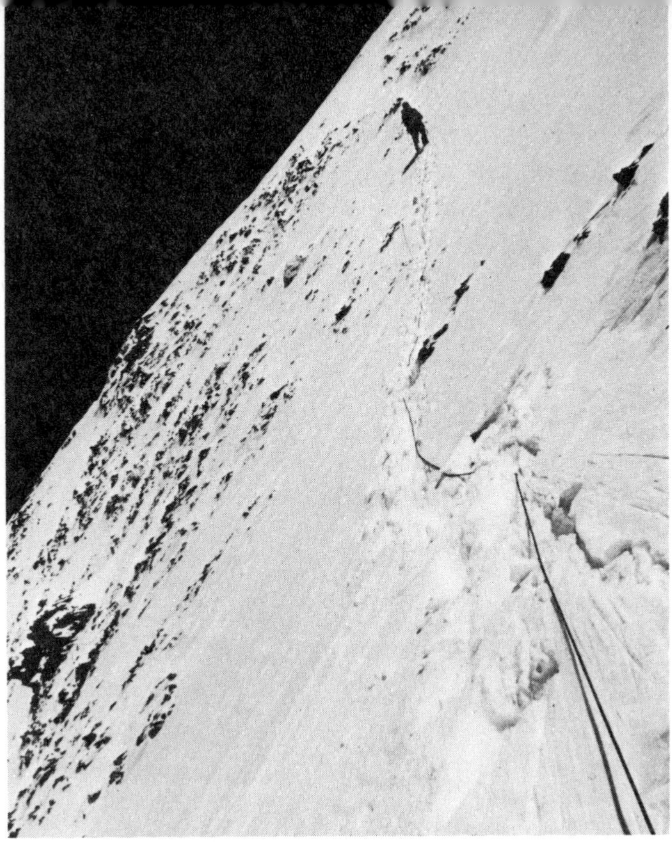

7. Mai: Aufstieg über den Genfer Sporn

Gehirnschlag erleiden, wie man uns prophezeit hatte, wollten wir am Südsattel auf Sauerstoff zurückgreifen können. Wir mußten die Flaschen nicht öffnen, sondern konnten sie unangebrochen im Lager IV – für die nächste Gipfelmannschaft – zurücklassen.

Wie anstrengend waren doch früher solche Aufbruchtage für mich. Psychisch anstrengend! Alle Beziehungen hinter sich zu lassen, ist für mich viel schwieriger als das Klettern.

Auch am nächsten Morgen, beim Aufstieg vom Lager III zum Südsattel, erlebe ich nur die Gegenwart, eine fast selbstverständliche Alltäglichkeit. Nicht, daß mir das Steigen langweilig ist, auch nicht zwanghaft. Ich spüre es als eine Vertiefung meines Selbstverständnisses.

Am Genfer Sporn überhole ich Dati, der, ohne Last kletternd, bis dorthin gespurt hat. Ich brauche nur weiterzugehen, wenn nach kurzen Verschnaufpausen Sinnlosigkeit in mir breit wird. Bei der Anstrengung in dieser Höhe ist mir, als könne mich jeder Schritt, jeder Atemzug aus meiner Bedeutungslosigkeit retten, als hätte das Leben in dieser Höhe keinen anderen Sinn als mich selbst.

Nach dreieinhalb Stunden bin ich am Südsattel. Im Zelt richten Peter Habeler und ich uns ein. Wir kochen den ganzen Nachmittag Tee. Als ob das viele

Der Brite Eric Jones, ein hervorragender Bergsteiger, begleitete Peter Habeler und mich bis zum Südsattel und filmte dort auch die Rückkehr ins Lager.

Trinken allein eine Sauerstoffmaske ersetzen könnte. Zwischendurch schlafen wir kurz ein, immer wieder wacht einer, nach Luft hechelnd, auf. Unser Dasein besteht nun einfach aus einem tieferen und schnelleren Atmen.
Am Abend, unsere drei Sherpas sind längst wieder abgestiegen, schleppt sich der englische Kameramann Eric Jones, der uns am Südsattel filmen soll, ins Lager. Nun ist alles vorbereitet für den entscheidenden Tag. Das Wetter ist phantastisch, und als ich um 18 Uhr, nachdem uns vom Basislager über Funk gutes Wetter signalisiert worden ist, noch einmal vors Zelt trete, erkenne ich im Westen viele Gipfel als Silhouetten in der untergehenden Sonne.
Mir ist, als ob sich alle Wünsche, alle Hoffnungen in meinem Kopf zur Gewißheit verdichteten. Tief in mir selbst befindlich, bündle ich mich zu jenem einmaligen Energieausbruch, der meine Neugierde und meinen Ehrgeiz befriedigen soll. All die Schmähungen, die unserem »wahnsinnigen« Versuch vorausgegangen sind, berühren mich jetzt nicht mehr. Seit einem Jahr bin ich bereit, bis an den Rand meiner Existenz zu gehen, das Letzte zu wagen.
Peter und ich kennen einander seit 15 Jahren, jeder hält den anderen bergsteigerisch für unfehlbar. Das beruhigt.

»Was ist heute für ein Tag?«
»Der 7. *Mai*«, antwortet Peter.
»7. Mai 1978, Südcol, 8000 Meter. Zu zweit im Zelt, etwa 1/2 9 Uhr abends«, spreche ich telegrammartig auf mein Minitonband. Peter hat das seine im Lager III zurückgelassen und hört mir zu.
»Die Zeltwand ist unten völlig vereist, der Kocher surrt, und wir warten auf den letzten Tee, den wir ohne Zucker trinken werden. – Peter, glaubst du, daß wir morgen hinaufkommen, ganz hinauf?«
»Ich weiß es nicht. Bis Lager V, glaube ich, kommen wir aber sicher.«
»Möglicherweise bis zum Südgipfel«, sage ich, »aber alles andere steht noch in den Sternen.«
»Mir kommt es wahnsinnig weit vor von hier bis zum Gipfel.«
»Ja, das mag schon sein. Aber schau: Bis zum Gipfel sind es noch 800 Meter, bis zum Lager V 500 Meter. Heute haben wir in kurzer Zeit die Strecke von 7200 Meter bis auf 8000 Meter, also 800 Höhenmeter zurückgelegt, bei unguten Verhältnissen, bei sehr viel Schnee, bei sehr viel Spurarbeit. Ich glaube fest, daß wir es bis zum Südgipfel schaffen.«
Peter meint darauf: »Das wäre zwar nicht weiter als heute. Nur liegt alles viel höher oben.«
Ob das so viel ausmacht, frage ich.
»Wenn es so gut geht wie heute und wir den Flüssigkeitsverlust einigermaßen wettmachen können, klappt es. Ich bin jedenfalls optimistisch.«
»Es wird sehr stark vom Wind abhängen.«
»Sicher«, antwortet Peter, »wenn ganz starker Wind kommt, haben wir nicht die geringste Chance.«
»Hast du auch so kalte Füße?« will ich wissen.
»Ja, bis zu den Knien sind sie wie Eisklumpen.«
»Ich reibe sie gegeneinander.«
»Wir müssen die Zehen bewegen, ein bißchen auf und ab, immer auf und ab.«
»Meinst du, der Schneeberg hier im Zelt reicht für den Tee morgen früh oder muß ich noch weiteren Schnee hereinholen?«
»Ich denke, das reicht. Wenn du noch mehr holst, sind wir morgen selber Eisberge.«

»Beim Liegen«, sage ich, »spürt man den Sauerstoffmangel gar nicht so stark.«
»Nur, weil wir völlig passiv sind, weil wir nichts tun.«
»Aber bei jeder Tätigkeit, wenn ich mich aufrichte zum Beispiel, bin ich sehr, sehr schnell müde. Wenn das morgen nicht besser wird, weiß ich nicht, wie es weitergeht.«
»Schade, daß kein Zucker da ist, und kein Tee mehr.«
»Das haben wir oder unsere Vorgänger schon verschlampt. Soll ich das Wasser heiß machen oder genügt es, wenn es lauwarm ist?« frage ich Peter. Ich koche Kaffee.
»Nur nicht so, daß wir uns die Zunge verbrennen, bei der Temperatur heroben.«
»Dann laß' ihn noch ein wenig stehen, und den Kocher mache ich aus, sonst verbraucht er zuviel Sauerstoff.«
»Mit der Luft im Zelt müssen wir sparsam sein.«
»Die Abendstimmung heute war wirklich ein Traum!«
»Aber es war wahnsinnig kalt. Es hat heute vorm Zelt mindestens minus 35 Grad. Ich bin völlig durchgefroren. Hier kannst du dich nicht mehr erwärmen.«
»Platz ist genug im Zelt. Auch für deine Mäuse.«
»Nichts gegen meinen lieben Talisman.«
»Nimmst du ihn mit oder läßt ihn da?«
»Ich weiß noch nicht.«
»Symbolisieren diese beiden Mäuse deine Frau und deinen kleinen Sohn?«
»Ja.«
»Soll ich auf dem Gipfel ein paar Fotos von Frauen eingraben, die mir ins Basislager geschrieben haben? Sie sind alle nichts für mich, ich werde die Bilder tatsächlich obenlassen.«
»Und ich fotografiere auf dem Gipfel die beiden Mäuse und nehme sie wieder mit nach Hause.«
»Jetzt glaube ich, ist das Wasser warm«, unterbreche ich unsere Phantasien, »ich verbrenne mir die Hand.«
»Die ganze Sache wäre einfach, wenn wir Sauerstoffflaschen hätten.«

Der völlig verschneite Südsattel (7986 m). Oben unsere beiden Zelte.

»Wir nehmen uns halt immer nur ungute Sachen vor«, meine ich.
»Aber das eine sage ich dir, ehe ich blöd werde, drehe ich um!«
»Ich auch!« Wer will schon wahnsinnig werden?
»Wenn ich irgendwelche Gehirnschäden feststelle, bleibe ich zurück.«
»Sprachstörungen oder Gleichgewichtsstörungen oder so, dann müssen wir umdrehen«, mahne ich.
»Wenn wir noch verhältnismäßig tief herunten sind und nur einer Probleme hat, dann soll der andere weitergehen. Aber ich möchte schon höher kommen als Norton 1924.« Peters Ehrgeiz spricht aus diesen Worten.
»Also über 8600 Meter?«
»Das waren damals allerdings vage Höhenangaben.«
»Und der Nordgrat ist mit dieser Seite nicht zu vergleichen.«
»Ganz oben, sagt Wolfi, sei es sehr steil, auch auf der anderen Seite.«
»Du, wenn das hier eine Hausfrau sehen könnte, die Geräte und das Essen zwischen Schnee und Eis, alles vereist – die würde verrückt.«
»Nicht nur die Hausfrauen. Auch andere Leute sagen schon, daß wir beide spinnen.«
»Okay, das ist offensichtlich. Aber an so einem Tag wie heute, wenn man gut geht, wenn man sich wohlfühlt und wenn es so phantastische Weitblicke

gibt – das alles ist schon eine faszinierende Sache. Als ich heute über den Genfer Sporn geklettert bin, habe ich wieder Töne gehört, keine Musik, ein Murmeln und Summen, so wie nachts in großen, leeren Kirchen. Hast du noch nie die Berge singen gehört?« frage ich Peter.
»Nein, da singe ich lieber selber.«
»Ich singe wenig und höre gern«, meine ich dazu.
»Im Lager I habe ich schön gesungen, oder?«
»Sehr schön.«
»Höher oben hat's nachgelassen, sehr schnell. Ich singe jetzt nicht mehr, bis wir wieder im Basislager sind.«
»Du mußt nur aufpassen. Es gibt Stellen, wo der Berg Töne von sich gibt, ohne Rhythmus und eigentlich auch ohne Melodie, einen gleichbleibenden Summton.«
»Wie das Beten der Lamas?«
»Ja, etwa in der Art. Ob die vielleicht ihre Gesänge aus den Bergen haben?«
»Hoffentlich haben wir morgen keinen Wind.« Peter bringt unsere Unterhaltung auf ein anderes Thema. »Das fürchte ich am meisten.«
»Solange er sich in Grenzen hält, solange man das Gesicht abdecken kann, geht es. Ich habe mehr Sorge um meine Füße.«
»Meine Zehen sind heute eiskalt«, klagt auch Peter.
»Ich habe Schwierigkeiten mit dem linken Fuß, weil da die Zehen weg sind. Die Stümpfe kann ich nicht gut bewegen. Wir sind heute sehr lange im Schatten gegangen. – Magst du einen Schluck Kaffee? Er ist nicht mehr heiß. Sobald man sich beim Kochen aufsetzt, nur die Schultern aus dem Schlafsack heraus hat, ist es kalt.«
»Ich kann mir nicht vorstellen, warum Eric so lange gebraucht hat, achteinhalb Stunden vom Lager III ins Lager IV. Die normale Gehzeit wird sechs Stunden sein.«
»Ja, das mag stimmen. Und wir haben heute zwischen drei und vier Stunden gebraucht. Man darf sich nicht vorstellen, wie weit wir jetzt von der übrigen Welt entfernt sind, wie leicht etwas passieren könnte.«
»Hier kann dir kein Mensch helfen, und wenn du am Ende bist, dann bist du tot, bist du gewesen.«

»Ein Rückzug über das Band am Genfer Sporn ist problematisch.«
»Ich habe mein Testament schon gemacht«, sage ich halbernst.
»Ich sage dir, das Band ist gefährlich.«
»Als ich es das erste Mal gemacht habe, das war ein Spaziergang gegen heute. Aber ich habe vorausgesehen was kommt: kleine Schneebretter, darunter glatte Platten, da ist Vorsicht geboten.«
»Wir haben heute noch keine vier Liter getrunken!«
»Grausig schmeckt das!« sagt Peter, als ich ihm den Becher reiche.
»Wir müssen aber trinken, Peter. Draußen weht schon wieder der Wind.«
»Weiter oben vor allem.«
»Der Wind ist zwar von Vorteil, weil er die Wolken wegbläst, aber er ist lästig. Wenn es nicht schneit in der Nacht, und das glaube ich nicht, gehen wir morgen früh. Ich glaube, wir haben morgen einen schönen Tag.«
»Jetzt ein Bier zum Schlafen«, wünscht sich Peter.
»Bier? Ich wäre schon mit einem guten Tee zufrieden!«
»Und wenn schon kein Bier, dann wenigstens Glühwein.«
»Das wäre eine feine Sache, davon könnte ich vier Liter saufen.«
»In den Oberschenkeln spüre ich noch Kraft«, sagt Peter.
»Ich auch.«
»Nur, ich hatte solche Kopfschmerzen, daß ich alles doppelt sah.«
»Ganz ideal ist es nicht, daß wir morgen von hier aus gehen. Das Ideale wäre ein Zelt 200 Meter höher, dort könnten wir fast genausogut schlafen.«
»Die Nacht hier oben ohne Sauerstoff wird uns zusetzen.«
»Erholen können wir uns hier nicht mehr, aber ich glaube, wir bauen auch nicht ab«, ist meine Überzeugung.
»Ich weiß nicht, Reinhold, ich glaube, wir bauen ab. Das kann gar nicht anders sein. Wenn wir auf 8000 Meter schlafen, kannst du nicht erwarten, daß du am nächsten Tag der gleiche Mensch bist.«
»Das letzte Mal, nach der Nacht, als es das Zelt zerfetzt hat, bin ich aufgestanden und habe tadellos gearbeitet«, sage ich. »Ich habe mich nicht einmal geärgert, daß Mingma nicht geholfen hat.«
»Mingma war down, oder?«
»Ich weiß nicht, vielleicht hat er sich auch nur gedrückt.«

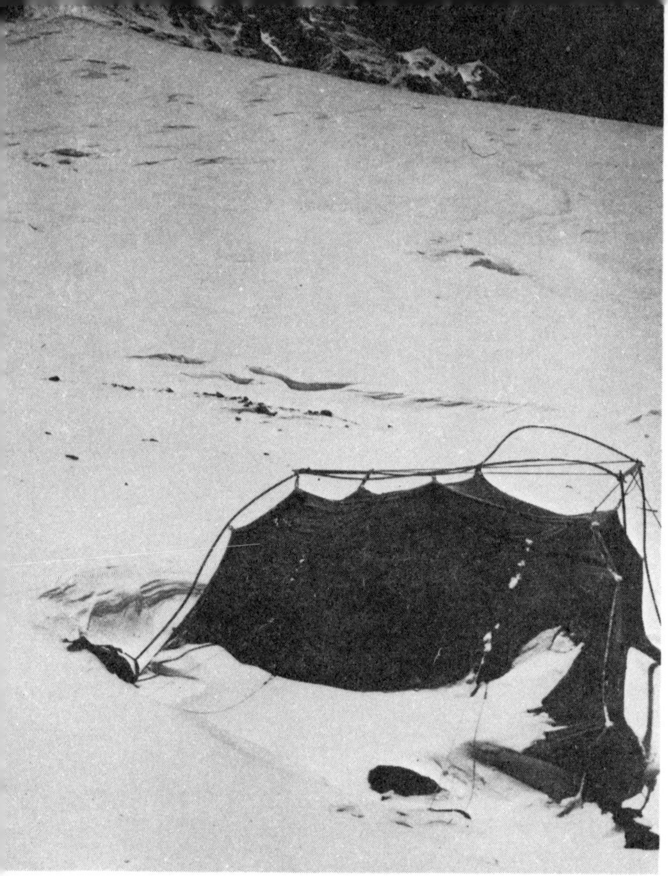

Beim ersten Versuch war der Südsattel steinig. Beim Gipfelangriff lag dort teilweise über ein Meter Schnee. Die Zelte waren eingedrückt.

Wieder trinken wir. Wir müssen viel trinken, hat Dawa Tensing gesagt.
»Ein bitterer Geschmack.«
»Furchtbar, das ist ja kein Tee, das ist das reine Wasser, lauwarmes Wasser. Grausig.«
»Wir sollten zu schlafen versuchen, ich nehme noch eine Tablette.«
»Ich liege jetzt bequem«, sage ich, und Peter stellt fest: »Das ist wirklich ein geräumiges Zelt.«
»Mich schüttelt es schon wieder«, sage ich, und Minuten später: »Ich habe Husten und Schmerzen unter dem linken Rippenansatz, die habe ich gestern auch schon gehabt, aber nicht so stark.«
»Das vergeht wieder.«
»Morgen haben wir schwere Rucksäcke, weil wir Reservematerial und Notproviant ins Lager V tragen müssen. Im Fünfer schlafen, glaube ich, ist nicht gut, höchstens beim Absteigen.«
»Abwärts klettern wir noch viel besser als aufwärts, da holt uns niemand ein.«
»Jetzt müssen wir schlafen.«
»Gute Nacht!«

Wenig später reden wir doch weiter.
»Du, ich bringe den Schlafsack nicht zu, er ist vereist.«
»Du schläfst ja mit der Mütze.«
»Ja«, sagt Peter, »immer.«
»Ich nie.«
»Du hast auch einen dichteren Haarschopf.«
»Das ist der Grund für meine langen Haare.«
»Ich muß immer eine Mütze aufsetzen, sonst bekomme ich Kopfschmerzen. Ich tu' es auch, weil der Kopf in der Nacht immer heraußen ist. Ich schlafe nicht so gut ein, wenn mir zu kalt ist.«
»Scheinbar habe ich eine gute Kopfdurchblutung, am Kopf ist mir selten zu kalt.«
»Und ich muß auf mein Luxusköpferl aufpassen«, lacht Peter.
»Das ist verständlich, Kopfschmerzen sind das einzige Handikap, das du in großer Höhe hast.«
»Aber ich bringe sie immer weg, bisher wenigstens. Manchmal habe ich solche Kopfschmerzen, daß ich mit den Augen übers Kreuz schaue«, erzählt Peter. »Da bin ich nicht ansprechbar und nicht mehr in der Lage, etwas zu tun. Es dauert eine halbe Stunde, und dann geht es wieder. Ich weiß nicht, ob es mir sonst was tut. Aber es beeinträchtigt in keiner Weise meine Kondition und mein Aufwärtsgehen. Außerdem kann ich Hitze schlecht vertragen, wenn es zum Beispiel 40 Grad oder noch mehr hat in den Flanken.«
»Die Hitze setzt mir auch zu. Große Hitze habe ich erlebt am Nanga Parbat, auch am Hidden Peak und am Manaslu.«
»Es ist schon von Vorteil, zu zweit zu sein. Es gibt nichts Idealeres als eine Zweier-Seilschaft, die sich bewegen kann, überhaupt wenn der eine auf den anderen eingeht.«
»In großer Höhe ist eine Zweier-Seilschaft, die schnell ist, die beste Lebensversicherung.«
»Das ist ganz klar.«
»Wenn jemand trödelt, das ist nichts, wie man sich auch nicht verausgaben darf, jeder muß noch Reserverkräfte für den Notfall haben.«
»Und man muß sich kennen, gut kennen.«

»Wir haben nicht viel miteinander gemacht, aber wenn, dann waren es immer big deals.« »Big deals – große Abenteuer.«
»Schöne Sachen haben wir miteinander gemacht. Sehr schöne.«
»Wenn wir noch lange reden, brauchen wir die wenige Luft im Zelt auf.«
»Gute Nacht!«

8. Mai Kurz nach 3 Uhr morgens beginne ich zu kochen: Tee und Kaffee. Die kopfgroße Schneescholle, die noch vom Vorabend im Zelt liegt, gebe ich brockenweise in den Topf. Es dauert lange, bis das Wasser warm ist. Wir trinken abwechselnd.
Noch im Schlafsack liegend, ziehen wir uns zwei Paar Strümpfe und die Innenschuhe an. Die steifgefrorenen Außenschuhe versuche ich zwischen meinen Beinen anzuwärmen. Es ist eine lange, atemraubende Arbeit, bis man in 8000 Meter Höhe angezogen ist.
Zwischen 5 und 6 Uhr machen wir uns endgültig fertig. Ich trage seidene Unterwäsche, einen flauschigen Unteranzug, darüber den ganzteiligen Daunenanzug, doppelschalige Schuhe und Gamaschen aus stark isolierendem Neopren; dazu drei Paar Handschuhe, zwei Mützen, eine Sturmbrille. Für Notfälle habe ich noch ein Paar Handschuhe, eine Mütze und eine Brille zur Reserve im Rucksack.
Darüber hinaus trage ich nur das Allernotwendigste bei mir: ein Stück Seil, Kameras, Höhenmesser und ein Minitonbandgerät.
Es stört mich heute weniger als sonst, daß Rauhreif von der Zeltwand bröselt, daß der Schlafsack außen starrgefroren ist und daß in meinem Bart Eiskrusten hängen. Seit sechs Wochen – so lange halten wir uns schon im Basislager und höher auf – leben wir mit solchen Unannehmlichkeiten.
Als Peter und ich das Zelt verlassen, schlägt uns der Sturm einen Schwall Graupelkörner ins Gesicht. Nein, das darf doch nicht wahr sein: der Himmel ist wolkenverhangen, im Westen nur ein dünner blauer Streifen! Von Süden her weht ein scharfer Wind, alle Täler sind mit Nebel angefüllt. Im ersten Augenblick sind wir geschockt, wie gelähmt. Dann aber, im Bewußtsein, daß dies unsere letzte Chance ist, entschließe ich mich, so weit zu gehen wie irgend möglich.

»Noch können wir ja zurück«, ködere ich den immer noch zögernden Peter. Wenn man, wie er, Frau und Kind hat, wiegen solche Entschlüsse schwerer. Im Unterbewußtsein wächst dann wohl eine natürliche Angstsperre. Ich weiß das von früher, als ich noch verheiratet war. Seit ich wieder allein bin, fühle ich mich in Grenzsituationen unbekümmerter, freier. Ich bin ganz auf das Weiterkommen konzentriert, es gibt kein Vorher und Nachher mehr. Ich habe nichts zu verlieren als mein Sein, aber noch existiere ich.

Wir kommen trotz unserer leichten Rucksäcke nur schleppend voran. Durch ein von Spalten zerrissenes Eisfeld geht es dann etwas rascher. Von der Eiskuppe, über der die Gipfelpyramide aufsteigt, können wir zum erstenmal nach Osten sehen, hinüber zum Makalu, einem gewaltigen Granitberg. Eine riesige, fischartige Wolke hüllt seinen Gipfel ein. Es schneit dort schon. Über uns peitscht der Wind Schnee auf, der blaue Streifen am Horizont ist verschwunden. Trostlose Leere am Himmel.

Der Schnee unter unseren Füßen ist hart, die Zacken der Steigeisen greifen gut. Wir müssen aber immer wieder Rastpausen einlegen, um uns in der dünnen, sauerstoffarmen Luft erholen zu können. Höher oben, dort wo der angewehte Schnee knietief liegt, weichen wir öfters auf die Felspfeiler aus, die klettertechnisch zwar schwieriger sind, uns aber die Spurarbeit ersparen.

Wir verständigen uns in der Zeichensprache. Immer wenn Peter einen nach unten weisenden Pfeil in den Schnee ritzt – »Wir müssen absteigen!« –, zeichne ich einen mit der Spitze nach oben – eine stumme Diskussion.

Nach vier Stunden erreichen wir das fünfte Hochlager, das für uns nur eine Art Rückendeckung darstellt. Ab und zu wird der Lhotse-Gipfel frei, dessen Höhe wir nun erreicht haben, und der scharfe, fein gezeichnete Grat des Nuptse. Wir kochen Tee. Wieder diktiere ich einige Impressionen auf mein Tonbandgerät:

Peter und ich sind auf 8500 Meter Meereshöhe, im letzten Camp. Wir sind verhältnismäßig schnell heraufgekommen, aber das Wetter ist äußerst schlecht. Wir wissen nicht, ob wir weitergehen sollen oder nicht. Der Schnee ist so tief, die Spurarbeit so anstrengend, daß wir nicht viele Chancen sehen. Wir versuchen jetzt, ein bißchen Schnee zu schmelzen. Heute früh, als wir gesehen hatten, daß das Wetter nicht wie erwartet gut ist, haben wir keine

Peter Habeler und ich wechselten uns in der Spurarbeit ab. Oben am Grat Lager V (8500 m), das wir nicht benützten. Wir kochten dort nur Tee.

Schlafsäcke mitgenommen. Wir haben uns auf das Allernötigste beschränkt, um möglichst schnell zu sein. Aber jetzt sind wir in der Klemme. Hier abwarten und biwakieren ist ein Risiko, das tun wir nur im äußersten Notfall. Weiterzugehen – wir sind noch recht früh dran – ist aber ebenfalls ein Wagnis. Es zieht hin und her, einmal hat der Makalu eine Wolke, einmal ist er frei, und während ich im Zelt sitze und Tee trinke, fühle ich mich etwas besser. Beim Gehen ist an Reden oder Diktieren nicht zu denken, das wäre zu anstrengend. Jedes Sauerstoffteilchen wird gebraucht. Daß wir den Gipfel erreichen, ist fast ausgeschlossen. Aber ein Stück weit werden wir vielleicht noch kommen. Wir werden trotzdem alles versuchen, wir sind beide bei guter Laune und bestem Willen. Auch wenn uns dieses fürchterliche Wetter einen Strich durch die Rechnung machen will – wir wollen gleich weiter.

»Peter, wie schaut denn im Moment das Wetter aus?« fragte ich aus dem Zelt hinaus.
»Wieder schlecht.«
»Schneit es bereits?« frage ich, und ohne auf die Antwort zu warten: »Würdest du es noch versuchen, ein Stück weiterzugehen?«
»Wir können es riskieren.«
»Wir haben vielleicht, wenn wir die bisherige Geschwindigkeit halten und der Schnee nicht allzu tief ist, eine Chance, in drei oder vier Stunden auf dem Südgipfel zu sein. Weiter zu kommen, wird nicht leicht sein.«

Zum Endpunkt

Nach einer halbstündigen Rast balancieren wir weiter. Unser Steigen wird noch langsamer. Auf der chinesischen, der Ostseite des Grates ist der Schnee hart. Aber dann müssen wir wieder auf die nepalesische Seite, weil die chinesische zu steil ist. Wieder müssen wir bis zu den Knien wühlen, den Schnee niedertreten. Der steile Felspfeiler links vom Hillary-Step scheint unbegehbar zu sein. Trotzdem queren wir hinaus, und mit Hilfe unserer Steigeisenspitzen tasten wir uns an Leisten hinauf. Immer nach einigen Schritten stützen wir uns auf die Pickel und entlasten so, den Mund weit geöffnet und nach Luft schnappend, den Oberkörper, damit er mit allen Muskeln und Fasern arbeiten kann. Dennoch habe ich das Gefühl, gleich zu zerspringen. Höher oben habe ich sogar das Bedürfnis, mich hinzulegen, um weiter atmen zu können.

Knapp unter dem Südgipfel fingere ich doch die Kamera aus dem Rucksack und filme Peter, wie er im jagenden Sturm aufwärts steigt. Vor uns ragt eine gewaltige Firnschneide auf, der schönste Grat, den ich je gesehen habe. Nach Tibet hin kragen die Wächten mächtig aus, nach Nepal sind sie leicht abgedacht. Der Hauptgipfel scheint unendlich weit entfernt. Ich weiß aber, soweit reichen mein Verstand und mein Konzentrationsvermögen noch, daß in der Höhe die Entfernungen täuschen. In der dünnen Luft erscheint alles viel weiter entfernt. Und jetzt bin ich mir sicher, daß wir den Gipfel erreichen werden.

Es geht immer noch aufwärts, deshalb steige ich weiter. Ohne viel dabei zu denken. Erst am Südgipfel seilen wir uns an. Wenig später, ich führe gerade, spannt sich das Seil, ich schaue mich um, aber nur ganz schnell. Peter will den Rucksack ablegen, sein Gepäck los sein, er will nichts mehr tragen, ganz frei sein in seinen Bewegungen.

Der Pickel in der Hand ist wie eine Balancestange. Unablässig stecke ich ihn in den Schnee oder ich schleife seine Spitze am Firn entlang, und das seit Stunden. Es ist bereits zu einem Bedürfnis geworden, mich auf den Pickel zu stützen, ich würde abstürzen, wenn ich ihn nicht mehr hätte, wenn ich ihn nicht mehr einsetzen könnte. Im Vorgefühl der Gipfelnähe kann ich nicht mehr nach oben schauen. Ich will nicht wissen, wie weit es noch ist. Minuten voll Willen und Selbstbeherrschung, Sturmböen im Gesicht; und dann

Minuten, in denen ich noch zweifle und trotz des aufgesperrten Mundes versuche, die Zähne zusammenzubeißen. Über dem scharfgeränderten Wächtengrat zum Hauptgipfel jagt der Sturm. Peter und ich wollen beim Gehen mit unseren Bewegungen vorsichtig sein, und dabei sind wir aber äußerst ungeschickt und zuletzt von diesen Handgriffen völlig erschöpft. Es ist wie eine stille Übereinkunft, daß in der Gipfelzone die Luft zum Reden nicht mehr ausreicht. Wir machen deshalb immer nur Zeichen mit der Pickelspitze in den Schnee. Jeder Windstoß, der mich mit seinen Graupelkörnern direkt ins Gesicht trifft, läßt mich ungeschickter werden.
Eine Lustlosigkeit, die mit Trotz zusammenhängt. Müssen wir ausgerechnet bei diesem Wetter hier sein? Peter scheint mit der Pickelspitze etwas in die Luft zu schreiben. Ich schaue gespannt zu und lächle schließlich, als er am Ende ist. Im Süden ist die Ama Dablam frei geworden, sie ist von der Sonne beschienen. Vielleicht hält das Wetter doch.
Ich steige in die Scharte ab, die den Südgipfel vom Hauptgipfel trennt, und taste mich, immer in respektvollem Abstand vom Wächtenrand, voran. Knapp unterhalb des Hillary-Step, der schwierigsten Stelle im Gipfelaufbau, bleibe ich stehen. Peter kommt nach. Und dann klettere ich, drei-, viermal rastend, über die Steilstufe. Oben wechseln wir uns dann in der Führung ab. Vom Süden bläst uns ein kalter Wind Eiskristalle ins Gesicht. Zwischen dem Fotografieren und Filmen vergesse ich manchmal, mir die Sturmbrille über die Augen zu schieben.
Jetzt, kurz nach Mittag und auf einer Höhe von 8800 Meter, können wir uns selbst in den Rastpausen nicht mehr auf den Beinen halten. Wir kauern uns hin, knien uns hin und klammern uns an den Stiel des Pickels, dessen Spitze wir in den harten Firn gerammt haben. Wir sichern uns nicht gegenseitig, keiner achtet auf den anderen, aber tief im Unterbewußtsein weiß jeder, daß der andere da ist und keinen Fehler macht. Die Harmonie unserer Seilschaft ist in wiederholten Expeditionen, in Grenzsituationen so gewachsen, daß jetzt keiner um den anderen fürchtet.
Das Atmen ist so anstrengend, daß kaum noch Kraft zum Weitergehen bleibt. Nach jeweils zehn bis fünfzehn Schritten sinken wir in den Schnee, rasten, kriechen weiter. Ich habe vergessen, daß ich bin.

Ich denke nicht mehr viel, ich steige automatisch. Mir ist entfallen, daß wir am Everest unterwegs sind, am höchsten Berg der Welt. Es ist mir auch einerlei, daß wir ohne Sauerstoffgerät klettern. Jetzt ist es allein dieser Punkt, in dem alle Linien zusammenlaufen, der Endpunkt, der mich magisch anzieht. Die Anstrengung muß höllisch sein, aber ich empfinde sie nicht. Es ist, als ob meine äußerste Gehirnrinde taub wäre, als ob nur tiefer drinnen im Kopf etwas über mich bestimme. Ich will gar nicht mehr gehen, kriechen, hecheln. Ich werde angezogen von diesem Endpunkt wie von einem magnetischen Pol. Vielleicht deshalb, weil nur da oben die Lösung möglich ist. Mein Verstand ist wie ausgeschaltet, tot. Meine Seele aber ist durchlässiger, empfindsamer, sie ist jetzt groß und greifbar. Sie will noch ganz hinauf, um ins Gleichgewicht zurückzuschwingen. Ich bin nun Richtung, Kraft und Gipfel. Die letzten Meter hinauf zum Gipfel fallen mir nicht mehr schwer. Oben angekommen, setze ich mich hin und lasse die Füße in den Abgrund baumeln. Ich brauche nicht mehr weiterzusteigen. Ich hole die Kamera aus dem Rucksack, fummle lange Zeit mit den umständlichen Daunenhandschuhen an der Batterie herum, bis ich sie zum Laufen bringe. Dann filme ich Peter.
Jetzt, nach der stundenlangen Quälerei, die ich doch nicht als Quälerei empfand, wo die monotonen Bewegungen des Gehens und Steigens zu Ende sind und ich nichts anderes mache als zu atmen, zieht eine große Ruhe in meinen Körper. Ich atme wie jemand, der das Rennen seines Lebens gelaufen ist und nun weiß, daß er sich für immer ausruhen kann. Ich blicke öfters in die Runde, weil ich beim ersten Mal das nicht sah, was ich mir vom Panorama des Everest erwartet hatte, und dabei auch gar nicht bemerkte, wie der Wind die ganze Zeit Schnee über den Gipfel jagt. In meiner Geistesabwesenheit gehöre ich nicht mehr zu mir und zu meinem Gesicht. Ich bin nur mehr eine einzige, eine enge, keuchende Lunge, die über Nebeln und Gipfeln schwebt.
Erst als ich ein paarmal kräftig ausatmen kann, spüre ich wieder Beine, Arme, Kopf. Ich bin bei hellem, klarem Bewußtsein, auch wenn mir nicht ganz bewußt ist, wo ich bin. In dem Augenblick, als Peter bei mir ankommt und mich umarmt, brechen wir beide in Tränen aus. Wir liegen, von Emotionen geschüttelt, im Schnee, die Kamera habe ich weggeworfen. Die Tränen lösen plötzlich, nach diesem enormen Willenseinsatz, alles auf.

Wir liegen nebeneinander am Gipfel wie zwei, die im selben Augenblick sich selbst vergaßen. Eine Zeitlang liegen wir so da, bis zum Hals zugedeckt von Triebschnee, den Mund aufgesperrt und ruhen uns aus. Als ich aufstehe, starrt mich Peter an, als ob er sich mein Gesicht einprägen wolle, als ob er dieses Gesicht nicht kenne.

Stehend jetzt im diffusen Licht, mit dem Wind im Rücken, habe ich plötzlich eine Art Allgefühl – nicht das Gefühl, es geschafft zu haben und stärker zu sein als alle, die vor uns da waren, nicht das Gefühl, am Endpunkt angekommen zu sein, nicht Allmachtsgefühl. Nur ein Hauch von Glücksgefühl tief drinnen im Kopf und in der Brust. Der Gipfel, der mir plötzlich wie ein Ruheplatz erscheint. Als ob ich hier oben einen Ruheplatz gar nicht erwartet hätte. Beim Anblick der steilen, scharfen Grate unter uns die Vorstellung, später wären wir zu spät gekommen. Alles was wir jetzt zueinander sagen, sagen wir nur aus Verlegenheit. Ich denke nicht mehr. Während ich wie in Trance das Tonband aus dem Rucksack hole, es einschalte und einige vernünftige Sätze darauf sprechen will, kommen mir mittendrin die Tränen in die Augen.

»Jetzt sind wir am Gipfel des Everest, es ist so kalt, daß wir nicht fotografieren können«, beginne ich ein wenig später das Gespräch bei angeschaltetem Tonbandgerät. Aber sofort werde ich von Schluchzen geschüttelt. Ich kann weder reden noch denken, spüre aber, wie mich diese tiefe seelische Erschütterung in ein neues Gleichgewicht wirft. Nur wenige Meter unter dem Gipfel wäre die Anstrengung gleich groß gewesen, auch die Sorge und das ertragene Leid; ein derartiger Gefühlsausbruch ist aber nur am Gipfel möglich.

Alles was ist, was ich bin, ist getragen vom Wissen, daß ich den Endpunkt erreicht habe. Der Gipfel – wenigstens zeitweilig – als naive, intuitive Antwort auf die Seinsfrage.

Ich empfinde kein Gefühl des Triumphes oder der Allmacht, nur das Gefühl da zu sein und Dankbarkeit gegenüber meinem Partner. Ich habe im Glückszustand für kurze Zeit den Verstand verloren, ich stelle keine Überlegungen mehr an, mich beherrschen Emotionen, die anscheinend ohne jeglichen Widerstand ausbrechen. Wir reden nicht miteinander, wir fotografieren uns nur. Peter spürt auf einmal, wie es ihm, wie schon vorher am Hillary-Step die Finger zusammenzieht. Es sind Krämpfe – oder droht ein Gehirnschlag? Er denkt

an den Sherpa, der vor wenigen Tagen halbseitig gelähmt abtransportiert worden ist – Gehirnschlag nach Überanstrengung in großer Höhe. Peter wird unruhig, will absteigen.
Und er steigt ab, allein, ohne Seil. Ich sehe ihn noch am Südgipfel, während ich oben ein Tonband bespreche. Ich packe eine Filmkassette aus und werfe statt des Papiers den Film in den Abgrund. Erst als er verschwindet, wird mir klar, was ich getan habe. Ich nehme eine zweite Kassette aus dem Rucksack und lege dann den Film ein. Nach so viel Konzentration überwältigen mich plötzlich wieder die Gefühle. Erleichtert atme ich auf. Dann lasse ich alles in den Rucksack fallen, eins nach dem anderen, Tonbandgerät, Filmkamera, Fotokamera, ich binde die Batterien, die jetzt überflüssig geworden sind, an das chinesische Gipfel-Emblem und hocke mich nochmals hin. Mein Selbstbewußtsein ist nicht größer als sonst, obwohl es mir jetzt gelingt, gelassen an den Abstieg zu denken.
Es ist erst früher Nachmittag, doch das Licht erweckt den Eindruck, es sei bereits Abend, und mich überkommt die Vorstellung, daß ich schon lange da oben sitze, seit einigen Stunden. Trotzdem empfinde ich eine bestimmte Unlust abzusteigen, als ob das Absteigen nicht zu meinen Plänen gehörte. Tatsächlich hatte ich mich in der Zeit der Vorbereitungen – das liegt schon Jahre zurück – immer nur mit dem Aufstieg beschäftigt, höchstens noch mit dem Gipfel, aber niemals mit dem Abstieg. Ich muß mich selbst jetzt auffordern aufzustehen und diesen Punkt zu verlassen.
Jetzt steigst du ganz langsam den Grat abwärts, sage ich zu mir selbst. Vorsicht am Hillary-Step! Vorsicht, er ist ausgesetzt! In wenigen Stunden bist du in sauerstoffreicherer Luft, dann geht es schon besser. Ich strenge mich an, nur vorauszuschauen, nach unten zu schauen, daß ich überhaupt absteigen kann. Dann betaste ich noch einmal das Seilstück und die Batterie meiner Filmkamera am Tripol und steige Peter nach, in der Hoffnung, daß er am Südgipfel auf mich wartet.
Wenige Schritte unter dem Gipfel drehe ich mich trotzdem noch einmal um, und ich bedauere fast, schon hier zu sein, nicht mehr da oben zu sitzen. Ich bedauere, daß ich jetzt absteigen muß, ohne noch einmal hochzukommen, ohne oben zu bleiben, wofür ich doch bestimmt zu sein scheine. Dort, wo Pe-

ter abgestiegen ist, hat er mit seinen Steigeisen feine Ritzen im Firn hinterlassen. Im Gegensatz zum Aufstieg kann ich jetzt beim Abstieg während des Gehens zwischendurch denken. Ich kann stehenbleiben. In den Rastpausen gibt es Momente, in denen ich Lust habe, mich zu strecken, um aufatmen zu können. Manchmal besteht dieses mein Denken aus spontanen Erkenntnissen: Beim Anblick des im Nebel verschwimmenden Nuptse-Grates ist es das tiefe Wissen, daß dies ein trauriger Tag für mich ist. Es ist etwas Endgültiges geschehen. Der Berg, von dem ich absteige, als zerstörte Illusion ...

Der Gipfelgrat des Everest im Rückblick, diese Fußstapfen im Schnee, dieser Pickel in der rechten Hand, das gehört alles zu mir, das bin doch alles ich. Als ich eine halbe Stunde nach Peter am Südgipfel ankomme, ist er nicht mehr da. Panik muß ihn erfaßt haben. Während ich langsam durch den steilen Schnee stapfe, mich von einer Stufe in die andere fallen lasse, sehe ich auf einmal links eine Rutschbahn im 50 Grad steilen Schneehang. Sie verschwindet irgendwo im Nebel. In diesem Augenblick weiß ich, denn jetzt beherrscht mich wieder Logik, daß die Ostflanke 4000 Meter tief abfällt und von Spalten durchzogen ist.

Vom Südgipfel aus geht es nur mehr abwärts. Einen Schritt vor den anderen setzen, Gesicht talwärts, mit größtmöglicher Konzentration, den Schnee platt treten, die Steigeisen aufsetzen, das ist die Rettung. Noch einmal sehe ich den Everest-Gipfel, ein letztes Mal. Endlich ist er mir gelungen, nach jahrelangen Wachträumen. Ein bißchen stolz bin ich schon.

Von Peter nirgendwo eine Spur, auch fast keine Anzeichen mehr von unserem Aufstieg, als sei der Berg, von dem ich jetzt absteige, ein anderer; als sei ich, als der ich aufgestiegen bin, im Nebel verlorengegangen. Dabei habe ich die Empfindung, Peter ganz nahe zu sein, so als seien der Berg, Peter und ich eins, undenkbar einer ohne den anderen. Indem ich mit den Augen nach ihm suche, baue ich an unserer Freundschaft. Ich bin nicht böse auf ihn, weil er nicht wartet. Ich bin nur besorgt.

Als ich knapp unterhalb des Südgipfels die Rutschspur wieder sehe, die sich auf der chinesischen Seite des Everest im Nebel verliert, denke ich nicht an eine Katastrophe. Ich denke nur, daß ich jetzt sterben möchte. Ich steige am Grat rechts von der Rutschspur ab, fast stolz über die Angst, die es mir verbietet, es Peter nachzumachen und am Hosenboden abzurutschen. Ich freue mich schon darauf, Peter zu treffen und ihn von seinem Abstieg erzählen zu hören. Dabei das ganz starke Gefühl, mit dem einzig richtigen Mann unterwegs zu sein. Ich brauche mich nicht um ihn zu kümmern. Peter macht keinen Fehler!

Da, nun habe ich entdeckt, wie allein ich bin. Es ist, als ob sich das Alleinsein in meinem Kopf ausbreitet. Er erscheint mir ganz leer und weit. Der riesige Himmel über mir ist formlos, ohne ziehende Wolken. Knapp oberhalb der Stelle, wo auf dem Grat das fünfte Hochlager steht, hat die Rutschspur ihr Ende. Peter ist offensichtlich nach rechts gequert in die Südostflanke und über diese weiter hinuntergerutscht zum Südsattel. Während ich allein an den Zelten vorbeistapfe, zwinkere ich mir wie zur Bestätigung selber zu: Du hast recht gehabt.

Ich warte jetzt öfters bis die Nebel vorbeiziehen. Dann kann ich unten die beiden gelben Punkte, die Zelte, erkennen, sonst sehe ich nichts. Aber ich bin sicher, daß Peter schon im Camp ist oder bald dort ankommen wird.

Wenn ich müde bin, setze ich mich einfach in den Schnee. Endlich empfinde ich in mir, wie auf einen Punkt konzentriert, die Erfolgsfreude. Und dieser Punkt breitet sich allmählich aus und füllt dadurch, daß ich sitzen bleibe und meine Müdigkeit nicht spüre, allmählich meinen ganzen Körper aus. Endlich ein Berg, an dem ich nicht »vorauslebe«. Ich tue nur das, was ich wirklich tue. Sogar 100 m vor dem Gipfel noch dachte ich voraus, wußte ich, daß ich bald oben sein würde. Ich plane nicht mehr, ich tue alles jetzt und hier, weiter kann und will ich nicht denken. Ich habe keine Angst, daß ich das Lager nicht erreichen könnte, aber ich denke noch nicht daran, so wenig ich jetzt daran denken kann, wie ich mich in den warmen Schlafsack kuscheln werde.

Ich bin so müde, daß ich selbst in Gedanken nicht mehr vorauseilen kann. Über die letzten Schneehänge oberhalb des Südsattels bewege ich mich wie ein Schlafwandler. Immer wenn ich mich hinhocke um zu rasten, schaue ich auf die Uhr, aber ich weiß trotzdem nie, wie spät es ist. Jetzt, bei den letzten Schritten zum Zelt, habe ich das Gefühl, etwas einmal geschafft zu haben und es dann nie mehr zustande zu bringen. Geborgenheitsgefühl vor den Zelten.

(Fortsetzung Seite 190)

Am 8. Mai zwischen ein und zwei Uhr nachmittags erreichten Peter Habeler und ich den Gipfel des Mount Everest. Wir fotografierten uns gegenseitig am Tripol (rechts), dem Vermessungszeichen, das eine neunköpfige chinesische Expedition 1975 auf dem Gipfel hinterlassen hat. Die Spitze, an der eine Fahne hing, ist inzwischen abgebrochen. Diese Chinesen erreichten den höchsten Punkt der Erde mit dem geringsten Aufwand an künstlichem Sauerstoff. Am Gipfel hielten sie sich sogar 70 Minuten lang ohne Masken auf. In den Rastpausen haben sie beim Aufstieg Sauerstoffduschen genommen, wie ihr Film zeigt und wie sie es auch in ihren Berichten und Büchern beschreiben. Peter Habeler und ich waren die ersten, die ohne auch nur ein einziges Mal Sauerstoff aus Flaschen zu atmen, vom Basislager bis zum Gipfel gestiegen sind. Die nächste Doppelseite zeigt Peter Habeler (er trug einen blauen, ich einen roten Sturmanzug) auf etwa 8800 Meter Höhe (großes Foto) und nach dem Hillary-Step knapp unterhalb des Gipfels; im Hintergrund der Lhotse.

CARRERA

Als kleines Dreieck ragt der Everest über der gewaltigen Nuptse-Lhotse-Mauer auf. An dieser Riesenflanke war ich 1975 gescheitert. Damals konnte ich keinen direkten Blick auf den höchsten Berg der Welt werfen. Erst 1977, bei einem Flug über dem Everest-Gipfel – damals auf ca. 9000 Meter, ohne Sauerstoff, ohne Druckausgleich –, konnte ich diese Dimensionen einigermaßen erfassen. Auch nachdem die ersten unserer Kameraden mit Sauerstoff am Gipfel gewesen waren und im Basislager gefeiert wurden (unten; in der Mitte Expeditionsleiter Wolfgang Nairz, neben ihm der Sherpa-Sirdar Ang Phu und Robert Schauer, Horst Bergmann filmt im Vordergrund), zweifelten Peter Habeler und ich immer noch an unseren Aufstiegschancen. Wir wußten, daß der Engländer Norton bereits 1924 bis auf etwa 8600 Meter ohne Sauerstoffgeräte vorgedrungen war. Aber wir wußten nicht, ob der Mensch höher oben überhaupt noch lebensfähig ist. Auf jeden Fall mußten wir schnell sein, wenn wir ohne Gehirnschaden zurückkommen wollten. Wir vertrauten auf unsere leichte Ausrüstung, die in Jahren aufgebaute Kondition und das instinktive Kletterkönnen.

Es geht aber bald in der allgemeinen Ödnis am Südcol unter. Nur im Zeltinnern gibt es wirklich Geborgenheit, dort spüre ich sie. Da sind auch Peter und Eric. Als ich ins Zelt krieche und Peter sehe, dieser triumphale Gedanke: Wir haben es geschafft!

Und wir werden auch weiter hohe Achttausender ohne Sauerstoff schaffen! Es kommt jetzt ein Zustand der Freude auf, so daß ich auf das Atmen vergesse und während des Gesprächs mit dem Hauptlager nur von Zeit zu Zeit die Luft in mich hineinhole.

Dazwischen wende ich mich an Peter: »Sag' mir nochmal, wie du nach dem Hillary-Step gedacht hast, jetzt seist du nicht mehr du.«

»Nach dem Hillary-Step bin nicht mehr ich selbst es gewesen, der die Steilwand hochgestiegen ist«, bestätigt Peter nochmals.

»Peter, wenn wir heute zwischen fünf und sechs gestartet sind, waren wir ungefähr zwischen 1 und 2 Uhr am Gipfel. Dann haben wir acht Stunden im Aufstieg gebraucht. Du bist in einer Stunde herunter, das ist Wahnsinn, das ist wirklich Wahnsinn. Und ich in eineinhalb oder eindreiviertel.«

»Schlafen wir wieder in der gleichen Position wie gestern?« fragt Peter.

»Ja, ich glaube schon.«

»Heute brauche ich nicht soviel zu kochen.«

»Hättest du in der Früh' gedacht, daß es geht?«

»So hundertprozentig war ich nicht sicher.«

»Wo warst du denn absolut sicher, daß wir es schaffen?«

»Am Südgipfel.«

»Am Südgipfel habe ich angefangen, mehr und mehr zu filmen, und da habe ich lange nicht gewußt, habe ich dich im Bild oder ist das eine Spalte, so stark war der Wind. Da war nur ein schwarzer Fleck und ein wilder Sturm, das hat ungeheuer gut ausgeschaut. Hast du das gar nicht gemerkt?«

»Habe ich nicht gemerkt.«

Erst im Lager sind wir beide also »high«, euphorisch.

Am Abend schmerzen meine Augen. Peter hat sich den rechten Knöchel angeschlagen, er ist stark geschwollen. Und mein Augenlicht wird von Minute zu Minute trüber, die Pein wird unerträglich. Zunächst befürchte ich, zu erblinden. In großer Höhe sind Nervenschäden keine Seltenheit, irreversible

Gehirnschäden möglich. Dann aber spüre ich es wie Sand in den Augen und weiß, daß ich schneeblind bin.
Es folgt eine fürchterliche Nacht. Ich habe das Gefühl, daß dort, wo früher die Augen waren, zwei Löcher liegen. Immer wieder muß ich mich aufsetzen, ich presse die Fäuste in die Augenhöhlen, ich weine, ich schreie. Es hilft, die Tränen lindern den Schmerz, und Peter umsorgt mich wie ein kleines Kind.

Der Abstieg am nächsten Tag, dem *9. Mai,* vom Südsattel ins Lager II gelingt nur, weil ich, schneeblind wie ich bin, hinter Peter herstolpere. Unten kann ich nur mehr einen Meter weit sehen.
Am *10. Mai* kommen wir wie zwei Invalide im Basislager an. Aber wir sind – so bestätigen es uns wenigstens die Kameraden – noch bei Trost.
Ob unser Unternehmen auch hätte schiefgehen können? Daran denken wir jetzt nicht. In der Todeszone liegen Erfolg und Mißerfolg so nahe beieinander wie Sturm und Windstille, wie Hitze und Kälte.
Bei den sieben Achttausendern, die ich versucht habe, erreichte ich nur viermal den Endpunkt. Und ich weiß heute, daß – wie bei jedem richtigen Abenteuer – der Weg zwischen Grab und Gipfel sehr schmal ist.
Daß man vorher nicht weiß, wo man landet, macht das Sein dort oben nicht sinnvoller. Aber intensiver.

Ein Achttausender, ein Spital und ein Weinkeller

»Gratulation, das habt ihr gut gemacht! Bulle bravo!«
»Das war Zeit, Bulle, höchste Zeit!« Alle gratulieren wir der dritten Gruppe! Wer freut sich nicht mit Bulle, unserem Expeditionsarzt, daß auch er nun – am *11. Mai* – den Gipfel erreicht hat.
Auch Reinhard Karl, ein Student aus Heidelberg und als Bildreporter in die Expedition eingekauft worden, findet viel Sympathie. Für Bulle aber freue ich mich ebenso wie über meinen eigenen Erfolg.
»Es war klar, daß ihr hinaufkommt, es war nur fraglich wie.«

»Wir hatten schaurige Verhältnisse, es war tiefer Schnee. Wir haben gedacht, wir packen es nie.« Die beiden reden durcheinander.
»Bis Lager V habe ich es nicht geglaubt, und dann habe ich gemerkt, daß der Sauerstoff reicht«, Bulle lacht aus seinem weichen, breiten Gesicht.
»Wie lange wart ihr oben?«
»Das kann ich nicht sagen. Ich habe gehechelt, habe keine Luft mehr bekommen. Ich habe nur eineinhalb Flaschen gebraucht bis zum Gipfel und wieder zurück«, erzählt Reinhard Karl, der den Großteil des Weges vorausgegangen ist.
»Aber wie man das ohne Sauerstoff machen kann, ist mir ein Rätsel.«
»Also bis auf 8500 Meter kann ich es mir vorstellen.«
»Vollkommen rätselhaft, du tust das Gerät einmal drei oder vier Minuten lang am Gipfel weg, und dann ist es aus.«
»Dann wird dir schwindlig!«
»Du schnaufst wie ein Vieh!«
»Mit den Masken habt ihr keine Schwierigkeiten gehabt?«
»Absolut null.«
»Wir sind die steilen Felsen abgeklettert, da ist man in einer halben Stunde vom letzten Lager wieder am Südsattel.«
»Bitte, Herr Doktor, was sind ihre Lebensziele?« frage ich Bulle und ahme dabei einen Reporter nach.
»Ein Achttausender, ein Weinkeller und ein Spital!«
»Den Achttausender hast du schon jetzt, den Weinkeller bald.«
»Der Weinkeller muß ganz tief unter dem Boden sein, damit man Weine 20 bis 30 Jahre lang liegen lassen und jedes Jahr die Achttausender feiern kann!«
»Habt ihr die Rutschbahnen von Peter gesehen?«
»Nein, ich kann sie mir aber vorstellen. Auch vom Südgipfel hinunter würde ich nicht rutschen.«
»Das war wahrscheinlich schon die Folge einer gewissen Beeinträchtigung der Gehirnfunktion.«
»Angst – schnell weg, schnell weg!«
»Jetzt gehen wir alle erst einmal zum Basislager und essen etwas Vernünftiges.«

»Als wir morgens gestartet sind, hat es nicht so toll ausgesehen. Ich habe ein schlechtes Gefühl gehabt – ich glaubte zwar nicht, daß wir es schaffen, aber ich wollte mein Letztes geben, damit wir so hoch wie möglich kommen. Ich wußte, das wird ein sehr harter Tag werden, an dem ich mich bis zum Äußersten schinde. Es ist dann besser gegangen, als ich zuerst erwartet habe«, erzählt Reinhard Karl.

»Um 12 Uhr waren wir auf dem Gipfel und um 3 Uhr wieder am Südsattel.«

»Wir haben uns riesig gefreut über euren Erfolg«, sage ich.

»Richtig kapiert habe ich es erst im Zweier-Lager heute nacht. Da ist alles wie ein Film wieder abgelaufen, alles was passiert ist, was ich gesehen habe und so weiter.«

»Du warst oben auf dem Gipfel sicher zu konzentriert.«

»Genau, ich war so konzentriert und hatte so einen drive drauf. Fotografieren war das letzte, das interessierte mich überhaupt nicht.«

»Mir ging es ähnlich, alles außer dem Endpunkt war zweitrangig.«

»Ich habe das erst im Lager II so richtig mitbekommen, es ging alles so schnell. Ich weiß noch, wo wir die Flaschen ausgetauscht haben, das war auf 8600 Meter. Da habe ich mir gedacht, mein Gott, jetzt bin ich schon 8600 Meter hoch, das ist ja unwahrscheinlich. Ich war wie in Trance, ich habe die Flaschen gewechselt, dann waren wir auf dem Südgipfel, wir haben den Hauptgipfel gesehen und gesagt, da laufen wir jetzt noch schnell hinauf. Das haben wir gemacht. Und dann kam dieser Everest, der Gipfel war nichts Besonderes, dann kamen die letzten Hänge, und dann haben wir diesen Tripol der Chinesen gesehen und gewußt, jetzt sind wir oben.«

»Was habt ihr oben gelassen?« frage ich Reinhard.

»Wir haben euer Zeug wieder mitgebracht, das gelbe Seil und selbst die Steigeisenriemen hinterlassen.«

»Ich finde es ganz lustig, daß jeder was oben läßt, und der nächste bringt es wieder mit. Meine Batterien habt ihr oben hängen lassen?«

»Ja.«

»Wir haben Bilder fürs Familienalbum gemacht. Ich auf dem Everest. Ist schon eine große Sache, dort oben zu sein. Und doch bin ich auch enttäuscht. Wie ich nach der Eiger-Nordwand enttäuscht war.«

»Das ist so, weil wieder ein Ziel weg ist, weißt du.«
»Ja, ganz genau. Du hast dich eingesetzt, hast viel gelesen, viele Tagträume gehabt. Beim Abstieg über den Südsattel ist es mir erst klargeworden: Mein Gott, wir waren auf dem Everest! Es hat alles geklappt, es ist überhaupt nichts passiert, wir haben keine Erfrierungen, nichts, und es lief alles wie am Schnürchen.«
»Wir haben alle Glück gehabt.«
»Daß alles so gut lief, ist fast unglaublich.«
»Oh, hello, how are you?« begrüßen die Sherpas Bulle, ihren Doktor-Sahib.
»Fantastic!« Immer noch sprudeln die Erlebnisberichte.
»Einen Sauhunger habe ich! Im Lager II gibt es gar nichts mehr zum Essen.«
»Es fragt sich, wie dein Erfolg sich auswirken kann. Deine Mutter und dein Vater werden jetzt wahrscheinlich von Reportern bestürmt werden. Die nehmen sämtliche Babybilder von dir«, sagt einer zu Reinhard.
»Damals wußte er noch nicht, daß er ... wird dann in den Zeitungen drunterstehen«, spöttelte ein anderer.
»Das sieht denen schon ähnlich«, antwortet Reinhard Karl. »Übrigens, unser Gipfelgang war richtig stilvoll. Am Grat ist Bulle vorausgegangen, weil ich Schwierigkeiten mit meinem Gerät hatte. Zwei Meter vor dem Endpunkt hat er auf mich gewartet, und dann sind wir beide Arm in Arm zum Gipfel hinaufgestiegen.«

»Ich muß erst mehr zu trinken haben, vorher kann ich nichts essen«, sagt Bulle, ehe er sich um alle seine Patienten kümmert.
»Habt ihr euch wieder gut erholt, alle okay?«
»Ich habe nur Grippe, ich will dich nicht damit belasten«, erwidert Hanns Schell.
»Ich habe in den Zehen ziemlich starke Phantomschmerzen«, melde ich mich. »Das ist neu, daß ich in den abgeschnittenen Teilen etwas zu spüren

Die Seilschaft Reinhard Karl (links) und Oswald Ölz erreichte am 11. Mai ebenfalls den Gipfel. Dabei benützten sie die Sauerstoffflaschen, die Peter Habeler und ich als Medikament für den Notfall am Südsattel deponiert hatten. ▷

WELCOME TO SUMMITEERS ON
Schuster

glaube. Nichts ist geschwollen, nur der dumpfe Schmerz, dort, wo nichts als Luft ist.«
»Wie lange ist das schon so? Und die Schneeblindheit?«
»Im Lager II, in der Nacht nach dem Abstieg, habe ich eine Schmerztablette genommen und gut geschlafen. Um 5 Uhr morgens sind wir dann raus, und da war es schon besser. Unscharf sehe ich immer noch.«
»Es hat fast jeder mit den Augen etwas gehabt.«
»Weil wir die falschen Brillen tragen?«
»Wir haben zwar 95 Prozent absorbierendes Glas, aber was nützt das, wenn wir die Brillen nicht immer aufsetzen.«
»Wir sind so langsam heruntergegangen wie damals vom Mount McKinley. Ich habe gewußt, es kann nichts mehr passieren, das ist der höchste Berg, den ich machen kann, und jetzt will ich das noch genießen und gehe ganz gemütlich runter«, erzählt Bulle wieder.
»Der Blick vom Südgipfel hinunter in die Ostflanke ist schon gewaltig«, wirft Reinhard ein.
»Ich habe gedacht: nur sich keine Gedanken machen über Wächten oder irgendwas. Das kannst du dir gar nicht erlauben, du mußt einfach hinauf.«
»Immer genügend weit links bleiben.«
»Aber trotzdem, manchmal kann man es nicht ganz übersehen, weil da oben Nebel ist.«
Bulle ist immer noch erzählfreudig.
»Der Hillary-Step, von dem ich seit 25 Jahren immer wieder gelesen habe, daß er eine fürchterliche Stelle sei, ist aber doch ein Witz.«
»Ich kann mir überhaupt nicht vorstellen, wie Leute vom letzten Lager zwölf Stunden bis zum Gipfel brauchen.«
»Aber es ist nicht ganz leicht, das Klettern auf dem brüchigen Fels, wenn zehn bis fünfzehn Zentimeter Neuschnee liegen. Man muß schon alpine Erfahrung haben. Also jeder Trottel kann nicht hoch«, stellt Peter kategorisch fest.
»Nein, leicht ist dieser Berg wirklich nicht.«
»Ein steiler Berg in jedem Fall!«
»Und was ist mit eurer Weltsensation: Everest ohne Sauerstoff?«
»Das ist schon um die ganze Erdkugel gegangen«, freut sich Peter.

Reinhard Karl, einer der besten deutschen Felskletterer, Fotograf und Student, ist der erste deutsche Staatsbürger, der den Gipfel erreicht hat.

»Wenn man es sich überlegt: Am Südgipfel kam ich mir vor wie ein Patient an der Herz-Lungen-Maschine. Echt, mit den Flaschen dran!« sagt Karl.
»Und am Gipfel ist dir wirklich schwindlig geworden, Bulle?« frage ich.
»Es ist einfach etwas anderes, ob du den Körper mit Sauerstoff vollpumpst oder die Maske abnimmst.«
»Heute morgen war Sturm am Südsattel«, erzählt Bulle.
»Richtiger Sturm?« Der Expeditionsleiter macht sich Sorgen.
»Ja, richtige Böen.«
»Wir wissen natürlich nicht genau, wie Franz und Josl den Sturm überstehen, sie sind das erste Mal dort oben, es bläst stark.«
»Bulle, wo ist es euch am härtesten vorgekommen?« wirft Peter ein.
»Oberhalb vom Lager V war es klar, daß wir es schaffen, da hätte ich senkrechte Eiswände hinaufsteigen können«, antwortet Reinhard sofort.

»Weißt du, wenn du zwei Flaschen auf dem Buckel hast, dann bewegst du dich auch nicht so schnell«, ergänzt Bulle.
»In 8600 Meter haben wir die Flasche gewechselt, da sind wir auf dem Fels weitergestiegen. Links außen, das war ganz gut.«
»Du mußt die Habeler-Methode zum Abstieg benützen, dann geht es schnell«, meint Wolfi, als vom anstrengenden Rückmarsch die Rede ist. Und:
»Ich meine, die Habeler-Methode wird in die Bergsteigergeschichte eingehen.«
»Die bewährt sich aber nur bei Nebel«, lacht einer.
»Wir haben uns Steine mitgenommen«, erzählt Reinhard. »Ich war etwas nervös und habe gesagt, wir gehen jetzt runter. Doch der Bulle antwortet: Da sind Steine und setzt seinen Rucksack ab. Ich wieder: Bulle, komm, wir gehen jetzt runter, es wird kalt.«
»Das kommt vom mangelnden Sauerstoff«, sagt Oswald Ölz. »Diese Angst.«
»Bulle, habt ihr oben die Masken öfters weggetan? Wie hat sich das bemerkbar gemacht?«
»Du wirst langsamer und langsamer.«
»Das ist der plötzliche Sauerstoffentzug.«
»Ein dringendes Verlangen ist da, das Ding wieder zu nehmen und zu atmen, das beruhigende Geräusch von dieser Klappe zu hören, wie sie aufgeht, wie aus der Flasche das Leben strömt.«
»Zwischen 8000 und 8500 Meter ist ein gewaltiger Unterschied. Zwischen 8500 Meter und dem Gipfel, da kommt dann langsam irgendwo die kritische Grenze.«
»Die liegt über 9000 Meter«, ist meine Ansicht.
»Bulle und ich sagen, Hermann Buhl wäre auch ohne Sauerstoff aufgestiegen, hundertprozentig!« Das ist meine Überzeugung.
»Buhl war ungemein ausdauernd. Der wäre gegangen, bis er nicht mehr gekonnt hätte.«
»Du darfst nicht vergessen, Buhl war am Nanga Parbat, da waren inzwischen schon sehr viele ohne Sauerstoff.«
»Fünfzehn Leute vielleicht.«

»Immerhin.«
»Aber die Strecke, die er gemacht hat am Nanga! 1300 Höhenmeter in einem Schub. Ich bin immer noch der Meinung, daß 8000 Meter am Nanga schwieriger sind als am Everest 8500 Meter.«
»Weil er klimatisch schwieriger ist, oder wie meinst du das?«
»Nein, es ist einfach so: Je höher der Berg, um so leichter kommst du auf eine bestimmte Höhe.«
»Aus psychischen Gründen oder warum?«
»Ich weiß es nicht, ich fühle das nur.«

Inzwischen beschäftigt uns alle die Sorge um Josl Knoll und Franz Oppurg, die als letzte Seilschaft einen Vorstoß zum Gipfel versuchen.
»Gas haben sie genug.«
»Ich habe ihnen gesagt, sie sind jetzt vollkommen abgeschnitten, alle Lager werden abgebaut, sie dürfen sich keinen Fehler erlauben. Sie sollten zu den üblichen Zeiten immer versuchen zu funken. Damit wir überhaupt einen Kontakt mit ihnen haben.«
»Franz ist mir müde vorgekommen«, meint Bulle.
»Habt ihr ihnen gesagt, daß es schwierig ist, ohne Sauerstoff vom Südsattel herunterzugehen?« fragt Nairz besorgt.
»Ich habe ihnen gesagt, auf alle Fälle mit der Flasche gehen.«
»Sie haben genug Sauerstoff«, sagt Reinhard.
»Auch zum Übernachten?« Wolfi nickt. Wir sind beruhigt.
»Nicht, daß sie da oben ausrutschen, die Querung ist nicht so leicht.«
»Ich wäre beinahe runtergeflogen«, sagt Reinhard.
»Ich bin einmal ausgerutscht, das ist nicht so tragisch«, sagt ein anderer.
»Wirst du jetzt für deine Arztpraxis oder für das Krankenhaus neue Visitenkarten drucken lassen? Vielleicht: Bulle, Dr. Oswald Ölz, Bezwinger des Mount Everest«, spricht einer unseren aufgedrehten Doktor an.
»Plus Privatdozent.«
»Plus Vorarlberger.«
»By all means«, lacht er, immer lauter werdend.
»Den Kilimandscharo hat er nicht gepackt, aber den Everest!« sagt einer.

»Damals hat er auch keinen Sauerstoff gehabt«, lacht Wolfi.
»Da war er vorher in Nairobi und war eine Nacht lang unterwegs im Starlight«, frotzelt ein anderer.
»Auf den Aconcagua muß ich noch hinauf«, prophezeit Bulle.
»Da machen wir erst einmal vierzehn Tage Urlaub in Mendoza, da gibt's die zartesten Steaks auf der Welt, hervorragenden Wein, und dazwischen gehen wir locker auf den Aconcagua«, schlägt Nairz vor.
Bulle lobt seinen Partner. Reinhard ist begeistert von Bulle.
»Ich muß sagen, es hat gut geklappt. Wenn Bulle müde war, habe ich Auftrieb gehabt und habe ihn mitgezogen.«
»Am Abend ist Reinhard im Schlafsack gelegen und hätte keinen einzigen Brocken Schnee mehr geschmolzen. Das habe ich dann gemacht, dafür hast du gespurt«, sagt Bulle zu Reinhard gewandt.
»Es muß einfach in einer Seilschaft stimmen wie in einer Ehe.«
»Bei uns stimmt es optimal!«
»Es muß Harmonie herrschen.«
»Wenn bei einem eine Schwäche aufkam, ist der andere eingesprungen.«
»Du hast gefroren, ich hätte noch zwei Stunden am Gipfel hocken können. Ständig dieses: Jetzt gehen wir, jetzt gehen wir!« beklagt sich Bulle.
»Wie lange bist du oben geblieben, Bulle?«
»Wir sind zusammen abgestiegen, nachdem ich Bulle von den Steinen vertrieben hatte, sind wir wieder gemeinsam abmarschiert.«

Das Loch, das die gelebte Idee hinterläßt

Seit einigen Tagen sind wir nun schon wieder im Basislager. Die Spannung hat nachgelassen, obwohl die letzte Gipfelmannschaft noch irgendwo oben zwischen Südcol und dem höchsten Punkt des Everest unterwegs ist. Nachts, manchmal beim Aufwachen, überkommt mich ein Gefühl der Leere, das geblieben ist, nachdem dieser Traum, den Everest ohne Sauerstoffgeräte zu bezwingen, in Erfüllung gegangen ist. Diese Leere, dieses Loch, das zurückblieb, ist noch nicht ausgefüllt mit einem neuen Traum, mit einem neuen Ziel. Manchmal suchen mich auch schon wieder Zivilisationsängste heim. Ich weiß, in einigen Wochen werden wir zurück in Europa sein.

16. Mai Rückkehr der letzten Gipfelmannschaft Franz Oppurg und Josl Knoll. Hier im Basislager herrscht bereits Aufbruchstimmung. Josl Knoll, gehbehindert, 54 Jahre alt, Pensionist, hat in 8500 Meter aufgeben müssen. Franz Oppurg ist alleine zum Gipfel gestiegen.
»An der Steilflanke habe ich irrsinnig viel spuren müssen«, sagt Franz Oppurg, dem die Anstrengung im Gesicht steht.
»Hat das Gerät funktioniert?«
»Ich weiß nicht, atme ich falsch oder stelle ich falsch ein. Dabei bin ich extra langsam ins Fünfer-Lager gegangen«, erklärt Josl Knoll, der nur wegen eines Defekts am Sauerstoffgerät nicht bis zum Gipfel kam.
»Schade.«
Es tut wohl jedem leid.
»Mit dem blöden Haxen, ich habe kein Gefühl in dem steifen Fuß.«
»Im Lager V war es natürlich dunkel und saukalt ohne Schlafsack?«
»Franz ist mit der Maske drinnen gesessen im Zelt.«
»Zum Liegen war gar kein Platz?«
»Nein, er hat die Maske gehabt und hat sie die ganze Nacht auf Stufe eins laufen lassen.«
»Keine Schlafmaske?«
»Er hat die große Maske gehabt, und ich bin dagesessen.«
»Ohne Sauerstoff?«
»Zuerst habe ich schon die Schlafmaske genommen. Ich habe aber zwischen den Füßen den Kocher stehen gehabt. Der Kocher hat Gas ausgeströmt. Das war so grausig, denn die Wärme des Kochers ist genau über mich hinweg gezogen. Von der Maske ist mir ständig das Schläucherl heruntergefallen, sooft ich es auch reparieren wollte. Da habe ich gesagt, ich schlafe gleich ohne, es geht mir soweit ganz gut, und ich merke keinen Unterschied, ob ich nun den Schlafsauerstoff einatme oder nicht. Also lasse ich ihn überhaupt weg. Und so bin ich dann drinnen gesessen, die ganze Nacht.«

»Ohne Sauerstoff?«
»Kann man beinahe sagen. In der Früh' habe ich im Sitzen nichts gespürt. Aber wie ich aus dem Zelt herausgekrochen bin, hat es mich gleich umgedreht. Dann habe ich gemerkt, daß etwas nicht stimmt. Aber ich habe mir auch gedacht, daß ich das vielleicht aufhole, wenn ich nochmals Sauerstoff nehme. Mein Gerät war einfach vereist. Ich wollte es anschließen, aber es ist kein Sauerstoff ausgeströmt. Ich weiß nicht, was das war. Ich habe es nachher gemerkt, als ich nur die Maske und den Schlauch genommen und probiert habe. Ziehen – nichts. Dann habe ich das Ganze über den Gaskocher gehalten – nichts. Komplett vereist. Nachher habe ich beim Regulator nachgeschaut. Vielleicht wäre alles gut gelaufen, wenn ich einen Fachmann bei mir gehabt hätte.«
»Es gibt nur zwei Fachleute in der ganzen Mannschaft, Bulle und Horst«, stellt der Expeditionsleiter fest.
»Ohne Maske ist es oben unmöglich.«
»Gehapert hat es ja schon, als wir zum Südcol gegangen sind. Da ist mir, obwohl ich eine Dreitausender-Flasche gehabt habe, kurz über dem Gelben Band der Stoff ausgegangen«, beklagt sich Josl.
»War es eine französische Flasche?«
»Ja, eine Dreitausender. Kurzum, über dem Gelben Band aus, null! Kein Sauerstoff mehr! Als ich Bulle traf, hatte ich bereits 1000 PSI verbraucht. Ich denke: Vorsicht, jetzt muß ich langsam gehen, damit ich mit den restlichen 2000 auskomme.«
»Ist irgendwie Gas ausgeströmt?«
»Wahrscheinlich. Aber was soll ich da oben tun? Ich probiere, ich kämpfe mich durch, ich bin noch nie in der Höhe gewesen. Franz ist vorausgegangen, obwohl er zuerst viel langsamer war als ich. Nachher ist ihm genau am Beginn des Genfer Sporns, wo es ein bißchen in die Felsen hineingeht, der Sauerstoff ausgegangen. Er war natürlich schon um ein Stück voraus, aber er hat keinen Schritt gemacht, er hat sich neben den Rucksack hingesetzt und hat gewartet bis ich kam. Zwei Stunden habe ich gebraucht, bis ich bei ihm war. Wir haben uns gefragt, was zu tun sei. Weißt du was, habe ich gesagt, ich lasse den Rucksack hier und gehe hinauf zum Südcol, nehme da zwei Flaschen und

Geräte, marschiere wieder herunter, und schon ist es kein Problem mehr. Ich schinde mich also bis zum Südcol hoch, hinein ins Zelt – und kein Anschluß zu finden! Es bleibt nichts anderes übrig, als die zwei Flaschen zu nehmen und wieder abzusteigen. Inzwischen war es saukalt geworden und dunkel. Irgendwie muß ich dann das eine Gerät falsch angeschlossen haben, es hat jedenfalls nicht funktioniert. Zufällig habe ich aber das Gerät von Bulle im Rucksack gehabt, das habe ich jetzt angeschlossen, und dann bin ich endlich gut bis über den Genfer Sporn gekommen. Beim letzten Stück, wo das letzte Fixseil hängt, habe ich dann gespürt, daß ich keinen Sauerstoff mehr bekomme. Ich habe mich nun genauso hinaufgeschlichen wie vorher ohne Sauerstoff. Und dann sind wir um 10.30 Uhr nachts im Zelt gewesen.«

»Das ist ja richtig kriminell.«

»Ja, also um 10.30 Uhr waren wir oben am Südcol, und da haben wir neuen Sauerstoff genommen und gekocht, alles ist tadellos gegangen. Die Nacht haben wir blendend geschlafen, wir haben keine Schlaftabletten genommen und kein Kopfweh gehabt. Am nächsten Tag sagten wir: Was machen wir jetzt? Wir erholen uns erst einmal und gehen dann am Nachmittag ins Fünfer-Lager, dort biwakieren wir. Das wird schon irgendwie zu machen sein.«

»Reinhold hat uns schon gesagt, daß es ziemlich zugeschneit ist, daß wir es ausgraben müssen. In etwa vier Stunden waren wir dann oben im Lager V.«

»Da hat aber das Gerät wieder funktioniert, oder?«

»Ich habe keine Schwierigkeiten gehabt. Ich habe mir gedacht, ich gehe schön gemütlich, damit ich nicht übermäßig atmen muß. So zehn Meter vor dem Fünfer-Lager geht mir dann der Sauerstoff aus. Passiert das vormittags, ist es kein Problem. Aber es war schon kalt geworden. Ich bin dann mit der Schlafmaske weitergegangen. Ich habe gemeint, ich erhole mich vielleicht noch, aber das ist einfach in so großer Höhe ohne Sauerstoff nicht möglich. Jedenfalls war das ein verschenkter Gipfel.«

»Schlafen geht schon, das weiß ich vom Südcol her, aber in der Früh' braucht man lange, bis man wieder einigermaßen läuft.«

»Ich habe keinen Sauerstoff gekriegt, um das geht es. Ich habe aus der Maske und dem Schlauch das Eis herausgeholt. Ich habe versucht, den Fehler zu finden, aber ich bekam keine Luft.«

(Fortsetzung Seite 210)

Während Peter Habeler und ich vom Gipfel abstiegen (rechts, Abstieg über die Lhotse-Flanke), war uns noch nicht bewußt, was uns mit dieser maskenfreien Bezwingung des Everest gelungen war. In unserer Müdigkeit kam auch keine Erfolgsstimmung auf. Zudem waren wir beide schwer angeschlagen: Peter hinkte, da eines seiner Sprunggelenke verletzt war, ich war schneeblind. Außerdem hatten wir beide leichte Erfrierungen an Fingerspitzen davongetragen, unsere Nasen schälten sich. Daß dieser Vorstoß zum absoluten Endpunkt ohne Zuhilfenahme eines Sauerstoffgeräts Diskussionen hervorrufen würde, war uns klar, nachdem die meisten Bergsteiger und fast alle Ärzte uns ein Scheitern prophezeit hatten. Daß die Diskussionen aber weltweites Aufsehen erregten, ist nur darauf zurückzuführen, daß wir mit der Besteigung des höchsten Erdenpunktes ohne Sauerstoffmaske ein Tabu auslöschten, das einige gerne für sich in Anspruch genommen hätten, andere nicht preisgeben wollten. Im Mittelalter hätte man uns als Ketzer verbrannt, heute bleibt nur der Zweifel an dieser Tat, wenigstens solange, wie wir keine Beweise vorlegen können oder der maskenfreie Aufstieg zur Regel geworden ist.

Wenn das Abendrot an allen anderen Gipfeln erloschen ist, leuchtet die letzte Spitze des Everest rot auf (vorhergehende Doppelseite). Es ist jenes Stück, das über alle anderen Berge der Welt hinausragt. Mich hat, wie bei allen meinen Expeditionen und Bergfahrten, auch am Everest die menschliche Dimension beschäftigt und deshalb auch der Versuch, ohne Sauerstoffgeräte bis zum Gipfel vorzudringen. Edmund Hillary und Tensing Norgay, die am 29. Mai 1953 vermutlich als Erste – Mallory und Irvine blieben nach ihrem Gipfelsturm 1924 verschollen – den höchsten Punkt der Welt betraten, taten dies mit dem Einsatz aller damals zur Verfügung stehenden Hilfsmittel. Ihnen ging es um die Eroberung des Gipfels, mir ging es um ein »Abenteuer zur geistigen und moralischen Selbstprüfung«. Beide erreichten wir unser Ziel: Hillary den Everest-Gipfel (oben), ich ein neues Maß meiner selbst. Deshalb kann es auch keine Neidkonflikte zwischen uns geben. Hillary war einer der ersten, die Peter und mir gratulierten (unten; zwischen mir und Peter Habeler, rechts).

Franz Oppurg stieg von 8500 m, wo Josl Knoll wegen eines Defekts am Sauerstoffgerät zurückblieb, allein zum Gipfel. Das Bild zeigt Peter Habeler unterm Südgipfel. ▷

»Nachher ist es auch noch nicht gegangen?« frage ich.
»Nachher haben wir uns gesagt: Jetzt soll der Franz alleine gehen. Das Vernünftigste wäre gewesen, an dem Tag, an dem wir ins Lager V aufgestiegen sind, noch am Südcol zu bleiben, uns gut zu erholen, am nächsten Tag in der Früh' zeitig zu starten und dann mit den zwei Flaschen zu gehen. Ich habe bis ins Fünfer-Lager keine Schwierigkeiten gehabt. Wir sind in ganz normaler Zeit aufgestiegen, waren in guter Form und haben überhaupt keine Probleme gehabt. Wahrscheinlich ist es die Nacht gewesen. Na ja, da ist nichts zu machen. Vorbei ist vorbei.«
»Josl, für uns ist es auch vorbei!« sagt Manni, der immer noch sauer ist, weil er sich um die Gipfelchance betrogen fühlt.
»Ich bin froh, daß ich wieder gesund herunten bin«, sagt Josl, und:
»Die Götter haben mich eben nicht mögen, von Anfang an nicht.«
»Als ich aus Lager V weggegangen bin, war ich sicher, daß ich hinaufkomme«, sprudelt es aus Franz Oppurg. Die Begeisterung steht ihm noch in den Augen.
»Ganz sicher kann man nicht sein, daß man es schafft, weil man ja vom Gerät abhängig ist. Aber ich war doch ziemlich sicher. Kaum ein Unterschied zu den Alpen, solche Grate gibt es dort Hunderte.«
»Und wie hast du dich am Gipfel gefühlt?«
»Ich war recht gut in Form, ich habe überhaupt nichts gespürt, dank dem Sauerstoff.«
»Hast du oben fotografiert?«
»Ich habe in die Runde fotografiert und habe mich dabei ein wenig über die Kamera geärgert, die ziemlich vereist war. Ich habe eigentlich nicht anders empfunden, als wenn ich in den Alpen alleine eine Tour gemacht hätte.«
»Ist dir der Everest gar nicht so richtig zum Bewußtsein gekommen?«
»Ich war mir schon bewußt, daß ich auf dem höchsten Berg der Welt stehe und daß ich alleine bin, aber ich konnte mich unter Kontrolle halten.«
»Hast du geheult?«
»Ein wenig schon. Aber sonst habe ich versucht, mich nie von den Gefühlen treiben zu lassen.«
»Hast du auch die tieferliegenden Berge gesehen?«

»Ja, alles war klar, nur windig, stark windig. Traumhaft, und es war auch nicht kalt.«
»Ich habe mich wahnsinnig gefreut, daß du hinaufgekommen bist, du hast es verdient«, sage ich zu Franz, der viel Vorarbeit geleistet hat.
»Ja, ich habe mir eigentlich zum Schluß gar nicht mehr ausgerechnet, daß ich auf den Gipfel komme, daß ich eine Chance habe. Ich war während der ganzen Expedition öfters krank, ich habe mit dem Magen Schwierigkeiten gehabt. Am Tag, an dem wir hier weggegangen sind, mußte ich mich erbrechen.«
»Und oben ging es leichter?«
»Ja, mit dem Sauerstoff, und ich habe auch wieder Auftrieb bekommen, als ihr heruntergekommen seid und ich gewußt habe, ihr habt den Gipfel gemacht, da bin ich auch wieder stark geworden.«
»Der Everest ist kein leichter Berg. Er ist nicht leicht«, sagt Franz nachdenkend.
»Er ist aber auch kein schwerer Berg«, falle ich ein.
»Sicher nicht, aber er kann schlagartig gefährlich werden.«
»Ja, sicher, wenn Sturm kommt im Fünfer-Lager oder auf dem Gipfelgrat.«
»Und die Temperatur sinkt abrupt auf minus 40 Grad.«

»Was hast du für ein Gefühl? Du bist zum ersten Mal als junger Extremkletterer auf Expedition gewesen, gefällt dir das Expeditionsbergsteigen oder würdest lieber ...?«
»In diesem Stil würde ich es nicht mehr machen. Ich habe auch oft gesagt, ich werde nicht mehr auf so eine Expedition mitgehen. Wenn ich auf Geräte angewiesen bin oder auf Außenstehende, so wie hier auf die Sherpas.«
»In Nepal sind die Sherpas angenehm. Ich würde dort keine Achttausender ohne Sherpas machen, ich lasse mir das Zeug so weit wie möglich tragen. Möchtest du gerne eine kleine Expedition machen auf relativ leichtem Weg

◁ *Der K2 mit dem Südpfeiler, rechts im Profil, ist mein nächstes großes Expeditionsziel. Robert Schauer wird mit von der Partie sein. Nicht mehr Peter Habeler.*

oder lieber einmal eine ganz wilde Wand, vergleichbar mit der Eigerwand, nur dreimal so groß?«, forsche ich weiter.

»Letzteres würde mir besser gefallen.«

»Ich bin der Meinung, daß die Schwierigkeiten in großer Höhe, von 7000 Meter aufwärts, mehr entscheiden als die Sauerstoffgeräte.«

»Ja sicher, aber da hängt es dann von mir ab.«

»Die Annapurna-Südwand oder die Lhotse-Südwand, da bleibt man einfach stecken, da traut man sich auf 7500 Meter nicht mehr richtig klettern. Da geht man zehn Meter in fünf Stunden und ist moralisch fertig, wenn man eine riskante Stelle mit einem Griff gemacht hat, der nicht gehalten hat. Da traut man sich nicht mehr. Wenigstens mir geht es so.«

»Ja, ist schon möglich. Hast du diese Erfahrung in der Lhotse-Flanke gemacht?«

»Ich bin sicher, daß in den großen Wänden, in denen wir umgekehrt sind, nicht das Sauerstoffgerät schuld war, wir sind einfach in 7500 Meter gescheitert. Es sind die technischen Schwierigkeiten, die mich zurückwerfen.«

»Mich reizt die Gasherbrum-Wand wahnsinnig«, schaltet sich Robert Schauer ins Gespräch ein.

»Mehr als der K2-Pfeiler?«

»Ich habe mich mit dem K2-Pfeiler eigentlich weniger beschäftigt als mit der Gasherbrum-IV-Wand.«

»Mich würde die Lhotse-Wand mehr interessieren. Nur ist der Lhotse 8511 Meter hoch, und das ist etwas viel.«

»Aber bei der Gasherbrum-Wand habe ich schon eine relative Chance gesehen, wo man durchkommt. Im rechten Teil, und dann nach links.«

»Das wäre etwas für eine junge Vierer-Seilschaft. Ich habe die Wand angeschaut, mir ist sie zu brüchig«, sage ich.

»Darf ich dich etwas fragen, Reinhold? Hast du den Nanga Parbat für heuer genehmigt bekommen, wie man hier so hört?«

»Ja.«

»Willst wohl den Südostpfeiler machen?«

»Ich weiß noch nicht«, antworte ich.

»Eine neue Route?«

»Ja, auf jeden Fall eine neue Route.«
»Der Pfeiler ist sehr steil, aber auch die Diamir-Wand.«
»Gehst du allein?«
»In der Wand sicher, ganz allein.«
»Wann?«
»Juli, August. Ich habe nur eine Genehmigung für sechs Wochen. Habe es gar nicht erwartet, da ich schon vor langer Zeit um die Erlaubnis eingegeben hatte.«
»Und unseren Weg willst du nicht gehen?« fragt Robert weiter, der den Nanga Parbat sehr gut kennt.
»Vielleicht im Abstieg.«
»Da drücke ich dir die Daumen!«
»Ich müßte jetzt die richtige Kondition haben. Es ist eine Glücksfrage, natürlich. Ich muß gutes Wetter erwischen, relativ lang.«
»Abgesehen vom Wetter und all den objektiven Dingen, wieviel Prozent Chance rechnest du dir aus?«
»Unter 50.«
»Unter 50, du bist eben doch ein Realist!«
»Ich bin ein großer Realist. Wenn das Wetter ununterbrochen schön wäre, würde ich mir mehr als 50 Prozent geben.«
»Das größte Risiko ist, daß du moralisch zusammenklappst.«
»Riskant ist es auf jeden Fall.«
»Der Nanga ist der einzige Achttausender, den man in Ruhe als Alleingeher versuchen kann, weil er ohne Spalten anfängt.«
»Das stimmt.«
»Wenn ich gewußt hätte, daß ich auf den Everest hinaufkomme, hätte ich vielleicht um die Genehmigung gar nicht angesucht. Ich habe im Grunde nicht gehofft, daß ich sie bekomme.«
»Du bist also bald wieder unterwegs«, sagt Robert nicht ohne Neid.
»Kletterst du im Sommer?« frage ich Franz Oppurg.
»Wahrscheinlich werde ich jetzt auf einen Bergführerkurs gehen.«
»Auf einen Heeresbergführerkurs?«
»Da wirst du gleich befördert werden!«

»Eine Klettertour möchte ich unbedingt heuer machen, die Rochetta Alta di Bosconero.«
»Das ist eine schöne Tour.«
»Aber trocken muß die Route sein.«
»Man sagt, wenn sie naß ist, hat man keine Chance.«
»Man sagt viel.«
»Da gibt es noch rechts eine Kante, die Strobl-Kante. Die ist schwerer, aber nicht so schön. Ungleich, nur in der Mitte schwer, am Anfang und am Ende leicht. Die Wand ist durchwegs Klasse und schön!«
»Sind schon tolle Touren in den Dolomiten!« Franz freut sich auf den Klettersommer.
»Weißt du, was du machen mußt: die Burél; hast noch nicht gehört von ihr?«
»Ein Pfeiler ist das?«
»Eine Wand, eine ganz konkave Wand, der Sonne ausgesetzt, das ist die zweithöchste Dolomitenwand.«
»Wie hoch ist sie?«
»1400 Meter in einem Stück, aber der untere Teil ist leicht. Du mußt anfangs durch einen Bach klettern. Oben wird die Wand von einem 50-Meter-Dach abgeschlossen. Über das Dach geht es hinauf, brüchig und dreckig. Schön ist sie nicht, aber eine wilde Wand.«
»Wer hat die Tour gemacht?« Neugierig fragt Franz nach Details.
»Unten Italiener, oben Polen.«
»Und wo ist die Wand, in welchem Teil der Dolomiten?«
»In der Schiara.«
»Mir gefällt es überhaupt gut da unten, ist sehr, sehr schön, die ganze Gegend. Da muß ich im Sommer hin.«
»Mir gefällt es in Asien besser.«
So hat nach dem gelebten Traum jeder seine neuen Träume, die sich wieder zu Tode, zu Leere erfüllen werden. Hoffentlich kann ich immer neue Träume finden.

Seele unterwegs

Ein Achttausender im Alleingang. Dies ist mein letzter ganz großer alpiner Traum, denn es ist die letzte große alpine Idee.
Ich will versuchen, einen der höchsten Berge der Welt über eine neue Route zu klettern, und dabei nicht nur auf die Technik, sondern auch noch auf den Partner, auf das Gegenüber verzichten. Bei dieser Expedition werde ich der Frage nachgehen, wieweit der Mensch Einsamkeit ertragen kann.
Ich hatte die Genehmigung für den Nanga Parbat erhalten, als ich am Everest im Basislager war, ich habe mich aber so lange nicht damit beschäftigt, bis ich am Gipfel gewesen war. Als wir wieder im Basislager waren und ich spürte, daß sich nach diesem Gipfelgang eigentlich keine Euphorie einstellte, sondern eher eine Leere in mir, habe ich diese Leere ausgefüllt, indem ich mir diesen »Achttausender im Alleingang« vorstellte.
Ein Achttausender im Alleingang bedeutet gleichzeitig die höchste und letzte Auseinandersetzung zwischen Mensch und Berg.
Ich war in der Zwischenzeit in Europa und habe fast ununterbrochen gearbeitet, Interviews gegeben und das vorliegende Everest-Buch geschrieben, aber meine Seele war dabei doch immer unterwegs. Unterwegs, irgendwo in Pakistan, in diesen stillen Tälern, in denen ich mich wochenlang aufhalten werde. Unterwegs auch in jener Todeszone, die ich am Everest wieder bis zur letzten Konsequenz kennengelernt habe und die mir manchmal den Wunsch aufdrängte, hinunterzugehen und die Bergsteigerei an den Nagel zu hängen. Gleichzeitig spürte ich aber doch auch das Verlangen, zurückzukehren und diese Grenzsituation erneut aufzusuchen.

Villnöss/München, 30. Juni 1978 *Reinhold Messner*

21. August 1978: An diesem Tag, kurz vor Drucklegung der ersten Auflage des Buches, traf Reinhold Messner wieder wohlbehalten in München ein. Er hat seinen großen alpinen Traum, die Besteigung des Nanga Parbat im Alleingang, ohne Sauerstoffgerät und ohne technische Tricks, verwirklichen können. Am 9. August erreichte er den Gipfel über die Diamir-Seite.

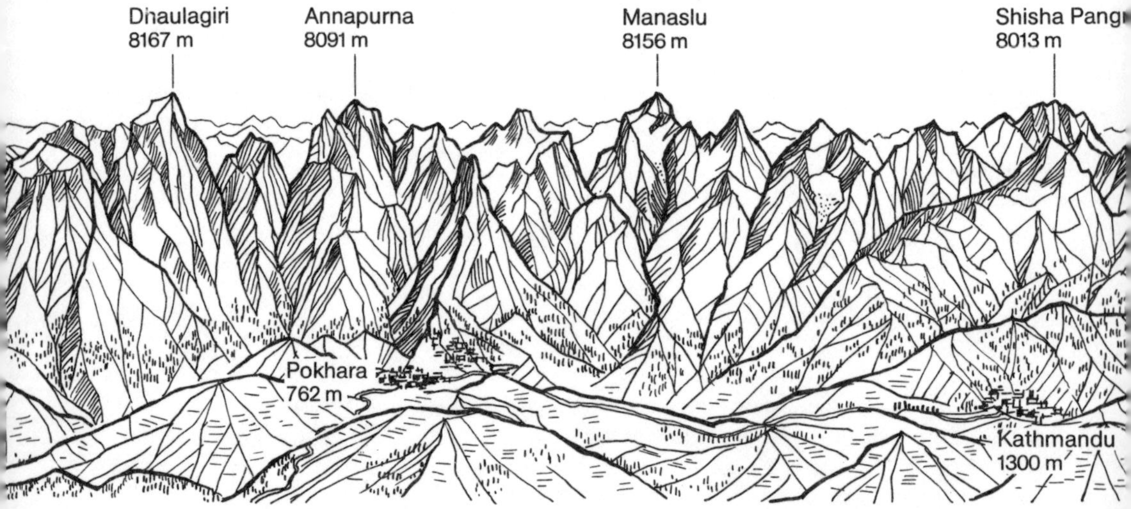
Dhaulagiri
8167 m
Annapurna
8091 m
Manaslu
8156 m
Shisha Pang
8013 m
Pokhara
762 m
Kathmandu
1300 m

25 Jahre Everest-Besteigung

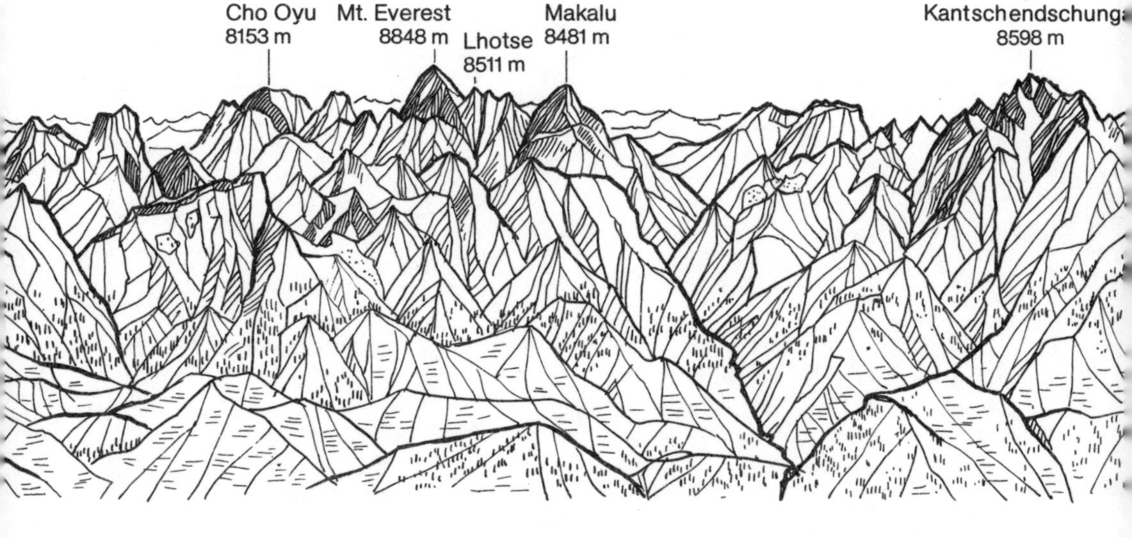

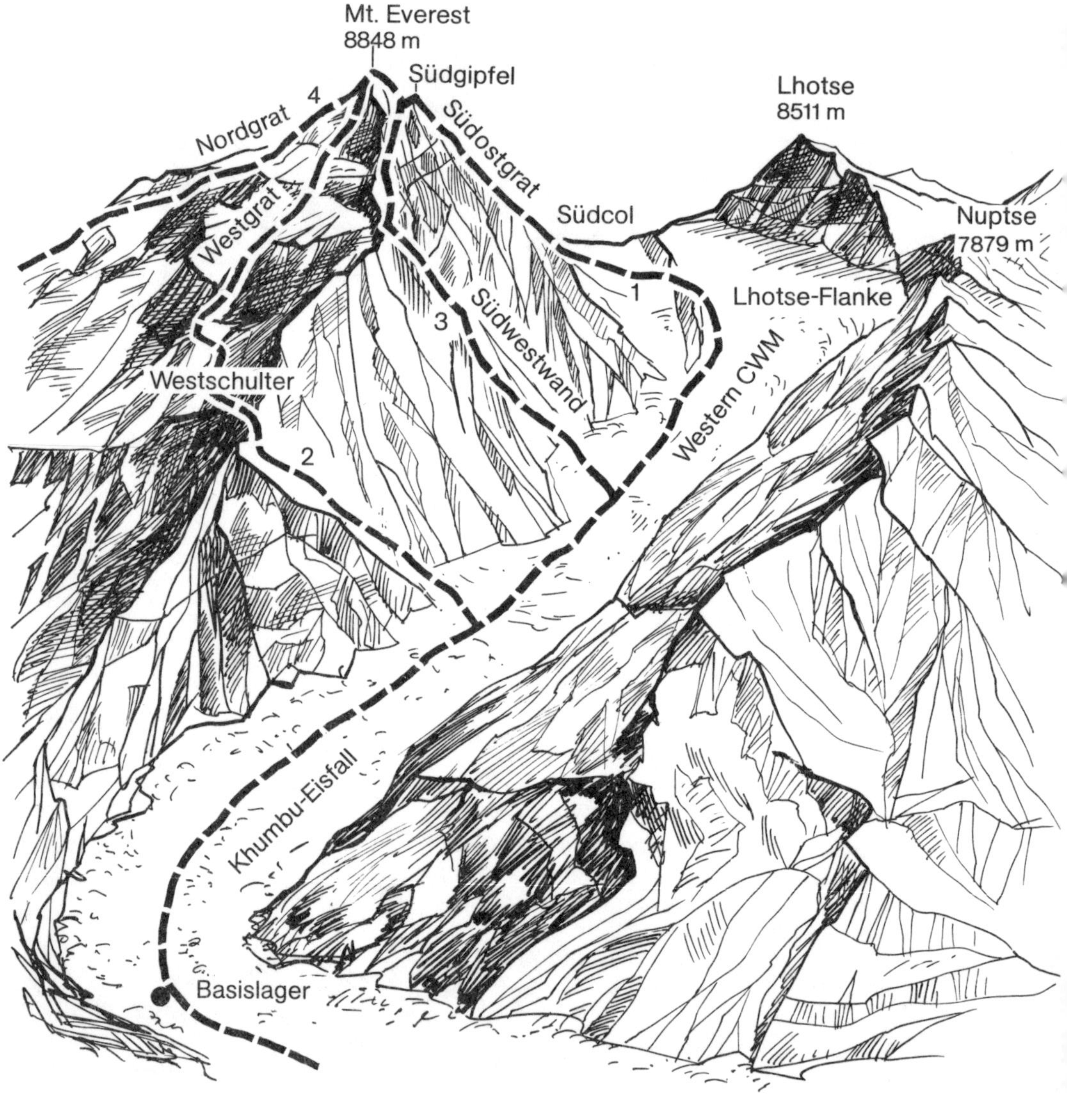

Die vier verschiedenen Routen am Everest und ihre Erstbegeher:

1 *Südostgrat (E. Hillary/Tensing Norgay, 29. 5. 1953, britische Expedition unter J. Hunt).*

2 *Westgrat (W. Unsoeld/T. Hornbein, 22. 5. 1963, im Aufstieg – Abstieg über Südostgrat, amerikanische Expedition unter N. Dyhrenfurth).*

3 *Südwestwand (D. Haston/D. Scott, 24. 9. 1975, und P. Boardman/Pertemba, 26. 9. 1975, britische Expedition unter Ch. Bonington).*

4 *Nordgrat (27. 5. 1975, Expedition der Volksrepublik China, 9 Teilnehmer am Gipfel).*

Everest-Chronik

(Geographische Lage des Mount Everest: 27°59′16″ N.Br./86°55′40″ E.L.)

1590 Zeichnung der ersten bekanntgewordenen Karte mit Anknüpfung an den Himalaya durch Antony Montserrate (spanisches Mitglied der Jesuitenmission beim Hofe von Akbar).

1705–1717 Jesuiten in China zeichnen die ersten Übersichtskarten von Tibet.

1733 Zeichnung einer Tibet-Landkarte durch den französischen Geographen Jean Baptiste d'Anville. Sie wird in Paris als »Atlas von China« in 42 Blättern veröffentlicht.

1749 Die Indische Landvermessung entdeckt und fixiert auf Grund von Beobachtungen aus den tiefliegenden indischen Dschungelebenen einen sehr hohen Gipfel im Himalaya. Er wird mit Peak XV gekennzeichnet.

1803 Charles Crawford stellt die ersten Karten von Nepal her.

1849–1850 Beobachtungen des Peak XV von sechs Standorten (Distanz 174–190 km) aus.

1852 Diese Messungen werden ausgewertet. Durchschnittsergebnis: 29 002 Fuß oder 8839,81 Meter, also höher als irgendein bisher bekannter Gipfel.

1856 Nach mehreren Namensvorschlägen (u. a. Devadhunga = »Wohnsitz der Gottheit« und Gaurishankar = »Strahlende/weiße Braut Shiwas«) für Peak XV entscheidet sich der damalige Chef des Survey of India, Sir Andrew Waugh, für den Namen Mount Everest, nach seinem Vorgänger Sir George Everest. Dieser Name wird von der Royal Geographical Society of Britain, London gutgeheißen und angenommen.

1880–1883/1905 Es erfolgen neue Messungen des Mount Everest von sechs neuen Standorten (Distanz 140–174 km), teilweise von den Berghügeln um Darjeeling aus. Diese und Korrekturen der Messungen von 1849/50 bringen lt. Berechnung von Sir Sidney Burrard, 1905, ein Durchschnittsergebnis von 29 141 Fuß oder 8882,18 Meter.

1904 Col. Waddell und Sarat Chandra Das hören in Tibet von Tibetern den Namen Chomo Kankar (»Herr des ewigen Schnees«) für den Mount Everest.

1906/1907 Ch. G. Bruce, T. G. Longstaff und A. L. Mumm bereiten für 1907 eine erste Everest-Expedition vor. Ausländerverbot Tibets und Nepals verhinderten sie.

1909 Ein Sherpa nennt Gen. Bruce den Namen Chomo Lungmo.

1920 Sir Charles Bell, Vertreter Großbritanniens in Lhasa, erhält ein offizielles Schreiben vom tibetischen Ministerpräsidenten, das die Mount-Everest-Expedition genehmigt. In diesem Schreiben steht, daß die Sahibs Cho-mo-lung-ma zu sehen wünschen. Cho-mo-lung-ma bedeutet wie auch Chomo Lungmo soviel wie »Göttinmutter des Landes«. Lt. offiziellen Dokumenten dieser Zeit und angeblich auch schon viel früher wird der Distrikt um den Cho-mo-lung-ma als Lho-Chamo-long (»Vogelland im Süden«) bezeichnet, liegt also sehr wahrscheinlich südlich der Everest-Makalu-Gruppe. Unter »Chomolungma« versteht man heute das ganze Everest-Massiv oder die ganze Everest-Makalu-Gruppe im Khumbu-Himal.

1921 C. K. Howard-Bury, Leiter der ersten Mount-Everest-Expedition, hört den Namen Chomo Uri (»Göttin des Türkisgipfels«) für den Mount Everest. Ebenso Chomo Lungma für Everest und Makalu zusammen. Mallory und Bullock finden nach wochenlanger Erkundung den Zugang über den östlichen Rongbuk-Gletscher zum Nordsattel.

1922 Zweite britische Expedition. Leiter Gen. Ch. G. Bruce. Dabei wird erstmals die 8000-Meter-Marke überschritten. Mallory, Norton und Somervell erreichen am 21. Mai ca. 8200 Meter, Finch und Bruce am 27. Mai 8326 Meter, beides neue absolute Höhenrekorde. Die Expedition erprobt auch zum ersten Mal Sauerstoff. Eine Lawine tötet sieben Sherpas.

1924 Dritte britische Expedition. Leiter E. F. Norton. Er erreicht am 4. 6. eine Höhe von 8572 Meter, Somervell 8540 Meter. Mallory und Irvine werden zuletzt von Odell auf über 8530 Meter gesichtet; sie sind danach verschollen.

1933 Vierte britische Expedition, unter Leitung von H. Ruttledge. Lager VI wird auf 8350 Meter errichtet. Wyn Harris und L. R. Wager erreichen am 30. Mai eine Höhe von 8572 Meter, einen Tag später auch Smythe.

1934 Alleinversuch des Engländers M. Wilson, der unter dem Nordcol den Tod findet.

1935 Eine starke britische Erkundungsmannschaft (fünfte genehmigte Everest-Expedition) erreicht, da zeitlich zu spät, nur noch den Nordcol. Die Leitung hat E. Shipton. Es werden zahlreiche Gipfel im Everest-Gebiet erstiegen. Erster Einblick in das bisher unbekannte Westbecken.

1936 Sechste britische Expedition, unter Leitung von H. Ruttledge. Durch schlechtes Wetter Fehlschlag.

1938 Die siebente britische Expedition, unter Leitung von H. W. Tilman, erreicht eine Höhe von etwa 8300 Meter.

1947 Alleingang des Kanadiers E. Denman, der bis kurz vor den Nordcol kommt.

1949 Nepal öffnet seine Grenzen für Ausländer.

1950 Erste amerikanisch-britische Kurzerkundung der Nepal-Seite des Everest durch H. W. Tilman/Ch. S. Houston bis zum Fuß des Khumbu-Eisfalls.

1951 Zweite britische Erkundung unter E. Shipton. Erste Begehung des Khumbu-Eisfalls bis zur Schwelle des Western CWM (Westbecken, »Tal des Schweigens«).

1951 Alleinversuch des Dänen R. B. Larsen auf der Nordseite. Er erreicht den Nordcol. Nachher weigern sich die Sherpas, ihm zu folgen.

1952 In einem ausführlichen und wohlbegründeten Artikel im »Himalayan Journal« 1952 schreibt der damalige Chef des Survey of India, Dr. B. L. Gulatee, man solle bis auf weiteres die letzte Cote, ca. 8840 m, bevorzugen.

1952–1954/1955 Neue Messungen (von der nepalischen Seite, viel kürzere Distanzen) des Survey of India ergeben eine Abweichung von nur 16 Fuß. Durchschnittsergebnis: 29 028 Fuß oder 8847,734 Meter, aufgerundet 8848 Meter (Genauigkeit lt. Dir. Gulatee max. plus/minus 10

Fuß oder ca. 3 m). Dies gilt seit 1955 als offizielle Höhe des Mount Everest. (Anmerkung: Die Chinesen gelangten bei ihren Messungen und Berechnungen 1975–77 zu fast genau dem gleichen Ergebnis.)

1952 Erste und zweite Schweizer Expedition. Leiter sind E. Wyss-Dunant und G. Chevalley. Die erste Mannschaft operiert im Westbecken und erreicht den Südsattel über den Genfer Sporn sowie am Südostgrat durch Lambert/Sherpa Tensing Norgay eine Höhe von 8595 Meter. Die Herbstexpedition legt eine Route über die Lhotse-Flanke zum Südsattel. Diese ist seitdem die klassische Route. Höchste erreichte Höhe: 8100 Meter.

1953 Erste Ersteigung des Mount Everest am 29. 5. durch den Neuseeländer Hillary und den Sherpa Tensing Norgay im Rahmen der britischen Expedition (10. britische) unter J. Hunt. Gleichzeitig auch erste Ersteigung des Südgipfels, 8760 Meter, durch Bourdillon/Evans.

1956 Dritte Schweizer Expedition, Leitung A. Eggler. Dabei glückt die zweite und dritte Everest-Ersteigung, und zwar durch Schmied/Marmet am 23. 5. und Reist/von Gunten am 24. 5. Erste Ersteigung des Lhotse, 8511 Meter, durch Reiß/Luchsinger am 18. 5.

1958 Chinesisch-russische Erkundung als Vorbereitung für eine große gemeinsame Expedition, die 1959 oder 1960 stattfinden sollte. Später im Jahre 1958 und vor allem 1959 entstand der politische Bruch zwischen den Russen und Chinesen, und die Chinesen gingen 1960 allein zum Everest. Leiter der chinesischen Erkundungsgruppe: Chuj Din; Leiter der drei russischen Bergsteiger: J. Beletzki. Dieser erreicht mit seinen Kameraden eine Höhe von 6400 Meter unter dem Nordcol.

1960 Chinesen behaupten eine Ersteigung des Everest über den Nordgrat. Der Gipfelerfolg wird von westlichen Experten wegen mangelnder Dokumentation und zahlreicher Unklarheiten bezweifelt. Die sicher erreichte Höhe laut Filmaufnahmen der Chinesen (Berechnungen und Vergleiche mit früheren Aufnahmen) beträgt 8500 Meter (plus/minus 50 m). Dieser Film wurde am 8. Oktober 1962 in London gezeigt.

1960 Erste indische Everest-Expedition unter G. Singh.

1962 Zweite indische Expedition unter J. Dias.

1962 Nichtgenehmigter, vergeblicher Versuch von drei Amerikanern und einem Schweizer von Norden. Sie kommen bis auf 7600 Meter.

1963 Amerikanische Expedition unter N. Dyhrenfurth. Unsoeld/Hornbein glückt am 22. 5. die erste Überschreitung des Everest: Aufstieg über den Westgrat, Abstieg über den Südostgrat. Außerdem zwei Gipfelbesteigungen über die klassische Südostroute durch Whittaker/Sherpa Gombu am 1. 5. sowie Bishop/Jerstad am 22. 5. (Treffen mit Unsoeld/Hornbein knapp unter dem Südgipfel, Freibiwak auf ca. 8600 Meter).

1965 Dritte indische Everest-Expedition. Leiter M. S. Kohli. In vier Angriffen erreichen neun Mann den Gipfel.

1966 Sperre des Everest bis Sommer 1969.

1966 Zweite chinesische Everest-Expedition unter unbekannter Leitung. Route: Nordcol. Diese Expedition im Geiste der »Chinesischen Kulturrevolution« soll mit einer Katastrophe geendet haben (Mao-Phantasten ohne genügende Ausrüstung). Von 25 oder 26 Mann kommen nur zwei zurück zum Nordcol.

1967 Chinesische wissenschaftliche Expedition im nördlichen Everest-Gebiet. Leiter unbekannt. Wahrscheinlich nur wissenschaftliche Meßstation bis auf den Nordcol (ca. 7000 m).

1968 Dritte chinesische Everest-Expedition unter unbekannter Leitung über die Nordcolroute, ohne Erfolg. Der Angriff soll im April gestartet worden sein. Am 9. Mai erfolgt der totale Rückzug vom Basecamp.

1969 Im Herbst (Nachmonsun) erkunden japanische Bergsteiger eine Ersteigungsmöglichkeit der Everest-Südwestwand aus dem Westbecken. Sie erreichen im Zentralcouloir eine Höhe von 8050 Meter.

1970 Eine japanische Großexpedition erreicht in der Südwestwand keinen Durchbruch (8050 m). Vier Teilnehmer und ein Sherpa erreichen den Gipfel auf der Südostroute. Erfolgreiche Ski-Abfahrt vom Südsattel ins Westbecken (mit Fallschirmen). Am 17. Mai stellt die Japanerin Setsuko Watanabe mit einer erreichten Höhe von 8000 Metern einen neuen Frauen-Höhenweltrekord auf. Sechs Sherpas kommen im Eisbruch um.

1971 Internationale Expedition unter N. Dyhrenfurth (»Weltseilschaft« mit Teilnehmern aus 13 Nationen) ohne Erfolg in der Südwestwand (8350 m). Der Versuch, den direkten Westgrat zu machen, scheitert.

1971 Die argentinische Expedition unter H. C. Tolosa und C. Comesana bleibt ohne Erfolg.

1972 Eine europäische Expedition unter K. M. Herrligkoffer scheitert in der Südwestwand (8300 m).

1972 Die erste britische Expedition unter Ch. Bonington gegen die Südwestwand erreicht den Durchbruch ebenfalls nicht.

1973 Die italienische Großexpedition mit 64 Mitgliedern unter G. Monzino bringt acht Mann über die Normalroute (Südost) auf den Gipfel.

1973 Erste Herbstbesteigung des Everest: Eine japanische Großexpedition unter M. Yuasa, mit 48 Mitgliedern, erreicht in der Südwestwand wiederum nicht den Durchbruch über den großen Querriegel (8380 m). Aber zwei Mann kommen über die Südcolroute auf den Gipfel. Beim Abstieg müssen sie biwakieren und erleiden Erfrierungen.

1974 Eine spanische Expedition scheitert (schwere Erfrierungen). Eine französische Expedition versucht die Ersteigung ohne Sauerstoff über den Westgrat. Expeditionsleiter Devouasoux wird mit fünf Sherpas durch eine Lawine getötet.

1975 Japanische Frauenexpedition unter E. Hisano. Am 16. 5. ersteigt Junko Tabei mit Sherpa Sirdar Ang Tsering den Everest. Erste Frauenbesteigung und neuer, absoluter Frauen-Höhenweltrekord.

1975 Chinesische Großexpedition über den Nordgrat. Die stellvertretende Leiterin, die Tibeterin Phantog, erreicht als zweite Frau (2. Frauenbesteigung) zusammen mit acht Männern (7 Tibeter, 1 Chinese) am 27. 5. den Gipfel.

1975 Der zweiten britischen Expedition unter Ch. Bonington gelingt die erste Durchsteigung der Südwestwand durch Haston/Scott (24. 9. Biwak auf dem Südgipfel, 8760 m), Boardman/Sherpa Pertemba. M. Burke nach Erreichen des Everest-Gipfels verschollen (26. 9.). Erster Alleingang beim Gipfelaufstieg.

1976 Gemeinschaftsexpedition der britischen und nepalesischen Armee. Leiter T. Streather. Corp. M. P. Stokes und Serg. J. H. Lane erreichen den Gipfel über den Südostgrat. Ein Mitglied verunglückt tödlich.

1976 Amerikanische Expedition (anläßlich der 200-Jahr-Feier der USA) unter Ph. Trimble. Der Gipfel wird von zwei Teilnehmern, Bob Cormack und Chris Chandler, über die Südostgrat-Route erstiegen.

1977 Neuseeländische Bergsteiger unternehmen eine erste Expedition im alpinen Stil (ohne Sherpas) und kommen bis auf den Südsattel.

1977 Eine südkoreanische Expedition steigt über die klassische Route (Südost) auf. Sang-Don-Ko/Sherpa Pemba Norbu erreichen den Gipfel.

1978 Erste Ersteigung des Mount Everest vollständig ohne jede Verwendung von künstlichem Sauerstoff am 8. 5. durch Messner/Habeler. Sie sind der ersten österreichischen Everest-Expedition, geführt von W. Nairz, attachiert. Dieser und fünf weitere Mitglieder, darunter als erster deutscher Bergsteiger R. Karl, sowie ein Sherpa erreichen den Gipfel (3., 11. und 13. 5.). Zweiter Alleingang beim Gipfelaufstieg durch F. Oppurg.

1978 Herbstexpedition. Eine deutsche (Leiter K. Herrligkoffer) und eine französische Expedition (Leiter P. Mazeaud) in guter Zusammenarbeit bringen in der Zeit vom 14. bis 17. Oktober sieben Deutsche, drei Franzosen, eine Polin, einen Schweizer und einen Österreicher sowie drei Sherpas via Normalroute (Südcol) auf den Gipfel. Zweite Everest-Besteigung ohne Sauerstoff durch Hans Engl am 10. Oktober. Dritte Besteigung ohne Sauerstoff durch die Sherpas Ang Dorje und Mingma am 17. Oktober. Dritte Frauenbesteigung durch die Polin Wanda Rutkiewicz. Sowohl Hans Engl als auch die Sherpas Ang Dorje und Mingma sind zusammen mit Bergsteigern aufgestiegen, die Sauerstoffgeräte benutzten. Hans Engl hat bestätigt, daß er ohne die Spur, die Sepp Mack gelegt hatte, nicht zum Gipfel gekommen wäre.

1979 In der Vormonsunzeit klettern jugoslawische Bergsteiger unter der Leitung von Aleš Kunaver über den Direkten Westgrat zum Gipfel. Im Nachmonsun führt der Deutsche Dr. Gerhard Schmatz eine internationale Gruppe, die sehr erfolgreich ist. Hannelore Schmatz und Rey Genet kommen jedoch dabei ums Leben.

Die Expeditionen 1921–1979

	Jahr	Leiter	Land	Route
1.	1921	C. K. Howard-Bury	Großbritannien	Nordseite
2.	1922	Ch. G. Bruce	Großbritannien	Nordseite
3.	1924	E. F. Norton	Großbritannien	Nordseite
4.	1933	H. Ruttledge	Großbritannien	Nordseite
5.	1934	M. Wilson *	Großbritannien	Nordseite
6.	1935	E. Shipton	Großbritannien	Nordseite
7.	1936	H. Ruttledge	Großbritannien	Nordseite
8.	1938	H. W. Tilman	Großbritannien	Nordseite
9.	1947	E. L. Denman *	Kanada	Nordseite
10.	1950	Ch. S. Houston / H. W. Tilman	USA/Großbrit.	Südwesten
11.	1951	R. Becker-Larsen *	Dänemark	Nordseite
12.	1951	E. Shipton	Großbritannien	Südseite
13.	1952	E. Wyss-Dunant	Schweiz	Südostgrat
14.	1952	G. Chevalley	Schweiz	Südostgrat
15.	1952	P. Datschnolian	UdSSR	Nordseite
16.	1953	J. Hunt	Großbritannien	Südostgrat
17.	1956	A. Eggler	Schweiz	Südostgrat
18.	1958	Chuj Din/J. Beltzki	China/UdSSR	Nordseite
19.	1960	G. Singh	Indien	Südostgrat
20.	1960	Shih Chan-chun	China	Nordseite
21.	1962	J. Dias	Indien	Südostgrat
22.	1962	W. W. Sayre *	USA	Nordseite
23.	1963	N. Dyhrenfurth	USA	Südost- und Westgrat
24.	1965	M. S. Kohli	Indien	Südostgrat
25.	1966	unbekannt	China	Nordseite
26.	1967	unbekannt	China	Nordseite
27.	1968	unbekannt	China	Nordseite
28.	1969	unbekannt	Japan	Südwestwand
29.	1970	S. Matsukuta	Japan	Südostgrat und Südwestwand

Mit * bezeichnete Expeditionen waren nicht genehmigt.

	Jahr	Leiter	Land	Route
30.	1970	A. Takahashi	Japan	Südostgrat
31.	1971	N. Dyhrenfurth	Intern. Esp.	Südwestwand
32.	1971	H. C. Tolosa/C. Comesana	Argentinien	Südostgrat
33.	1972	K. M. Herrligkoffer	Europ. Exp.	Südwestwand
34.	1972	Ch. Bonington	Großbritannien	Südwestwand
35.	1973	G. Monzino	Italien	Südostgrat
36.	1973	M. Yuasa	Japan	Südwestwand
37.	1974	J. I. Lorente	Spanien	Südostgrat
38.	1974	G. Devouasoux	Frankreich	Westgrat
39.	1975	Frau E. Hisano	Japan. Frauen-expedition	Südostgrat
40.	1975	Shih Chan-chun	China	Nordgrat
41.	1975	Ch. Bonington	Großbritannien	Südwestwand
42.	1976	T. Streather	Großbritannien/ Nepal	Südostgrat
43.	1976	Ph. Trimble	USA	Südostgrat
44.	1977	K. Wood Ford	Neuseeland	Südostgrat
45.	1977	Y. Do Kim	Süd-Korea	Südostgrat
46.	1978	W. Nairz	Österreich	Südostgrat
47.	1978	P. Mazeaud	Frankreich	Südostgrat
48.	1978	K. Herrligkoffer	BRD	Südostgrat
49.	1979	A. Kunaver	Jugoslawien	Westgrat
50.	1979	G. Schmatz	BRD/Intern.	Südostgrat
51.	1979	D. Scott	Großbritannien	Südostgrat

Erfolgreiche Gipfelbesteigungen

Best. Nr.	Datum/ Jahr	Besteiger	Route	Exped./Leiter Expeditions-Nr.
1.	29. 5. 1953	Edmund Hillary Tensing Norgay, Sherpa	Südcol	Britische Expedition (J. Hunt) –I–
2.	23. 5. 1956	Ernst Schmied Jürg Marmet	Südcol	Schweizerische Expedition (A. Eggler) –II–
3.	24. 5. 1956	Dölf Reist Hansrudolf v. Gunten	Südcol	

(4. Behauptete Besteigung durch 2 Chinesen und 1 Tibeter von Norden. Dieser chinesische Anspruch wird von westlichen Experten wegen mangelnder Dokumentation nicht gezählt.)

Best. Nr.	Datum/ Jahr	Besteiger	Route	Exped./Leiter Expeditions-Nr.
4.	1. 5. 1963	Jim Whittaker Nawang Gombu, Sherpa	Südcol	Amerikanische Expedition (N. Dyhrenfurth) –III–
5.	22. 5. 1963	Barry Bishop Lute Jerstad	Südcol	
6.	22. 5. 1963	Willi Unsoeld Tom Hornbein	Westgrat; 1. Begehung u. 1. Everest-Traversierung via Südcol	
7.	20. 5. 1965	A. S. Cheema Nawang Gombu	Südcol	Indische Expedition (M. S. Kohli) –IV–
8.	22. 5. 1965	Sonam Gyatso Sonam Wangyal	Südcol	
9.	24. 5. 1965	C. P. Vohra Ang Kami, Sherpa	Südcol	
10.	29. 5. 1965	H. P. S. Ahluwalia H. C. S. Rawat Phu Dorje, Sherpa	Südcol	
11.	11. 5. 1970	Naomi Uemura Teruo Matsuura	Südcol	Japanische Expedition (H. Ohtsuka/S. Matsukuta) –V–
12.	12. 5. 1970	Katsutoshi Hirabayashi Chotare, Sherpa	Südcol	

Best. Nr.	Datum/ Jahr	Besteiger	Route	Exped./Leiter Expeditions-Nr.
13.	5. 5. 1973	Rinaldo Carrel Mirko Minuzzo Lhakpa Tensing, Sherpa Sambu Tamang	Südcol	Italienische Expedition (G. Monzino) –VI–
14.	7. 5. 1973	Fabrizio Innamorati Virginio Epsis Claudio Benetti Sonam Gyaltsen, Sherpa	Südcol	
15.	26. 10. 1973	Hisashi Ishiguro Yasuo Kato	Südcol	Japanische Expedition (M. Yuasa) –VII–
16.	16. 5. 1975	Frau Junko Tabei Sirdar Ang Tsering	Südcol 1. Frauen-besteigung	Japanische Frauenexped. (Frau E. Hisano) –VII–
17.	27. 5. 1975	Frau Phantog Sodnam Norbu Lotse Samdrup Darphuntso Kunga Pasang Tsering Tobygal Ngapo Khyen Hon Sheng-fu (Han-Chinese)	Nordcol u. Ostgrat	Chinesische Expedition (Shih Chan-chun) –IX– 1. sichere Begehung von N.; 2. Frauenbesteigung
18.	24. 9. 1975	Doug Scott Dougal Haston	Südwest-wand 1. Beg.	Britische Expedition (Ch. Bonington) –X–
19.	26. 9. 1975	Peter Boardman Sirdar Pertemba	Südwest-wand 2. Beg.	
20.	26. 9. 1975	Mick Burke †	3. Beg.; vermutlich 1. Alleingang	

Best. Nr.	Datum/ Jahr	Besteiger	Route	Exped./Leiter Expeditions-Nr.
21.	16. 5. 1976	Brummy Stokes Bronco Lane	Südcol	Joint British Royal Nepalese Army Expedition (T. Streather) –XI–
22.	8. 10. 1976	Bob Cormack Chris Chandler	Südcol	American Bicentennial Expedition (Ph. Trimble) –XII–
23.	15. 9. 1977	Sang-Don Ko Pemba Norbu, Sherpa	Südcol	Südkoreanische Expedition (Young Do Kim) –XIII–
24.	3. 5. 1978	Robert Schauer Sirdar Ang Phu Wolfgang Nairz Horst Bergmann	Südcol	Österreichische Expedition (W. Nairz) –XIV–
25.	8. 5. 1978	Reinhold Messner Peter Habeler	Südcol	1. Besteigung ohne Sauerstoff-Masken
26.	11. 5. 1978	Oswald Ölz Reinhard Karl	Südcol	
27.	13. 5. 1978	Franz Oppurg	Südcol	2. Alleingang
28.	14. 10. 1978	Sepp Mack Hubert Hillmaier Hans Engl	Südcol	Deutsche Expedition (K. Herrligkoffer) –XV– 2. Besteigung ohne Sauerstoff
29.	15. 10. 1978	Jean Afanssief Nicolas Jaeger	Südcol	Französische Expedition (P. Mazeaud)
30.	15. 10. 1978	Pierre Mazeaud Kurt Diemberger	Südcol	–XVI–
31.	16. 10. 1978	Wanda Rutkiewicz Robert Allenbach	Südcol	Deutsche Expedition (K. Herrligkoffer) –XVII–

Best. Nr.	Datum/ Jahr	Besteiger	Route	Exped./Leiter Expeditions-Nr.
		Siegfried Hupfauer Wilhelm Klimek Ang Dorje, Sherpa Mingma, Sherpa Kami, Sherpa		Ang Dorje und Mingma ohne Sauerstoff; 3. Besteigung ohne Sauerstoff
32.	17. 10. 1978	Georg Ritter Berndt Kullmann	Südcol	Ritter ging bis auf 8500 m ohne Sauerstoff
33.	13. 5. 1979	Andrej Stremfelj Nejč Zaplotnik	Dir. Westgrat	Jugoslawische Expedition (Aleš Kunaver) –XVIII–
34.	15. 5. 1979	Stane Belak Stipe Bozič Sirdar Ang Phu	Dir. Westgrat	
35.	1. 10. 1979	Hans v. Känel Lakpa Gyaltsen, Sherpa Hermann Warth	Südcol	Deutsche Expedition (Gerhard Schmatz) –XIX–
36.	1. 10. 1979	Pertemba, Sirdar Gerhard Schmatz		
37.	2. 10. 1979	Tilman Fischbach Ang Dorje, Sherpa		
38.	2. 10. 1979	Günter Kämpfe Nick Banks		
39.	2. 10. 1979	Sundare, Sherpa Ang Shambu, Sherpa Hannelore Schmatz Rey Genet		

1953 Die Spitze der Pyramide

Zu den großen Wandlungen der Welt in diesem Jahrhundert gehört auch die Öffnung Nepals im Jahr 1949 und die Abriegelung Tibets seit der chinesischen Okkupation. Sie bedeutet die Verlagerung des Kampfes um den Everest von der Nord- auf die bis dahin gänzlich unerforschte nepalesische Südseite und das Ende des 30jährigen britischen »Monopols« auf den Everest. Indessen sind die Engländer weiter, 1950 und 1951, die ersten bei der Erkundung der »neuen« Seite. Eric Shipton, einer der großen britischen Wanderer und Erkunder, dringt im Oktober 1951 als erster in den berühmten Khumbu-Eisfall ein und durchsteigt ihn bis zur oberen riesigen, über die ganze Talbreite eingerissenen Querspalte, sozusagen dem Burggraben vor dem Western CWM (diesen walisischen Namen hat der unvergessene George Leigh Mallory dem Sanctuarium des Everest gegeben). Shipton kann das Westkar nicht betreten. Dieser Expedition, die im Auftrag des vom Alpine Club und der Royal Geographical Society gebildeten britischen Himalaya-Komitee erfolgte, gehörten u. a. auch Edmund Hillary, Tom Bourdillon und Dr. med. Michael Ward an.

Dann kommen 1952 die Schweizer. Expeditionschef ist Dr. med. Wyss-Dunant – er prägt den Begriff der Todeszone. Die Bergsteiger: René Dittert, Jean Jacques Asper, René Aubert, Leon Flory, Ernst Hofstetter, Raymond Lambert, André Roch; Sirdar der Sherpas ist Tensing Norgay. Was sie vom 23. April bis 28. Mai 1952 erreichen, ist phänomenal und für alle Zeit denkwürdig. Am 28. Mai 1952 nämlich kommen Lambert und Tensing am Südostgrat auf eine Höhe von 8500 Meter (348 Höhenmeter unter dem Gipfel), wo sie »an der äußersten Grenze des Möglichen« zurück müssen. Sie haben acht Lager errichtet ab dem Basislager auf 5050 Meter.

Die ersten drei am Fuß des Eisfalls, im Eisfall und genau über dem Eisfall, das vorgeschobene Hauptlager am Ende des 4,5 Kilometer tiefen Western CWM, dem sie den schönen Namen »Tal des Schweigens« geben, ist ihr Lager V auf 6800 Meter Höhe. Als Angriffslinie nehmen sie den gewaltigen Felspfeiler, der genau zum Südsattel weist und seitdem Genfer Pfeiler (Genfer Sporn) heißt. Am 12. Mai ist Lager V installiert, am 26. Mai Lager VI auf dem 7986 Meter hohen Südsattel. (Dazwischen nur ein Materialdepot, besser Umschlagplatz, wegen hoher Gefährdung durch Eisschlag.)

Nach diesem großen, aber nicht vollständigen Erfolg unternehmen die Schweizer im Herbst 1952 einen zweiten Angriff, jetzt geführt von Dr. Gabriel Chevalley – in der Bergsteigergruppe neu Ernst Reiß und Norman Dyhrenfurth. Sie bauen ihr Standlager mitten im Westbecken, auf 6400 Meter, als starken Stützpunkt aus und öffnen nach einem tödlichen Unfall am Genfer Pfeiler den Weg über die Lhotse-Flanke mit zwei Zwischenlagern zum Südsattel-Lager, das sie am 19. November errichten (Reiß, Tensing und sieben Sherpas). Sie trotzen unerhörten Widrigkeiten durch Sturm und Kälte, müssen aber am 20. November vor Orkan und arktischer Kälte auf 8100 Meter kapitulieren.

Ohne die in ihrem Wert kaum abmeßbaren Leistungen und Erfahrungen allgemeiner, taktischer und praktischer Art der beiden Schweizer Expeditionen ist der Erfolg der Engländer 1953 – zum Krönungstag ihrer Königin übrigens – nicht zu denken. John Hunt sagt: »Die Bedeutung aller anderen Versuche liegt darin, daß jeder einzelne, ungeachtet der Höhe, die erreicht wurde, einen Teil zur steigenden Summe der Erfahrung beitrug, und diese Erfahrungen mußten ein gewisses Maximum erreichen, ehe das Rätsel gelöst werden konnte. Der Aufbau einer solchen Pyramide der Erfahrung war wesentlich für den ganzen Erfolg; erst bis sie entsprechend hoch war, lag es für irgendein Team von Bergsteigern im Bereiche der Möglichkeit, sie zu vollenden. In diesem Licht gesehen, waren auch die anderen Expeditionen nicht erfolglos: sie hatten die Pyramide der Erfahrungen bis zu jenem Endstadium aufgebaut, als wir uns im vergangenen Winter (1952/53) auf einen neuerlichen Versuch vorbereiteten. Zu diesem Zeitpunkt, *jedoch nicht früher,* war die Art der Widerstände, die der Berg dem Angriff bisher entgegengesetzt hatte, genügend gut bekannt; nur eine Aufgabe blieb noch: sie zu studieren und die richtigen Folgerungen daraus zu ziehen ... Wir von der Everest-Expedition 1953 sind stolz darauf, den Ruhm mit unseren Vorgängern teilen zu können.« Und in bezug auf die Schweizer sagt Hunt ausdrücklich: »Unser Angriff war mit jedem Schritt des ihren verknüpft.«

Wie diese Folgerungen gezogen, in makellose strategische und taktische Planung umgesetzt wurden, und wie dann in der Vorbereitung und am und auf dem Berg danach mit Präzision und Elastizität geführt wurde, ist imponie-

rend. Nicht Eric Shipton wurde vom Himalaya-Komitee als Führer der Expedition berufen (er war ein Mann der Kleinexpedition und kein Freund der Verwendung von Sauerstoff), sondern mit John Hunt ein hoher Stabsoffizier (damals bei der Rheinarmee) mit dreimaliger Expeditionserfahrung während Dienstjahren in Bengalen, begeisterter und erfahrener Hochalpinist. Ein Mann also mit bewährter Erfahrung in taktischer wie in Menschenführung, durch Beruf und im alpinen Feld durch Neigung.
Hunt holte umfassend Rat ein, frei von nationalistischem Stolz, vor allem auch bei den Schweizern und Franzosen, die 1950 mit der Annapurna den ersten Achttausender erobert hatten. Er wurde ihm bereitwillig zuteil. Zwei Ratschläge alter Everest-Kämpen waren ihm besonders wertvoll. Norton, der 1924 auf dem Nordgrat etwa 8600 Meter erreicht hatte, riet: »Errichten Sie Ihr Angriffslager auf dem Südgipfel oder knapp unterhalb ... Ich habe nur geringe Hoffnung auf Erfolg, wenn das Lager nicht so hoch oben ist.« Und Longstaff (u. a. Erstersteigung des überhaupt ersten Siebentausenders, 1907, Trisul 7120 m) riet: »Kümmern Sie sich unbedingt persönlich um die Errichtung des letzten Höhenlagers.« Beides hat Hunt befolgt. Das Gratlager wurde auf 8504 Meter errichtet, und Hunt trug dazu selbst eine Last am Südostgrat bis auf 8336 Meter.
Die Expedition entschloß sich, Sauerstoff zu verwenden. Hunt diskutierte die Entscheidung ausführlich. Im Rahmen dieses Buches sind dabei die folgenden Zitate bemerkenswert: »Man kann den Sauerstoff als ein Mittel ansehen, das die Höhe reduziert und für das Bergsteigen die sonst üblichen und gewohnten Bedingungen schafft.« Die natürliche Akklimatisationsgrenze liegt laut Hunt bei 6500 Meter, darüber setzt zunehmend physischer und psychischer Abbau ein. Infolgedessen müsse ein Achttausender-Mann, um Erfolg zu haben, in einer Höhe von über 6500 Metern das Tempo steigern und eine »Eilmarschtaktik« anwenden. Das aber könne er nicht. Die am Everest gegebenen 2400 Meter (6500–8848) im Verlauf eines oder höchstens zweier Tage zu bewältigen, liege außer dem Bereich des Möglichen.
Wie schnell und stark sich die Sauerstoffarmut auf 8800 Meter auf einen mit Sauerstoffausrüstung kletternden Bergsteiger auswirkt, dafür ist das folgende Zitat aus Hillarys berühmter Gipfelerzählung bezeichnend. Auf dem Gipfel

nahm er die Maske ab und stellte das Gerät ab. Er notiert: »Nach ungefähr zehn Minuten bemerkte ich, daß ich mich langsamer zu bewegen begann und meine Finger unbeholfen wurden; schnell nahm ich wieder meinen Sauerstoffapparat um, und schon nach wenigen Litern spürte ich wieder seine stimulierende Wirkung . . .«

Die britische Mannschaft bilden mit John Hunt als Chef, Edmund Hillary, Tensing Norgay, George Lowe, Wilfried Noyce, Charles Evans, George Band, Alfred Gregory, Tom Bourdillon, Charles Wylie, Michael Westmacott, Michael Ward (Arzt), Griffith Pugh (Physiologe), Tom Stobart (Kamera), James Morris (Korrespondent der »Times«). Neun Teilnehmer der Bergmannschaft kamen bis auf den Südsattel, drei von ihnen zweimal. Von den neun kamen sieben bis über 8200 Meter, vier erstiegen den 8760 Meter hohen Südgipfel, zwei erreichten den Gipfel. Drei von jenen neun blieben vier Tage und Nächte auf oder über 7900 Meter Höhe, drei weitere drei Tage und Nächte. Obwohl einige sehr ermüdet waren, war keiner im Zustand völliger Erschöpfung.

Von den 27 Sherpas stiegen 19 bis zum Südsattel, sechs von ihnen zweimal. Daß das oberste Lager auf 8504 Meter errichtet werden konnte, war, wie Hunt feststellt, die höchste Bewährung des Hilfstrupps: »An jenen zwei Tagen, dem 26. und 28. Mai, waren die Aufgaben der Sherpas und der Sahibs nicht mehr komplementär, sondern identisch.«

Aufbruch von Kathmandu war am 10./11. März. Vor Aufstiegsbeginn wurde eine Akklimatisations- und Trainingswoche (besonders Umgang mit den Sauerstoffgeräten) absolviert. Am 1. Mai begann vom voll ausgebauten vorgeschobenen Hauptlager (IV, 6462 Meter) der Aufstieg über die Lhotse-Flanke – Lager V, 6706 Meter, Lager VI, 7010 Meter, Lager VII, 7315 Meter – auf den Südsattel, wo am 22. Mai Lager VIII, 7986 Meter, errichtet werden konnte. Am 26. Mai erreicht die erste Angriffsseilschaft, Bourdillon/Evans, den Südgipfel mit 8760 Meter, werden erste Lasten für das Gratlager (IX) von Hunt mit Sherpas bis 8336 Meter am Südostgrat getragen. Am 28. Mai wird für den zweiten Angriff das Gratlager auf 8504 Meter errichtet: Gregory, Lowe, Ang Nyma, die sofort nach Lager VIII wieder absteigen, und Hillary und Tensing. Diese verbringen mit Schlafsauerstoff (in Intervallen durch

Windböen und Kälte von minus 27 Grad) eine relativ gute Nacht. Am 29. Mai sind sie um 6.30 Uhr aus dem Zelt, um 9 Uhr am Südgipfel, um 11.30 Uhr, nach fünf Stunden, als erste Menschen auf dem Gipfel des Everest. 32 Jahre nach dem Beginn des Kampfes um den dritten Pol der Erde.
Von der Begehung des Gipfelgrates berichtete Hillary von einem nicht zu bannenden Gefühl »äußerster Ausgesetztheit«. Vom Blick in die Südwestwand sagt er: »Es war schaudererregend, an dieser enormen Felswand gerade hinabzublicken und tief unten im Western CWM, mehr als 2400 Meter unter uns, die winzigen Zelte des Lagers IV zu sehen.« Beunruhigend war auch das andere »Nebenan«: »Ungeheure gewundene Wächten, überhängende Massen aus Schnee und Eis wiesen zur Rechten wie verschlungene Finger über dem mehr als 3000 Meter tiefen Abgrund der Kanchung-Flanke ins Leere.« Den 15 Meter hohen Felsblock – »der Fels war glatt und bot keinen Halt« –, der seitdem der Hillary-Step genannt wird, bezwang er an der Ostseite durch einen engen Riß zwischen Fels und Wächte stemmend und spreizend und mit »dem inbrünstigen Gebet, die Wächte möge am Fels festbleiben«.
Nach 15 Minuten auf dem Gipfel »wandten wir uns zum Gehen«. Eine Stunde nur brauchen sie bis zum Südgipfel und erreichen um 14 Uhr wieder das Gratlager. Tensing setzt den Kocher in Gang und macht heiße Limonade. Sie fühlen sich schwach und erschöpft. Zum Südsattel hinunter müssen sie Stufen schlagen, Hillary 60 Meter, Tensing weitere 30 Meter. Knapp vor den Zelten des Südsattel-Lagers ist ihr Sauerstoff zu Ende.
Am nächsten Tag stiegen sie alle bis ins Lager IV ab. Lowe gibt den ihnen Entgegenkommenden »das ›Daumen hoch!-Signal‹ und winkt mit seinem Pickel zum Gipfel hin« (Hillary). John Hunt schreibt darüber den schönen Satz: »Alles strömte aus den Zelten, Freudengeschrei und Beifallsrufe ertönten. Im nächsten Augenblick waren wir bei ihnen. Händeschütteln und – ich erröte, es zu sagen: Wir umarmten sogar das Siegerpaar ...«
In den Schlußbetrachtungen seines vorbildlichen Dokumentarberichts stellt Sir John auch die Frage nach der Zukunft, und da heißt es: »Eines Tages wird der Everest von neuem erstiegen werden. Möglicherweise wird man es ohne Sauerstoff versuchen, obwohl ich dabei die Aussichten auf einen Erfolg für gering halte. Wir wollen auf das Öffnen der Grenze hoffen, die Nepal und Ti-

bet für die Alpinisten trennt, denn die Route zum Gipfel des Berges über die Nordflanke bleibt noch zu vollenden. Die Zeit kann kommen, da die Aussicht, den Gipfel zu überschreiten, auf dem einen Grat hinauf, auf dem anderen hinunter, keine Utopie mehr sein wird.« Daß man es auch über die Südwestwand versuchen und vollenden würde, hat er als einziges damals, 1953, noch nicht ins Auge zu fassen gewagt. Auch das ist inzwischen geschehen, und alle seine Voraussagen haben sich erfüllt.

Quellen: John Hunt: »Mount Everest – Kampf und Sieg«, deutsche Ausgabe Ullstein, 1954; Wilfried Noyce: »Triumph am Everest«, deutsche Ausgabe Ullstein und Paul Zsolnay Verlag Wien, 1954; G. O. Dyhrenfurth: »Der dritte Pol«, Nymphenburger Verlagshandlung, München, 1960.

1963 Die erste Überschreitung

Genau zehn Jahre nach der ersten Ersteigung gelingt im Mai 1963 der ersten amerikanischen Expedition, geführt von Norman G. Dyhrenfurth, die erste Überschreitung des Everest. Die Großexpedition – 19 Amerikaner, ein Engländer, ein nepalesischer Verbindungsoffizier, 32 Sherpas – baut dazu zwei Lagerketten auf. Standlager vor dem Khumbu-Eisfall, 5425 Meter, Camp I über dem Eisfall 6160 Meter, vorgeschobenes Hauptlager Camp II auf 6500 Meter mitten im Western CWM, Camp III-S (Süd) in der Lhotse-Flanke, 6980 Meter, Camp IV-S, 7950 Meter, Camp V-S, 7986 Meter auf dem Südsattel und Camp VI-S auf 8370 Meter am Südostgrat, unterhalb des Südgipfels – 478 Meter Höhenunterschied zum Everest-Gipfel. Vom vorgeschobenen Hauptlager Camp II wird Camp III-W (West) dicht unter der Westschulter auf 7250 Meter errichtet, dazwischen ein Depotlager, da die »ungeheuren Schneehänge« zur Westschulter lawinengefährlich sind. Es ereignet sich hier auch ein glimpflich verlaufender Zwischenfall: vier Sherpas und zwei Zelte werden durch eine Lawine vom Depotplatz gefegt. Kein Verletzter, jedoch Materialverluste. Camp IV-W stand »nahe den steilen Felsen des Westgrates auf 7650 Meter, schließlich als Sturmlager Camp V-W auf 8300 Meter, also 548 Meter Höhendifferenz zum Gipfel.

Die Expedition hatte ihr ehrgeiziges Vorhaben sorgfältig vor der Öffentlichkeit verborgen. Die Entscheidung, den Westgrat zu versuchen, fiel erst während des Anmarsches »als wir ganz unter uns waren«, und die Arbeiten bis zur Westschulter galten zunächst als »Erkundung«. Der Gipfel über die Südsattelroute hatte Priorität.

Am 29. März (Aufbruch in Kathmandu am 20. Februar) wurde das vorgeschobene Hauptlager errichtet, am 16. April das Südsattel-Lager Camp V-S und in zehn Transporttagen ausgestattet. Am 27. April begann der erste Angriff ab Camp II. Ab Camp III-S wurde Sauerstoff verwendet. Nach Ausfall des Kameramannes Dr. Doody (Thrombose) übernahm Norman Dyhrenfurth die Filmaufgabe und bildete mit seinem Sherpa Ang Dawa IV die Helfer- und Auffanggruppe hinter der Gipfelseilschaft James W. Whittaker, genannt Big Jim mit 195 Zentimeter Größe, und dem Sherpa Nawang Gombu. Acht Sherpas trugen am 30. April vom Südsattel-Lager die Lasten für das Gratlager und halfen noch, eine Plattform für zwei kleine miteinander verbundene Zelte auszupickeln.

Am 1. Mai, »nach ganz angenehmer Nacht durch Schlafsauerstoff«, Aufbruch der Gipfelseilschaft Whittaker/Gombu um 6.30 Uhr. Das Wetter war windig und nur begrenzt sichtig (der gegenüber stehende Lhotse nur zeitweilig schemenhaft zu sehen). Auf 8660 Meter hinterlegten sie eine noch teilweise gefüllte Sauerstoffflasche für den Abstieg. Um 11.30 Uhr auf dem Südgipfel (8760 m) wurden sie voll vom Sturm gepackt. Der Hillary-Step bereitete keine besonderen Schwierigkeiten. Um 13 Uhr, nach 6½ Stunden, standen sie auf dem Gipfel. Die letzten Schritte gingen sie gemeinsam nebeneinander. In den Gipfel rammten sie eine Alustange mit der US-Flagge. Die 1960 von der umstrittenen chinesischen Expedition angeblich hinterlassene Mao-Büste war nirgends zu sehen. Es war die vierte Ersteigung des Everest, und sie waren der siebente und achte Besucher auf dem dritten Pol.

Bei den ersten Schritten des Abstiegs merkten sie, daß ihre Sauerstoffbehälter leer waren. Die 188 Höhenmeter mit dem zu kletternden Hillary-Step und dem (kurzen) Gegenanstieg zum Südgipfel gingen sie also »schwer nach Atem ringend« ohne Sauerstoff. Die »Dusche« aus den hinterlegten Flaschen war danach mehr als erquickend. Der Abstieg war insgesamt sehr langsam,

vier Stunden, bis sie »taumelnd vor Erschöpfung« Camp VI-S wieder erreichten: 17.30 Uhr, nach 10½ Stunden insgesamt.
Dyhrenfurth erreichte mit seinem Sherpa am gleichen Tag, wiederholt filmend, 8600 Meter – »deutlich höher als der Lhotse-Gipfel« – und kehrte, da bis dahin mehr als die Hälfte des Sauerstoffs verbraucht war, um und war um 13.30 Uhr in Camp VI-S zurück. Beide Partien haben zwei Nächte in Camp VI und insgesamt mindestens 40 Stunden über 8000 Meter (mit mehr oder weniger langen Intervallen ohne künstlichen Sauerstoff) verbracht.
In der Rast- und Regenerationspause danach mit der gesamten Mannschaft im Basislager fiel endgültig der Entschluß, die Überschreitung zu wagen. Da weit mehr Sauerstoff verbraucht war als vorgesehen, mußte mit reduzierten Rationen kalkuliert werden. Entscheidend die Zeitplanung und Zeitabstimmung der West- und Südgruppe mit dem Ziel: Treff auf dem Gipfel. Als besonders schwierig erwies sich, die Sherpas für diesen zweiten (Doppel-)Angriff zu motivieren.
In der Nacht vom 16. zum 17. Mai traf die Westgrat-Mannschaft auf Camp IV-W, 7650 Meter, eine Sturmkatastrophe. (»Eine der wildesten, die je erlebt«.) Zwei miteinander verbundene Zelte und in ihnen die Amerikaner, Auten und Corbet, und vier Sherpas, rissen sich aus den Halteseilen und trieben über die Westflanke dem Absturz auf die tibetische Seite (Rongbuk-Gletscher) entgegen. Eine Schneewehe rettete sie hart am Abgrund. Auten kämpfte sich zu Tom Hornbein und Willi Unsoeld, deren Zelt gehalten hatte, zurück. Alle überstanden lebend, aber Camp IV war »nur noch Ruine«, der Angriff zerschlagen. Aber kein Aufgeben. Nach zwei Erholungstagen rückte man wieder vor, um nach Wiederherstellung von Camp IV nur noch ein, statt vorher geplanter zwei Lager so hoch als möglich zu schlagen. Das gelang am 21. Mai auf Höhe 8300 Meter, also bei 548 Meter Höhendistanz zum Gipfel, 100 Höhenmeter mehr als Camp VI-S unterhalb des Südgipfels. Der Platz war ein »Sims von 50 Zentimeter Breite und 2,50 Meter Länge«. Hier blieben allein Willi Unsoeld und Tom Hornbein. Der Zeitplan war gehalten, auf Camp VI-S drüben waren Barry Bishop und Luther Jerstad bereit.
Die Westgrat-Seilschaft bricht am 22. Mai um 7 Uhr auf. Ihr Weg erweist sich als schwieriger als gedacht, das »Hornbein-Couloir« (es befindet sich nicht

sehr weit rechts des klassischen Großen Couloirs) wird zum Riß, die Kletterei schwer. Auf der sehr steilen Gratschneide faßt sie der Wind mit voller Kraft. Sie müssen Steigeisen und Überschuhe ablegen, um vier volle Seillängen »sehr ausgesetzt und geradezu begeisternd« zu klettern, wobei sie »rechts drüben« den Südgipfel bald deutlich tiefer sehen. Dann erscheint über dem letzten Schneehang die amerikanische Flagge »in den letzten Strahlen der Abendsonne glänzend und wild im Sturm flatternd«. Um 18.15 Uhr betreten sie gemeinsam den Gipfel. Nach elf Stunden und 15 Minuten. Es war die sechste Besteigung, die erste (und bisher einzige) auf dieser neuen Route. Jerstad und Bishop waren um 8 Uhr aufgebrochen und hatten den Gipfel um 15.30 Uhr erreicht. Die fünfte Ersteigung auf der Südroute, als zweite Gipfelseilschaft der Expedition. Sie sehen am Westgrat nichts von den erwarteten Kameraden, Rufe finden keine Antwort. Langsam steigen sie nach ausgiebiger Rast ab. Es ist 20 Uhr, als sie auf Höhe 8625 Meter im Rückblick aufwärts das Blitzen einer Taschenlampe sehen. Zwei volle Stunden warten sie da, bis Unsoeld und Hornbein bei ihnen sind. Bevor diese noch den Südgipfel erreichten, waren die Spuren kaum noch zu erkennen, und ihre Taschenlampe brannte aus. In totaler Nacht, ohne Laterne, ohne Sauerstoff – er war bei beiden Partien des längeren schon verbraucht – versuchten sie es bis Mitternacht noch, Schritt um Schritt tiefer zu kommen. Stürze, Torkeln, Unsicherheiten. Knapp nach Mitternacht hocken sie sich aneinandergedrängt zum höchsten aller Freibiwaks auf einer Gratkante nieder. Sie haben es überlebt. »Chomolongma, die ›Göttin-Mutter‹, lächelte gnädig, der Wind schlief ein.«

Am Abend des 24. Mai waren alle wieder im Basislager. Mit schwachen Erfrierungen an den Zehen mußten Unsoeld, Bishop und Jerstad bis Namche Bazar getragen und konnten von dort nach Kathmandu geflogen werden. Unsoeld und Bishop haben alle Zehen verloren. Hornbein und Jerstad blieben ohne Dauerschäden. Die Gesamtkosten der Expedition betrugen 405 263 Dollar.

Quellen: Der Bericht hält sich eng an Norman Dyhrenfurths Schilderung in »Die Alpen« IV/1964 bzw. »Alpinismus« 2/1965 sowie einen Beitrag von James Ramsey Ullmann, der die Expedition begleitet hatte in »Life« vom 20. 9. 1963.

1969–1975 Um die Südwestwand

Das Problem am Everest, an das Sir John Hunt 1953 bei seinem Blick in die Zukunft nicht einmal zu denken gewagt hatte, wurde 16 Jahre später, im Herbst 1969, erstmals rekognoszierend angegangen: die 2200 Meter hohe Südwestwand des Mount Everest. Nach fünf Versuchen wurde es im Herbst 1975 auf glänzendste Weise gelöst. Auch dieser Triumph am Everest gehört englischen Bergsteigern.

Die riesenhafte, abschreckende Wand beginnt im oberen Westbecken bei 6600 Meter mit einer breiten Steilflanke aus Eis und Fels als Wandvorbau, der sich ab 7000 Meter zu einer immer steiler werdenden Rinne, dem Zentralcouloir, verjüngt. Dieses endet auf über 8000 Meter vor einem Hunderte von Metern breiten, 400 Meter hohen Felsriegel. Die nochmal 400 Höhenmeter darüber bilden Schneefelder, unterbrochen von relativ kurzen, aber schwierigen Felsstufen. Die Durchschnittsneigung wird mit 49 Grad und für 1100 Meter der Wand mit 58 Grad angegeben. Das Bollwerk des Felsriegels, der von West nach Ost leicht ansteigt, ist fast senkrecht. Mit Sicherheit Schwierigkeiten V. und VI. Grades. An diesem Riegel brechen alle Versuche in Höhen von 8050 bis maximal 8370 Meter. Die 8050 Meter werden schon vom ersten japanischen Erkundungstrupp 1969 »auf Anhieb« erreicht.

Das Frühjahr 1970 bringt geradezu eine japanische Invasion in das Westkar: Südwestwand, Südost-(Normal-)Route und Ski-Expedition auf den Südsattel. Zusammen 59 Teilnehmer. Es gibt eine »Weltseilschaft« mit Teilnehmern aus 13 Nationen, eine »Europäische Expedition« und wieder ein japanisches Großunternehmen mit 48 Teilnehmern. (Über die Südsattelroute wird dabei der Everest wiederholt erstiegen. Vgl. Tabellen.)

Im Herbst 1972, also nach dem Monsun, machen die Engländer, geführt von Chris Bonington, den ersten Versuch, dessen Abbruch bei 8300 Meter durch anhaltende Stürme erzwungen wird. Kern der Mannschaft bilden die Bergsteiger, denen 1970 bereits die Ersteigung der Annapurna-Südwand als erste der ganz großen Wände an den Achttausendern gelungen ist, genau einen Monat vor der Ersteigung der Rupal-Wand des Nanga Parbat, mit 4500 Meter Wandhöhe, der höchsten von allen. Boningtons Team hat als erstes ganz links (westlich) am Steilriegel einen »Riß« – oder eine Rinne – als Möglichkeit eines Durchbruchs zu den oberen Schneefeldern erkannt und als aussichtsreichste Zeitspanne, dort durchzukommen, die Wochen am oder gleich nach dem Monsunende (August/September). Sie hatten den Schlüssel – und das Können, das er verlangte. Den Beweis führen sie 1975.

Ende August bis Mitte September 1975 trieben sie die Kette der Lager hinauf bis zum Lager V im obersten Teil des Zentralcouloirs bei 7800 Meter. Von hier aus durchbrachen am 19. September Tut Braithwaite und Nick Estcourt den Riegel. Der »Weg« zur Rinne, brüchiger Fels, lockerer Pulverschnee, erwies sich als »einer der schwierigsten Abschnitte«, dann »begaben sie sich in das unbekannte steile Dunkel« der Rinne. Nach Überwindung eines »schneebedeckten Felskeils« trafen sie (wie erhofft) auf eine »harte, lawinengepreßte Schneezunge«, die nach 200 Metern ans Ende der Rinne ins »Amphitheater« ausleitete. Ihr Kletterinstinkt ließ sie von da eine schmale, 65 Grad steile »Rampe« unter überhängendem Fels versuchen, und diese Rampe führte sie aus der Rinne zu den oberen Schneefeldern hinaus zu einem »möglichen« Platz für Lager VI auf 8300 Meter. Der Weg zum Gipfel war offen. An fixierten Seilen kehren sie nach Lager V zurück.

Als erste Angriffsseilschaft teilt Chris Bonington Dougal Haston und Doug Scott ein, als zweite Gruppe Martin Boysen, Peter Boardman, Mike Burke und Sherpa-Sirdar Pertemba. Ihnen sollten Nick Estcourt, Tut Braithwaite, Ronnie Richards und Sherpa Ang Phurba, schließlich als viertes Team Chris Bonington, Mike Thompson, Allen Fyfe und Lapka Dorje folgen.

Am 22. September steigen Scott und Haston »mit Jümars an den Seilen von Tut und Nick« auf und erreichen an einem steilen Schneegrat »am Ausgangspunkt einer langen Traverse über die oberen Schneefelder« den Platz für Lager VI. Ang Phurba, Pertemba, Thompson, Chris Bonington und Mike Burke folgen ihnen mit dem nötigen Material. »Sie hatten reichlich zu schleppen.«

Am nächsten Tag meisterten Scott und Haston einen Teil des Weges, ein Schneecouloir, Felsgelände, »ungewöhnlich brüchiger Fels und Pulverschnee« und brachten Seilsicherung auf einem Stück von 500 Metern an. In der Nacht fanden sie unter ihren Sauerstoffmasken »einen erfrischenden Schlaf«. Zum Gipfelangriff (24. September) ließ Scott seine Daunenjacke zurück, nahm aber einen Kocher mit; Haston nahm Daunenschuhe und Biwaksack mit, jeder zwei Eisbeile, vier Haken, einen Hammer und die Sauerstoffflaschen, die bei sparsamem Gebrauch zum Gipfel und zurück reichen würden. Sie erreichten den Südgipfel erst um 15.30 Uhr. Haston hatte unterwegs Schwierigkeiten mit dem Sauerstoffgerät. Im Couloir zum Südgipfel hatten sie 65 Grad steilen Fels unter Schnee, der auf einem etwa 60 Meter langen Stück buchstäblich brusttief war. Eine kraftzehrende, äußerst heikle Sache.

Dougal Haston will zunächst am Südgipfel biwakieren, Doug Scott überredet ihn, während sie heißes Wasser zum Trinken machen, doch den Gipfelgrat noch anzufangen. Den Hillary-Step finden sie als »zwölf Meter lange Schneebank«, die in 30 Minuten überwunden ist. Keine Rede jetzt noch von Umkehr. Bald danach erkennt Scott auf dem Kamm etwas Rotes. Als sie oben sind, ist das »rote Objekt ein Dreifußgestänge mit roten Bändern und einer Rosette. Es sah aus wie ein Maibaum.« Doug Scott berichtet weiter:

»Wir nahmen unsere Masken vom Gesicht. In der untergehenden Sonne konnte ich Dougals glückliches Gesicht sehen. Wir beglückwünschten einander. Der Wind hatte nachgelassen, als wir die Landschaft bestaunten. Es war viel mehr, als wir zu erreichen gehofft hatten. Jenseits des Rongbuk-Gletschers zogen sich silberne Fäden nördlich und westlich durch das braune tibetische Land. In allen Richtungen sahen wir Berggipfel. Wir versuchten sie aufzuzählen, wir schauten die Nordseite hinunter und erinnerten uns an das, was wir aus den Geschichtsbüchern kannten. Die Sonnenstrahlen wurden durch dichte Wolken gefiltert, sie brachen stellenweise in einer wahren Lichtexplosion durch die Wolkendecke hindurch. Wir beobachteten dieses Schauspiel, bis wir nur noch eine halbe Stunde bis zum Einbruch der Nacht hatten. Wir ließen nichts am Gipfel zurück, da wir nichts zum Zurücklassen hatten.«

Als sie den Südgipfel wieder erreichten, war es stockdunkel. Sie biwakieren auf 8760 Meter, in Schneelöchern. (12 Jahre hat der Biwak-Höhenrekord der Amerikaner gehalten.) Der Sauerstoff ging um 19.30 Uhr aus, der Kocher brannte bis Mitternacht. Heißes Wasser als Getränk. Konzentriert aufs Überleben empfinden sie die neun Stunden dieser Everest-Nacht wie eine Ewigkeit. Um 5.30 Uhr kriechen sie aus ihrer Höhle, um 9 Uhr haben sie ihr Zelt,

Lager VI, wieder erreicht. – »Wir waren in Sicherheit. Wir krochen in unsere Schlafsäcke, setzten den Kocher in Betrieb, atmeten Sauerstoff. Dann verständigten wir Chris ...«
Am 26. brach die zweite Gruppe, Peter Boardman, Pertemba, Martin Boysen und Mike Burke zum Gipfel auf. Wegen Verlust eines Steigeisens und fehlerhafter Sauerstoffausrüstung kehrte Boysen ins Lager VI zurück. Burke folgte allein den Spuren und Seilen Pertembas und Boardmans, die beide bei ständig unsichtiger und stürmischer werdendem Wetter den Everest-Gipfel erreichten. Sie blieben nur ein paar Minuten oben. Nach 15 Minuten Abstieg tauchte aus dem dichter gewordenen Nebel ganz allein Mike Burke auf, »die Filmkamera in der Hand und ganz versessen auf den Gipfel«. Er wollte sie überreden, nochmal mit ihm hinaufzugehen. Sie lehnten aber ab, und Burke ging allein weiter. Aufwärts gehend gegen den Everest-Gipfel ist Mike Burke verschollen. Seine Gefährten haben am Südgipfel bei nur noch wenigen Metern Sicht »eine Stunde lang, vielleicht auch mehr« vergeblich auf ihn gewartet. »Sie mußten jetzt wegen des heftigen Sturms um ihr eigenes Überleben kämpfen und entschlossen sich deshalb zum Abstieg. Schwankend erreichten sie Lager VI ...« Schicksal Himalaya.

Doug Scott fügt seinem Expeditionsbericht einige Betrachtungen über die Zukunft des großen Abenteuers Alpinismus an. Er sagt da unter anderem: »Es wird sich erst später herausstellen, ob unserem Aufstieg historische Bedeutung zukommt. Sicherlich setzt er keinen Schlußstrich im Alpinismus. Warum auch, wo es doch noch zwei unbezwungene Everest-Wände gibt; die direkte Nordwestwand vom Rongbuk-Gletscher und die Ostwand vom Kangshung-Gletscher. Und dann warten auch noch die riesige Südwand des Dhaulagiri und die Südpfeiler des K 2 ... Mit Ausnahme der drei höchsten Berge der Welt, wo die Nachschub- und Versorgungsfrage weiterhin eine Rolle spielen wird, und wo zweifellos Sauerstoff gebraucht wird, gibt es an fast allen Himalaya-Gipfeln noch unbegangene Routen, an denen Bedingungen für Besteigungen im alpinen Stil gegeben sind. Es gab bereits Himalaya-Gipfel, die im alpinen Stil erstiegen wurden ... wenn die Bergsteiger es verstehen, die Erfahrungen, die sie an diesen Bergen gesammelt haben, richtig einzusetzen und mit den heute üblichen technischen Möglichkeiten zu kombinieren – Möglichkeiten, wie sie ja auch bei den neuerlichen Besteigungen des Everest, des Makalu und der Annapurna praktiziert wurden –, dann wird es unzählige Möglichkeiten für phantastische Abenteuer geben.«

Quellen: Der Bericht stützt sich auf Doug Scotts Veröffentlichung in »Montain«, Heft 47, Jan./Febr. 76 und dessen Übersetzung von H. Bergmann in »Alpinismus« 6/76 sowie persönliche Notizen des Verfassers bei einem Vortrag Dougal Hastons im Oktober 1977 in München.

1975 Zwei Frauen auf dem Gipfel der Welt

Der Everest hatte in diesem Jahr 1975 bereits im Frühjahr, und zwar gleich zweimal, Schlagzeilen gemacht. Die ersten Frauen hatten den Gipfel der Welt erreicht: am 16. Mai die Japanerin Junko Tabei, am 27. Mai die Tibeterin Phantog als stellvertretende Leiterin einer chinesischen Großexpedition. Zuerst die chinesische Unternehmung.

Die Volksrepublik China hatte im Jahr 1960 eine Ersteigung des Everest über Nordsattel – Nordgrat durch die drei chinesischen Bergsteiger Wang Fu-chou, Chan Ying-hua, Lui Lien-man und den Tibeter Konbu bekanntgegeben. Der Gipfel sei am 25. Mai um 4.20 Uhr Pekingzeit (2.20 Uhr Ortszeit) erreicht worden, also in tiefer Nacht. Am Gipfel sei eine Büste Mao Tse-tungs hinterlassen worden. Gipfelfotos gab es nicht, und die veröffentlichten Berichte waren in der Geländebeschreibung wenig präzise. Und keine spätere Partie konnte etwas von der Mao-Büste entdecken. Die Gipfelersteigung wurde deshalb von westlicher Seite bezweifelt. (In der in diesem Buch abgedruckten Liste der Expeditionen wird die chinesische Unternehmung gezählt, in der Liste der Gipfelbesteigungen stehen die vier Ersteiger ohne Zählung in Klammern.)

Nach der relativen Öffnung der Volksrepublik China und der Akkreditierung westlicher Korrespondenten sollte eine endgültige Abklärung möglich sein. Um so eher, als es an der erfolgreichen Ersteigung am 27. Mai 1975 keine Zweifel gibt. Als Verfasser nämlich des offiziellen Expeditionsberichtes

zeichnet derselbe Wung Fu-chou der Gipfelmannschaft von 1960, nunmehr als leitendes Mitglied des »Parteikomitees zur Organisation der Everest-Expedition 1975«. Der Everest wird darin erstmals mit Qomolangma Feng benannt (nach Schreibung in »Mountain«). Von der damaligen Mannschaft sei der Tibeter Gonpo (vorher mit Konbu angegeben) wieder dabeigewesen. Außer den veröffentlichten Berichten und zahlreichen Fotos gibt es einen höchst eindrucksvollen Dokumentarfilm der Expedition bis zum Gipfel. Er wurde beim Bergfilmfestival 1976 in Trient aufgeführt.

Die Expedition wurde mit einem Massen-Festakt in Lhasa auf dem großen Platz unter dem Potala verabschiedet, mit Tänzen in tibetischen Trachten, viel fähnchenschwingender Jugend, dem Auflassen zahlloser bunter Kinderballons. Ein langer Lastwagenkonvoi brachte die Expedition auf breit ausgebauter, geteerter Straße zur Himalayakette. Das Basislager wurde auf 3000 Meter nahe dem Rongbuk-Kloster errichtet, das man im Film jedoch nicht sah. In der Anlage glich das Lager mit einem Dutzend Großzelten beiderseits einer breiten Lagerstraße und Appellplatz genau einem Militärlager von etwa Bataillonstärke, wenn nicht mehr. Militärische beziehungsweise paramilitärische Führung und Ordnung mit Appellen, Flaggenparade, Befehlsausgabe, Stabsbesprechungen, Ansprachen waren eindeutig.

Wang Fu-chou verzeichnet nur soviel, daß Soldaten als Transportkolonnen eingesetzt wurden, und zwar offenbar bis über den Nordsattel hinaus. Auch die Aufstiegsroute zum Nordsattel, 7007 Meter – von Spalten zerrissen, sehr

◁ *Bergsteiger der chinesischen Expedition 1975 kurz unterhalb des Everest-Gipfels. Deutlich sind die Sauerstoffflaschen auf den Traggestellen der Bergsteiger zu erkennen.*

lawinengefährlich –, wurde durch Sondertrupps (30 Trainer und junge Bergsteiger) erkundet und mit Seilen und Leitern präpariert. »Eine Gruppe von Soldaten und Tibetern«, heißt es bei Wang, »geführt von Trainern, bestieg den Nordsattel fünfmal in sechs Tagen«, um alles Material, dabei auch hundert Sauerstoffflaschen, in Lager IV als vorgeschobenes Hauptlager zu schaffen. Der erste Angriffsversuch in zwei Gruppen vom 24. April bis 8. Mai mußte infolge anhaltender Stürme abgebrochen werden. 33 Bergsteiger hatten dabei die Höhe von 8200 Meter, Lager VI, erreicht. Nach 13 Tagen am Berg war die Mannschaft »am Ende ihrer physischen Kräfte« und wurde ins Basislager zurückbeordert.
Von einem zweiten Angriff wird ohne nähere Angaben nur die Verlegung des Lagers VI um 100 Meter höher auf 8300 Meter und die Errichtung des obersten Lagers in 8680 Meter berichtet.
Am 17. und 18. Mai startet im Basislager in zwei Gruppen die dritte Mannschaft, drei Frauen und 15 Männer, geführt von dem Tibeter Sodman Norbu, 29, und der 37 Jahre alten Tibeterin Phantog, die stellvertretende Führerin der Gesamtexpedition ist und während der Expedition Mitglied der Partei wird. Starke Hilfstrupps begleiten die Mannschaft. Bis zum Erreichen von Lager VI am 25. Mai müssen zwei Frauen und sieben Männer wegen Erschöpfung aufgeben. Als sich nach einem Sturmtag gegen Mittag des 26. Mai das Wetter klärt, schickt das Gruppenkomitee als Befehlsinstanz einen Teil der Mannschaft los, den weiteren Anstiegsweg, der Eispartien und vertikale Felsstufen aufweist, mit Fixseilen und Metalleitern vorzubereiten, während der auf Lager VI befindliche Teil der Neunergruppe zum Gipfellager (immerhin 360 Höhenmeter) aufsteigt. Es heißt in dem Zusammenhang bei Wang Fu-chou: »Der Grat verläuft vom Gipfellager bis zum ›Second Step‹ (zweite Stufe).« Um 23 Uhr wird nach Diskussion entschieden, daß alle neun gegen den Gipfel gehen.
Am 27. Mai bricht man in zwei Seilschaften »noch bei Dunkelheit« auf und erreicht nach 1 1/2 Stunden nicht unterbrochenen Steigens um 9.30 Uhr »den Gipfel des Second Step«.
Hier sind Widersprüchlichkeiten. Die zweite Stufe soll zwischen 8570 und 8600 Meter liegen und eine 30 Meter hohe, glasartige Felswand mit einem

Neigungswinkel von 60 bis 70 Grad sein, über der sich noch eine drei Meter hohe senkrechte Wand erhebe. Das müßten doch wohl die am Nachmittag vorher präparierten Stellen sein. Wiederholt wird aber die Höhe des obersten Lagers mit 8680 Meter angegeben, also höher als »the Top of the Second Step«.

Während der Rast von zehn Minuten atmeten alle Bergsteiger für zwei bis drei Minuten Sauerstoff ein (2–5 l/Min.). Sie waren in Hochstimmung. Die Bedingungen blieben weiter schwierig. Noch 60 Meter unter dem Gipfel mußte »ein fast senkrechter Eishang« in einer Traverse nach Norden und Kletterei schräg über eine Felswand umgangen werden. Einer der Teilnehmer wurde während dieser Phase ohnmächtig, erholte sich aber durch Einatmen von Sauerstoff wieder. Um 14.30 Uhr war der Gipfel erreicht.

Sie rammten das drei Meter hohe Gipfelzeichen – den Tripol – ein, hißten die Flagge, fotografierten, filmten, sammelten Gesteinsproben, nahmen Eis- und Schneeproben. Von Phantog wurde ein EKG per Fernmessung vorgenommen, wozu die Tibeterin sieben Minuten flach auf dem Gipfel liegen mußte. Die Bergsteiger blieben 70 Minuten oben, offenbar wehte kaum Wind. Während dieser Zeit sei kein künstlicher Sauerstoff genommen worden. Jeder Teilnehmer hatte eine Sauerstoffflasche mit, und ausdrücklich wird hervorgehoben, daß auch Phantog wie alle anderen ihre Flasche selber trug. Das Gipfellager wurde ohne Zwischenfälle am Abend erreicht. Am 29. Mai waren alle wieder im Basislager. Es war ein sehr schöner Erfolg.

Die Ersteiger sind die Tibeter Frau Phantog (37, drei Kinder), Sodnam Norbu (29), Lotse (37), Samdrup (23), Dharphuntso (30), Kunga Pasang (29), Tsering Tobygal (29), Hgapo Khyen (21) und als einziger Chinese Hon Sheng-fu (36). Fünf von ihnen sind Armeeangehörige in verschiedenen Funktionen. Lotse und Hon Sheng-fu waren Teilnehmer der erfolgreichen Shisha Pangma-Expedition 1964 (8015 m) und der Everest-Expedition von 1960. Frau Phantog hat die Siebentausender Mustag Ata und Konga Eiubie Tag erstiegen. Der Name des Everest wird von den Chinesen, wie eingangs vermerkt, mit Qomolangma Feng, aber auch mit Chomolongman und Jolmolungman angegeben. Im französischen Text des Everest-Films klingt der Name phonetisch Chomolöngma, evtl. auch Cholmolöngmo.

Die Tibeterin Phantog hat nicht gewußt, daß sie am 27. Mai nicht die erste Frau auf dem Gipfel des höchsten Berges der Welt war, und die Japanerin Junko Tabei ahnte nicht, als sie am 16. Mai auf dem Everest-Gipfel stand, daß sie den endgültigen alpinistischen Frauen-Höhenweltrekord nach nur elf Tagen mit einer anderen Frau würde teilen müssen. Diese fernöstlich-zierliche und zugleich kräftig gebaute, überaus sympathische 35jährige Japanerin, verheiratet und Mutter einer dreijährigen Tochter, bestieg schon als Schülerin der 4. Grundschulklasse ihren ersten Berg. Nach Abschluß ihres Studiums gelang ihr am Tanigawa-dake – beliebtester und gefährlichster Kletterberg (über 600 Tote) der japanischen Bergsteiger – in drei Tagen die erste Damen-Winterbegehung der Ojo-Gampeki-Route (VI). Ihren Mann hat sie im Bergsteigerkreis kennengelernt. 1970 kam sie zum ersten Mal in den Himalaya und erstieg als Mitglied einer ebenfalls reinen Frauenexpedition die Annapurna III (7577 Meter). Ihren historischen Erfolg am Everest sieht sie »als natürliche Weiterentwicklung ihrer bergsteigerischen Laufbahn« und »als Erfolg der gesamten Gruppe«.

Diese Gruppe bildeten 15 Frauen, geführt von der 42jährigen Eiko Hisano. Junko Tabei war die bergsteigerische Leiterin. Träger des Unternehmens war der 1971 gegründete japanische Frauen-Himalaya-Klub, genau »Frauenclub zur Vorbereitung und Durchführung von Himalaya-Expeditionen«. Eine starke Sherpa-Gruppe half den ehrgeizigen Frauen, ihr Ziel zu erreichen.

Es wurde ihnen große Nervenstärke und alpinistische Standfestigkeit abverlangt. In der Nacht zum 4. Mai fegte eine Lawine von den Hängen des Nuptse über ihr Lager II, das nicht weit vom Oberrand des Khumbu-Eisfalls auf einer kleinen Anhöhe errichtet war. Sieben Frauen und sechs Sherpas wurden leicht verletzt, wertvolles Material ging verloren. Sie hatten sehr großes Glück und konnten sich selbst aus dem Lawinenschnee befreien. Tapfer überwanden sie den Schock. Am 15. Mai konnte in 8500 Meter Höhe am Südostgrat das entscheidende Lager VII von Frau Yurioko Watanabe (sie hat zwei Kinder von 5 und 6 Jahren) und Ang Tsering errichtet werden. Watanabe hatte bis auf Lager IV (7600 m) zäh noch selbst Zehn-Kilo-Lasten getragen und war für eine weitere Gipfelseilschaft vorgesehen, wozu es dann jedoch nicht mehr kam.

Nach der Nacht im Gratlager erreichten Junko Tabei und der Sherpa-Sirdar Ang Tsering am Mittag des 16. Mai bei gutem Wetter den Gipfel. Nirgendwo ist etwas berichtet, daß sie beim Blick den Nordgrat zum Nordsattel hinunter etwas Besonderes wahrgenommen haben, woraus zu schließen ist, daß sie von der chinesischen Expedition nichts wußten.

Quellen: Veröffentlichungen in »Mountain« und »Alpinismus«, Jg. 1975, sowie eigene Notizen vom chinesischen Film »Nouvelle conquête du plus haut sommet du monde«.

Abbildungsnachweis

Archiv R. Messner: S. 33, 41, 49, 50/51, 52 (1), 64, 69, 70, 71, 72, 75, 79, 85, 92 (1), 97, 99, 103, 109, 110/111, 112, 123, 129, 139, 141, 145, 150/151, 152, 156, 165, 166, 169, 172, 176, 185, 186/187, 188 (1), 195, 197, 205, 206/207, 208 (1), 211, vorderer und hinterer Vorsatz; L. Dickinson: S. 87, 89 (2), 90/91, 92 (2), 115, 130/131, 132, 137, 149, 188 (1); W. Neumüller: S. 216; M. Rönnau: S. 52 (1); J. Roberts: S. 212; R. Schauer: S. 117; J. Ullal: Umschlagfoto, S. 70, 208 (1); K. Wilson: S. 244 Grafiken S. 1, 77: GEO/G. Lange; alle übrigen Zeichnungen: Hellmut Hoffmann, München, wobei die Abbildungen von S. 6/7, 42/43, 44, 218/219 nach Originalvorlagen aus »Trekking in The Himalayas«, von Tomoya Iozawa angefertigt wurden.

Autor und Verlag bedanken sich für folgende Unterlagen

Die Bearbeitung des Kapitels »25 Jahre Everest-Besteigung« erfolgte durch Dipl.-Ing. Anders Bolinder, Hon. Secretary des Himalayan Clubs, Schweiz (S. 221–233) sowie Ulrich Link, München (S. 234–252).

E. F. Norton: »Bis zur Spitze des Mount Everest – Die Besteigung 1924«, Deutsch von W. Rickmer Rickmers, Verlag Benno Schwabe & Co., Basel, 1926.
Rudolf Skuhra: »Sturm auf die Throne der Götter«, Büchergilde Gutenberg, Frankfurt, 1950.

Ein Expeditionsbericht ist kein Roman. Ein authentischer Expeditionsbericht kann deshalb niemals von einem Nichtdabeigewesenen nacherzählt, geschweige denn geschrieben werden.

Jeder Expeditionsbericht ist allein von den Expeditionskameraden kontrollierbar und in erster Linie von diesen kritisierbar.

Ein Expeditionsbericht muß in erster Linie den Fakten Rechnung tragen und allen Teilnehmern die Möglichkeit geben, sich mit der Geschichte zu identifizieren. Das heißt nicht, daß es nur eine wahre Expeditionsgeschichte gibt – es gibt so viele Wahrheiten, wie es Teilnehmer gibt.

Bei einem Roman hat jeder Autor das Recht, seine persönlichen Erfahrungen, Erkenntnisse und Wahrheiten in eine fiktive Geschichte zu projizieren.

Bei einem Expeditionsbericht gibt es keine fiktive Geschichte und auch keine Romanhelden.

Die große Kunst, ein Expeditionsbuch zu schreiben, besteht wohl darin, ein gewesenes und nicht auszulöschendes Erlebnis wahr wiederzugeben und seine persönlichen Empfindungen in der Ich-Form herzugeben. Wer nicht bereit ist, etwas herzugeben, hat auch nichts zu sagen.

Reinhold Messner